Kai Ehlers, Gorbatschow ist kein Programm
Begegnungen mit Kritikern der Perestroika

Kai Ehlers

Gorbatschow ist kein Programm
Begegnungen mit
Kritikern der Perestroika

korrektur —
Ex

Konkret Literatur Verlag

Für meine sowjetischen Freundinnen und Freunde

© 1990 Konkret Literatur Verlag
Umschlaggestaltung: Cordula Reiser
Satz: KCS GmbH, Buchholz/Hamburg
Druck: Fuldaer Verlagsanstalt, Fulda
ISBN 3-922144-93-4

Inhalt

Wissenschaft

Vorwort

Im Herbst '89 verbrachte ich sechs Wochen in Leningrad, um Gespräche für dieses Buch zu führen. Arbeitsmotto: Perestroika von unten. Auf der Suche nach der verlorenen Utopie – gibt es eine linke Alternative zur Perestroika?

Ich sprach mit einfachen Leuten, politischen Aktivisten, Wissenschaftlern, Künstlern und aufgeklärten Bürokraten. Auch die rechte Szene habe ich mir nicht erspart. Inzwischen sind einige Monate vergangen. Informationen sind eine leicht verderbliche Ware. Und die Entwicklung in der UdSSR geht so rasant voran, daß man glauben könnte, was vor vier Monaten gesagt wurde, habe seine Gültigkeit und Frische verloren.

Immerhin wurde den baltischen Ländern noch im Dezember die wirtschaftliche Selbständigkeit zugestanden. Sogar die Existenz des geheimen Zusatzprotokolls zum sogenannten Hitler-Stalin-Pakt, das heißt die Annexion der baltischen Staaten durch Stalin, wurde vom Obersten Sowjet öffentlich anerkannt. Kurz vor Beendigung des Manuskripts erreichte mich die Meldung, das ZK-Plenum der KPdSU habe einer Initiative Gorbatschows zur Abschaffung des verfassungsmäßigen Führungsanspruchs der KPdSU, der Einführung eines Staatspräsidentenamtes, der Zulassung von Oppositionsparteien und sogar der Zulassung von Privateigentum an Produktionsmitteln zugestimmt. Der Allunionskongreß ebenfalls, und auf einem vorgezogenen Parteikongreß soll darüber im Sommer abschließend beraten werden.

Aber so schnell die Entwicklung auch scheint, so wenig hat sich an den Grundproblemen geändert, die Gegenstand der Gespräche waren. Zum einen ist die Entwicklung nicht so eindeutig: Denn gleichzeitig wies Gorbatschow andererseits die Abspaltung der litauischen und lettischen Kommunistischen Parteien von der KPdSU als Provokation zurück. Im selben Zeitraum beschloß der Oberste Sowjet ein wirtschaftliches

Notprogramm, das wesentliche Dezentralisierungsbeschlüsse aus den zurückliegenden Jahren wie die Selbstbewirtschaftung der Betriebe, ihre Auslandskontakte, die Freizügigkeit für die Kooperativen und ähnliches zurückschraubte, die Macht der zentralen Planungsbehörden wieder stärkte.

Parallel zur Beseitigung des Parteienmonopols will der KGB ein Verbot verfassungsfeindlicher Organisationen beschließen lassen. Die Zuspitzung des Konflikts zwischen Aserbeidschanern und Armeniern hat die vorher noch relativ versteckte militärische Intervention der Zentralmacht, mit der Gorbatschow den Zerfall der Sowjetmacht wenigstens in den eigenen Grenzen aufzuhalten hofft, inzwischen offen auf den Plan gerufen.

Unabhängig davon, ob mit den neuesten Maßnahmen, progressiven wie restaurativen, Erfolge erzielt werden, wird an ihnen deutlich, daß Perestroika immer stärker in den Halbheiten der Reform von oben steckenbleibt. Der Widerspruch zwischen Anspruch auf sozialistische Erneuerung und tatsächlicher Verschlechterung des Alltags für die Masse der Bevölkerung und die Polarisierung in rechte und linke Kritiker des offiziellen Perestroikakurses wird immer schärfer. Inzwischen stehen sich die Positionen als Wahlblock »Demokratisches Rußland« und »Block der gesellschaftlichpatriotischen Bewegung Rußlands« gegenüber. Es macht auch hellhörig, daß der neueste Vorstoß Gorbatschows mit den Stimmen der Konservativen, aber gegen den Protest Jelzins als Repräsentant der Opposition erfolgte. Er hatte den Vorschlag als nicht weitgehend genug abgelehnt und vor einem Bürgerkrieg gewarnt, wenn nicht konsequentere Schritte unternommen würden. Hellhörig machen auch Meldungen der sowjetischen Presse, die nationalistisch-faschistischen »Pamjat«-Gruppen seien von bloß verbaler Militanz gegen die »verjudete Perestroika« inzwischen zu offenem Terror übergegangen: In Moskau überfielen sie zum Beispiel das Schriftstellerkollektiv »April«, mißhandelten die Anwesenden, unter anderen den Sänger Bulad Okudschawa, brüllten Parolen gegen »Juden und Freimaurer«

und kündigten weitere Überfälle an, »dann aber mit MG!« Die Miliz, heißt es, habe nur zögernd gegen die Rechten eingegriffen.

Was in der Sowjetunion heute geschieht, ist von entscheidender Bedeutung für die zukünftige Entwicklung der Welt. Der Zusammenbruch des realsozialistischen Systems stellt nicht nur die Nachkriegsordnung in Frage. Er stellt darüber hinaus die geistige, politische und ökonomische Ordnung dieses Jahrhunderts in Frage. Es geht um nicht mehr und nicht weniger als den Zusammenbruch der ersten historischen Alternative zum Kapitalismus. Was kann an ihre Stelle treten? Marktfreiheit und parlamentarische Demokratien nach dem Muster der kapitalistischen Länder, wie es die sowjetische Opposition heute diskutiert? Liberalismus als Nonplusultra der Geschichte, wie die Ideologen der westlichen Länder sich das gegenwärtig ausmalen? Sicherlich nicht! Die Grenzen des Kapitalismus sind durch die blutige Ausbeutung der »Dritten Welt«, durch die Zweidrittel- oder Dreiviertel-Teilung der kapitalistischen Gesellschaften und ökologisches Abenteurertum eng gezogen. Der Zusammenbruch des realen Sozialismus kann den Weg frei machen für die Entwicklung einer neuen Alternative, die über Kapitalismus und Realsozialismus hinausführt. Er kann aber durch unkontrollierte neue Entfesselung der durch die Ergebnisse zweier Weltkriege bis heute gebändigten ökonomischen und politischen Kräfte auch ins globale Chaos führen. Der Ausgang wird wesentlich davon abhängen, ob die Umwandlungen in der UdSSR als demokratischer oder als militärischer, möglicherweise gar faschistischer Prozeß vor sich gehen werden. Das bedeutet für uns, die demokratischen Umwandlungsprozesse mit allen Mitteln zu stärken, auch wenn uns deren aktuelle Zielsetzungen nicht passen. Über weiterführende Alternativen läßt sich nur reden, wenn die deformierten Überreste der zusammengebrochenen alten Versuche beseitigt sind.

Kai Ehlers   25. 2. 1990

Eine Frage entwickelt sich

Die Reise in die UdSSR, von der ich berichten will, war meine neunte oder zehnte, jedenfalls mein bisher tiefstes Eintauchen in die Realität, in der die Utopie einer sozialistischen Gesellschaft verlorengegangen ist.

Auf meiner ersten Reise erlebte ich das Land noch unter Tschernienkow. Das war 1984. Stillstand und Aufbruch hielten sich für eine historische Sekunde die Waage. Ich schloß die Freundschaften, die mir jetzt das Land öffneten und mir ein sechswöchiges Bleiben unter optimalen Bedingungen ermöglichten. Der Reisebericht, den ich damals veröffentlichte, war geprägt vom Entsetzen über die vorgefundene Stagnation und Fäulnis, Begriffe, die in meinem Kopf bis dahin für die Länder des Westens, für »den Imperialismus« reserviert gewesen waren. Das alles durchdringende Gefühl der Motivationslosigkeit, die bösen Witze, man lebe in einer gerontokratischen, nicht einer sozialistischen Gesellschaft, das ständige Flüstern hinter vorgehaltener Hand, der geradezu physische Schmerz, nach einer viel zu kurzen Woche die neu gewonnenen Freundinnen und Freunde hinter einer Grenze zurücklassen zu müssen, die für sie nicht und für mich nur mit harter DM passierbar war, dies alles bestimmte die damaligen Gespräche. Allgemeinplätze über angebliche Errungenschaften des Sozialismus wie das Recht auf Arbeit bei garantiertem Lohn, die allgemeine soziale und medizinische Versorgung, die niedrigen Lebenshaltungskosten, die gleichen Bildungschancen für alle vermochten dieser Realität nicht standzuhalten.

Was 1984 noch verdeckt war, brach sich mit dem April-Plenum der KPdSU von 1985, verstärkt dann mit dem 25. Parteitag der KPdSU von 1986, Bahn: Das Plenum beschloß ein Sofort-Programm der »sozial-ökonomischen Beschleunigung bis zum Jahr 2000«, das den absehbaren Zusammenbruch der sowjetischen Volkswirtschaft durch eine Rationalisierungs-

und Effektivierungskampagne von historischer Größenordnung unter dem Motto »von Quantität zu Qualität, von extensiver zu intensiver Bewirtschaftung« auffangen sollte. Die Krise sollte bis zum Jahr 2000 nicht nur überwunden sein, mehr noch: Bis zur Jahrtausendwende sollte der technologische und soziale Vorsprung der westlichen Länder sogar eingeholt werden. Der 25. Parteitag versah dieses ökonomische Programm dann mit der Würde der »Erneuerung des Sozialismus« und der Rückkehr zu den durch den Stalinismus und — nach Chruschtschows Sturz — Neostalinismus Breschnews verursachten Deformationen der Prinzipien des Leninismus.

Das neue Programm unterschied sich von früheren Aufbauprogrammen ähnlicher Art durch die erklärte Einsicht, daß die zerstörte Arbeits- und Lebensmotivation der sowjetischen Menschen nicht durch noch lautere Wiederholung der immer selben Parolen für den notwendigen sozialistischen Aufbau erreicht werden könne, sondern allein durch eine Demokratisierung des ökonomischen und politischen Lebens, die den Menschen das Vertrauen geben könne, daß ihre Anstrengung ihnen selbst nütze und zur Verbesserung ihrer eigenen Lebensqualität beitrage. Zur »Aktivierung des Faktors Mensch« wurde deshalb beschlossen: Einführung gewinnorientierter Produktion statt subventionierter Staatsaufträge, Leistungsstatt Einheitslohn, Überwindung des »Kommandostils« der Parteiführung und umfassende Demokratisierung des gesellschaftlichen Lebens durch Aktivierung der Sowjets auf Orts-, Betriebs- Republiks- und Unionsebene.

Der Name Gorbatschow, seit 1984 Nachfolger von Tschernienkow, ist mit diesem Programm untrennbar verbunden. In seinem Buch »Perestroika« propagierte er das »Neue Denken«, wie er es taufte, als globales Programm einer revolutionären ökologischen Krisenbewältigung, in deren Namen Menschheitsinteressen über Klassen- und nationale Interessen zu stellen seien. Ein Team liberaler Wissenschaftler und Wissenschaftlerinnen sekundierte ihm. Der Philosoph I. T. Frolow definierte ein »Zeitalter des Globalismus«, in dem Kooperation vor Konfrontation stehe. Die Soziologin Tatjana Saslawskaja beschrieb Perestroika als unvermeidliche »soziale Revolution«, die die bisher in der UdSSR gültigen schematischen Klassendefinitionen vom »Bündnis zwischen Arbeitern, Bauern und Intelligenz« zugunsten einer zunehmend differenzierteren, pluralistisch strukturierten sozialen Realität aufbrechen müsse, wenn eine Katastrophe vermieden werden solle. Auf Mehrarbeit, vorübergehende Verschlechterung der Lebenslage, selbst Arbeitslosigkeit müsse man sich allerdings einstellen. Das, so Tatjana Saslawskaja, sei der »soziale Preis der Perestroika«. Eine ganze Reihe von Ökonomen machte sich daran, Wege zur Wiedereinführung des Marktes zwischen Kapitalismus und Sozialismus zu suchen. Die Historiker stellten die offizielle Geschichtsschreibung der UdSSR in Frage. Es begann das Beschreiben der »weißen Flecke«. Unter den Begriffen »Perestroika«, gleich: materieller Umbau, und »Glasnost«, gleich: Transparenz und Demokratisierung, eroberte sich das »Neue Denken« die Herzen und Köpfe der mit den Verhältnissen in der UdSSR unzufriedenen Menschen.

Getragen von der Dynamisierung der außenpolitischen Beziehungen, der Öffnung des Landes zum Westen, dem Abbau der Feindbilder veränderte sich auch die innenpolitische Wirklichkeit spürbar. Reformmaßnahmen folgten Schlag auf Schlag: die Verjüngung des Parteiapparates, die Lockerung der Pressezensur, die Verabschiedung einer Reihe von Gesetzen zum Umbau der Ökonomie: das Betriebsgesetz vom Januar '87, das die Produktion auf Eigenfinanzierung und Selbstverwaltung der Betriebe und das Lohnsystem auf Leistungslohn umstellen sollte; das Gesetz über die Zulassung privater Arbeitstätigkeit vom Mai '87; das Gesetz über Genossenschaften und die Zulassung von Kooperativen vom März '88; der Beschluß vom Dezember '88, der den Betrieben ab 1. 4. 89 das Recht einräumt, eigene Außenhandelsbeziehungen zu haben und Verträge über Gemeinschaftsunternehmen (»joint ventures«) abzuschließen; endlich auch die Projektierung einer Landreform mit Einführung des Pachtsystems im Juli '88, die allerdings bis heute im bürokratischen Apparat hängengeblieben ist.

Im Juli '88 wurde ein neues Veranstaltungsgesetz, parallel dazu neue Wahlverordnungen für die Wahlen in Betrieb, Sowjets und Partei, auf den Weg gebracht. Höhepunkt dieser Entwicklung war, nach der Wahl zum Parteikongreß im Sommer '88, die Wahl für das neugeschaffene Organ einer Volksvertretung, den Allunionskongreß, im Sommer '89, das sowjetische Parlament, wie es in der westlichen Presse eilig getauft wurde. Es waren die ersten Wahlen unter demokratischem Anspruch, das heißt, es gab die Auswahl zwischen mehreren Kandidaten, was erwartungsgemäß zu einem ersten Erdrutsch für die KPdSU führte. Ein Fünftel der gut 2500 neuen Delegierten erreichten ihr Ziel als oppositionelle Kandidaten.

Bei meinen Reisen in den Jahren seit 1985 konnte ich erleben, wie die sowjetischen Menschen Hoffnung faßten, daß sich dieses Mal etwas bewegen würde; bei aller Skepsis, versteht sich. Man hatte schließlich auch einen Chruschtschow stürzen sehen! Auch Gorbatschow selbst hatte mit Warnungen, daß Perestroika zu vorübergehenden Einschränkungen führen könne, vorgebaut. Trotzdem: Aufbruchstimmung! Auch im Westen stiegen die Erwartungen: Die einen fieberten dem baldigen Zusammenbruch »Moskaus« entgegen, die anderen sahen in der Folge des »Neuen Denkens« bereits neue sozialistische Perspektiven.

Schon ab Mitte '88 aber wurde unübersehbar, daß zwischen Glasnost und Perestroika, Anspruch und Wirklichkeit, etwas rüder formuliert: zwischen Wort und Tat, eine gefährliche Kluft entstand, die auch Gorbatschows Warnungen weit übertraf. Im ideologischen Bereich purzelten die Tabus, im ökonomischen wuchsen die durch Halbheiten der Reformen von oben, durch Konzeptionslosigkeit im Konkreten, durch widersprüchliche Interessen des unter Veränderungsdruck geratenen Parteiapparats erzeugten Hemmungen zur totalen Stagnation an. Beispielsweise kippte die Eigenbewirtschaftung der Betriebe ins Gegenteil um. Ein wesentlicher Grund: Rohstoffe

13

zum einen, fertige Produkte zum anderen mußten trotz Eigenverantwortung weiterhin über die alten Wege der Zuteilung be- und nach der Produktion gewissermaßen entsorgt werden. Was früher durch GOSPLAN zwar schleppend, aber doch immerhin geregelt war, drohte nun gänzlich zusammenzubrechen, führte zur Stärkung der Schattenwirtschaft und zu offen kriminellen Beschaffungsmethoden.

Das galt noch mehr für die Kooperativen, denen zwar privates Wirtschaften gestattet wurde, aber weder für die Ressourcen, noch für ihre Produkte ein offener Markt zur Verfügung stand, noch weniger natürlich die früheren GOSPLAN-Wege. Über rigide Steuerverordnungen wurde der Gewinn, sofern er nicht sofort ausgegeben wurde, wieder abgeschöpft. Der Effekt: Die Kooperativen förderten nicht die Produktivität, sondern die Inflation, indem sie − um der Steuer zuvorzukommen − den Geldkreislauf durch sofortige Ausgaben der erworbenen Einnahmen anheizten, statt sie für Investitionen zurückzulegen. Die Zahl der Beispiele für solche halben oder widersprüchlichen Reformen ließe sich mühelos erweitern. Perestroika erwies sich im ökonomischen Bereich jedenfalls sehr bald, ungeachtet seiner Erfolge bei der Liberalisierung des öffentlichen Lebens, keineswegs als revolutionäres Aufbau-, sondern eher als chaotisches, durch widersprüchliche Signale die marode Wirtschaft der UdSSR noch weiter schwächendes Abbauprogramm.

Mit Abschluß der Kongreßwahl im Sommer 1989 verschärfte sich diese Entwicklung vor aller Augen: Als erste unter demokratischem Anspruch gewählte Körperschaft, deklariert als höchste Instanz des Volkswillens, war der neu zuammentretende Allunionskongreß unübersehbarer Ausdruck der erfolgreich voranschreitenden Demokratisierung und wurde von allen begrüßt. Gleichzeitig wurde der Widerspruch zwischen Glasnost und Perestroika, zwischen Worten und Taten, durch die Wahl, bei der es durchaus noch nicht überall demokratisch zuging, durch die Kontroversen der turbulenten Gründungssitzung und schließlich durch die regelmäßigen Live-Übertragungen der weiteren, für sowjetische Verhältnisse ungewohnten tagelangen Redeschlachten noch klarer und für alle sichtbar. Der Kongreß verdeutlichte der ganzen Bevölkerung eindringlich den erreichten Stand, aber auch die Grenzen der Demokratisierung. Anders gesagt, gerade dieser erste Erfolg der Demokratisierung machte vielen die Notwendigkeit grundsätzlicher, nicht nur parlamentarischer Änderungen des Systems deutlich. Die Kongreßwahl wurde daher zum Stichtag einer sich beschleunigenden politischen Differenzierung.

Direkt nach der Wahl hatte ich in Moskau Gelegenheit, Gespräche mit verschiedenen Leuten zu führen, die mir einen aktuellen Einblick in diese Entwicklung ermöglichten: Das war zum einen der Kreis um Boris Kagarlitzky, einer der kritischsten Köpfe der informellen Bewegung in Moskau. Er vermittelte mir den Eindruck einer sich beschleunigenden sozialen und politischen Differenzierung der sowjetischen Gesellschaft, in der sich seit der Wahl zum Allunionskongreß zügig oppositionelle Alternativen zum festgefahrenen Kurs Gorbatschows auf der Linken wie auf der Rechten herausbildeten. Insbesondere hatte ich Gelegenheit, an der Gründungssitzung einer Gruppe »Neuer Sozialisten« in Moskau teilzunehmen, die sich als Kader einer sozialistischen Erneuerung in der demokratischen Bewegung und, in Kooperation mit neuen informellen Gewerkschaften, auch in der Arbeiterbewegung verstehen. Sie propagieren einen durch Kollektiveigentum begrenzten Markt auf der Basis von städtischer und betrieblicher Selbstverwaltung.

Zum anderen lernte ich den Kreis um Nikolai Chramow, Aktivist der Bürgerrechtsbewegung und einer »Radikalen Partei« aus dem Umfeld der »Demokratischen Union« kennen. Die »Demokratische Union« ist die erste politische Gruppierung, die öffentlich den Anspruch erhob, politische Partei neben der KPdSU zu sein. Nikolai Chramow konfrontierte mich besonders mit der Gefahr einer faschistischen Wendung der heraufziehenden Krise der UdSSR auf der Grundlage einer möglichen militärpatriotischen Massenbewegung, das heißt, einer Bewegung, in der sich die Tradition des »großen vaterländischen Krieges« mit großrussischem Chauvinismus, neuem Nationalismus und dem auch heute die ganze sowjetische Gesellschaft durchziehenden Militarismus zu einer reaktionären, gegen die jetzige Liberalisierung gerichteten Ideologie verbindet.

Darüber hinaus konnte ich bei meinen Reisen nach Leningrad und Moskau im Mai '89, und im Sommer dann als kultureller Begleiter der Staffette »Sportler für den Frieden: Paris – Moskau, 1989« sowohl in der Sportlertruppe als auch bei den von uns durchgeführten Kulturaktionen auf der Strecke von Brest bis Moskau viele Einzelgespräche führen. Sie vermittelten mir den Eindruck, daß das Land in den ökonomischen Kollaps zu treiben droht und die Polarisierung sich zu bürgerkriegsähnlichen Auseinandersetzungen verschärfen kann. Zum erstenmal spürte ich, wie sich eine neue Angst verbreitete.

Aus Moskau kam ich im Sommer mit den Fragen zurück, die ich auf meiner anschließenden Reise nach Leningrad und Tallin meinen Gesprächspartnern stellte: Gorbatschow ist angetreten, mittels eines Programms der »sozialökonomischen Beschleunigung« den Sozialismus zu stärken. Sein Hebel ist die Partei, die in einem Selbstreinigungsprozeß eine Perestroika, einen Umbau von oben her, einleiten soll. Sein propagiertes Ziel ist der Anschluß an das Lebensniveau der westlichen Industriestaaten bis zum Jahr 2000. Wie sehen die Ergebnisse nach fünf Jahren Perestroika aus, und zwar von unten, nicht von oben gesehen? Gibt es eine linke Alternative zu Perestroika?

Byt, das heißt Alltag

Ankunft in Leningrad 10.10.89, 16.55 Uhr Ortszeit. Die Kontrollen sind bemerkenswert lax, kein Vergleich zu früher. Später erfahre ich, daß es seit August neue Zollbestimmungen gibt, in denen der Zoll zu liberalerem Umgang mit einreisenden Ausländern angewiesen wird.

Mila und Georgi, meine Gastgeber für die nächsten sechs Wochen − ein typisches sowjetisches Paar, sie Dozentin für Architektur an der Kunstakademie, er, jünger als sie, Arbeiter mit akademischer Ausbildung in einer Gipsformerei −, holen mich ab. Das erste russische Wort, das ich dieses Mal lernen muß, heißt *byt*. Nur drei Buchstaben, sagt Mila, aber da steckt alles drin. Es ist vieles besser geworden bei uns, interessanter, nicht schlecht, aber *byt* ist schwer. *Byt*, das heißt Alltag. Er lastet auf uns.

Abends gibt es trotzdem ein fürstliches Empfangsessen im Kreise der ganzen Familie: Mila, Ehemann Georgi, Bruder Sascha, Tochter Nastia, Babuschka und Freunde. Die ~~Bartenewas~~ wohnen in der Altbauwohnung im alten Teil der Wassili-Insel vergleichsweise komfortabel. Dennoch ist es mit drei Generationen in sechs Zimmern zu eng. Nun komme noch ich.

Auf dem Tisch Überfluß: Salate, Gans und italienischer Wein, selbstgebackene Torten, Piroggen, Melone − und Blumen! So viele Blumen! Protest gegen den Alltag. Am Schluß bricht er doch noch herein: Die Melone erweist sich als überreif, bitter, nicht genießbar. Frust! Sie hat sieben Rubel gekostet!

Der Fernseher läuft, die politischen Witze bleiben nicht aus. Kennst du den: Die Partei war, sie ist und wird weiter essen? Oder den: Eine Partei können wir ernähren, aber zwei? Mangel und Bürokratie, das sind die Themen. Ich bin wieder in der UdSSR.

Erster Morgen

Mein erster Weg führt mich auf den Distriktmarkt. Obst, Gemüse, Fleisch, Sauerwaren, auch Blumen kauft man dort. Ich schaue mich um. Ein mageres, kleines Kotelett kostet 30, ein dickeres 50 Kopeken, ein Kilo Fleisch 10 bis 15 Rubel. Etwa 200 Rubel beträgt der Durchschnittslohn pro Monat, das macht bei 25 Arbeitstagen einen Stundenlohn von ungefähr einem Rubel. Ein Kilo Fleisch kostet hier also einen guten Tageslohn. Die Auslage ist dürftig, und das Fleisch sieht nicht gut aus. In den staatlichen Läden bezahlt man zwei bis drei Rubel pro Kilo, erklärt Georgi, wenn es überhaupt etwas gibt. Aber das Fleisch dort sei kaum genießbar. Obst und Gemüse gibt es, aber es ist unansehnlich oder sehr teuer. Für kleine, fleckige Äpfel werden 50 Kopeken bis 3,50 Rubel das Kilo verlangt. Waldbeeren sollen 3,50 bis 4 Rubel kosten, Kartoffeln 50 Kopeken. Bei billigen Tomaten für 50 Kopeken hat sich eine riesige Menschenschlange gebildet. *Otscheritz*, klärt Georgi mich grimmig auf, Schlange! Das war das zweite Wort, das ich zu lernen hatte. Die besseren Tomaten kosten drei bis vier Rubel das Kilo. Mir wird ganz schwindelig, wenn ich an die Kosten für das gestrige Essen denke, ganz zu schweigen davon, daß das meiste davon hier auf dem Markt nicht zu kaufen ist.

Für Donnerstag habe ich drei Verabredungen getroffen: Morgens am »Dom Knigi«, Haus des Buches, dem beliebtesten Treffpunkt am Nevski Prospekt, der Hauptgeschäftsstraße Leningrads, werde ich Alex treffen. Er ist Musiker und Gelegenheitsarbeiter, bei einer Zufallsbegegnung im Sommer 1988 gab ich ihm meine Adresse. Ein halbes Jahr danach schrieb er mir einen Brandbrief mit der Bitte, ihm unbedingt einen Aufenthalt samt Arbeitsmöglichkeit in der BRD zu besorgen. Er ist ein typischer Vertreter der jungen sowjetischen Intellektuellen.

Nachmittags dann Lena Zelinski bei sich zu Haus in der Klimowgasse. Mit ihr habe ich im Sommer 1988 ein Interview über Perestroika gemacht. Ich will sie fragen, was aus ihren damals geäußerten Hoffnungen geworden ist. Abends werde ich bei Varja, Boris und Kind in ihrer Musterwohnung am Oktjabraskaja Prospekt sein. Gute Bekannte. Einfache Leute. Ich bin gespannt auf ihr heutiges Bild.

Nachmittags wollen wir eine Klemmlampe kaufen. Wir fahren zum Nevski. Wenn man eine bekommt, dann dort, sagt Mila. *Nje wasmoschno!*, nicht möglich! Wir finden am ganzen Nevski nur ein einziges Exemplar, und die ist von so minderer Qualität, daß wir verzichten. Wir beschränken uns auf Alltagseinkäufe. Beim Frischfisch stehen Schlangen, zwanzig, dreißig und mehr Meter. An der nächsten Ecke gibt es Fischkonserven. Gerhard nutzt die Gelegenheit. Wenn es schon einmal etwas gibt! Er kauft gleich zwei Stangen. Das sind zehn Dosen. Beim Fleisch gibt es Probleme. Was kann man kaufen? Truthahn ist heute im Angebot. Gut, der muß für die Woche reichen. Milch? *Njet!* Ausverkauft. Gleich darauf versperrt eine Schlange den Gehsteig. Was gibt es? Ach, Fernseher! Unsere Perestroika, sagt Mila, vor Jahren gab es alles. Jetzt sind die Waren aus den staatlichen Läden verschwunden. Kooperativen? Die Preise kann niemand bezahlen. Die Schlangen sind länger als früher. Einkauf ist eine Qual.

Am Abend treffe ich weitere Verabredungen: Freitag erwartet mich Bela, Englischlehrerin. Als Oberhaupt einer jüdischen Familie ist sie Drehscheibe eines großen Bekanntenkreises. Sie war eine meiner ersten Bekannten in Leningrad. Vorher werde ich Nina treffen, Reiseführerin meiner Frühjahrsreise Moskau/Leningrad 1989. Ich soll *padarki*, Geschenke, an sie übergeben. Mit der Überbringung einer Botschaft an Anton Stroganow, Kulturfunktionär, Freund des alternativen »Kinderhauses« in Hamburg, wird meine erste Gesprächsrunde zunächst beendet sein.

Im übrigen gibt es Veränderungen zu registrieren: Natascha, Lehrerin, ich bin ihr 1987 begegnet, hat das Land verlassen. Sie lebt inzwischen in Holland. Ebenso ihre Freundin Tanja. Genauso Micha, Belas Sohn. Auch Larissa und Anna sind fort. Viele von denen, die ich in den ersten Jahren kennenlernte, haben inzwischen das Land verlassen. Andere sind auf dem Absprung. Perestroika macht's offenbar möglich. Oder macht sie es nötig?

Familiengespräch

Nach dem Abendessen sprechen wir über die Entwicklung des Landes: Wird zur Zeit Sozialismus in der UdSSR aufgebaut? Gorbatschow habe mehr Sozialismus versprochen, sage ich. Wenn das, was Gorbatschow schaffe, Sozialismus sei, antworten Mila und Georgi, dann wollten sie keinen Sozialismus. Die ganze Zeit nur über Stalin zu sprechen, immer nur Stalin zu beschuldigen, wie das zur Zeit geschehe, das werde allmählich langweilig. Über das, was heute sei, müsse man sprechen. Das allein sei interessant! So Mila, so Georgi, so auch, und das sehr bestimmt, Tochter Nastia, nachdem ich sie gefragt habe, was sich im Schulunterricht seit Beginn der Perestroika geändert habe. Geschichtsbücher gebe es zur Zeit nicht, sagt sie. Sie würden umgeschrieben. Niemand könne heute kompetent Geschichte unterrichten. Die Debatten über Stalin, Breschnew etc. seien allerdings überflüssig. Darüber wüßten doch alle Bescheid. In allen Familien gebe es Opfer. In allen Familien sei lange darüber diskutiert worden. Wichtiger sei jetzt, über die Zukunft zu sprechen, ob es gelinge, den Sozialismus aufzubauen.

Ich frage ausdrücklich nach. Ja, buchstabiert Nastia, *postroijat!*, heute wird in der UdSSR der Sozialismus aufgebaut! Schulmeinung, sagt Mila. Die Familie ist sich nicht einig. Nastia zieht sich in ihr Zimmer zurück.

Donnerstag: Frühstückseinkauf

Bulotschniki, Brötchen, sind schon um 8.00 Uhr nicht mehr zu bekommen, nur kleine trockene Weißbrote. Auf Nachfrage gibt die Verkäuferin übellaunig zu verstehen, daß man zu nehmen habe, was vorhanden ist. *Moloko jest!* Milch gibt es. Georgi freut sich. Da haben wir doch Glück! Zum Zeitungskiosk müssen wir allerdings über mehrere Straßenzüge laufen. Der Kiosk an der Ecke hat dichtgemacht. Auch eine Krisenerscheinung, sagt Georgi. Viele Buden schließen. Vieles kriegen wir nur noch am Nevski. Wir versuchen, Brötchen an den Buden bei der Metro zu bekommen. Da gibt es alles mögliche, aber keine Brötchen. Auf dem Weg dorthin versperrt ein Menschenknäuel den Gehweg. *Torti*, Torten, gibt es hier, klärt Georgi mich auf, eine Sorte, aber immerhin. In einer Stunde wird alles ausverkauft sein.

Freitag – nach den ersten Begegnungen

Die Einstiegrunde ist gelaufen: abends sehr erschöpft, sehr spät zu Haus. Boris hat mich gebracht, Georgi empfing mich besorgt. Alles klar? Klar, sage ich. Aber irgendwie fühle ich mich erschlagen von Grauheit und Realnost, die inzwischen auf mich niedergingen. Nicht »Auf der Suche nach der verlorenen Utopie« wird das Motto meines Berichtes, sondern »Rückkehr der Utopie in die Realität«, fürchte ich. Der Alltag erschlägt die Utopie. Ende der Politik? Aufbruch zum langen Marsch in die Ökonomie?

Alex

Alex lotste mich, anders als früher, als man es in der Regel bei Treffen auf der Straße beließ, gleich in seine Wohnung im Süden der Stadt, in einer der in Leningrad üblichen grauen Blocksiedlungen. Dort wohnt er bei seiner Mutter auf anderthalb Zimmern mit Küche, Bad und Miniflur, alles zusammen vielleicht 25 Quadratmeter. Er bittet mich, die Schuhe auszuziehen, da er auf dem Boden schlafe. Keine Matratze im Zimmer! So eng!

Mutter und mir wäre es lieber, ich hätte eine eigene Wohnung, aber was soll man machen, sagt er. Kürzlich sei er in Westberlin gewesen. Am meisten habe ihn beeindruckt – außer den Warenhäusern –, daß es überall Fahrradwege gebe. Er habe seine Arbeit aufgegeben und lerne jetzt Deutsch und Japanisch simultan. Stolz zeigt er mir sein deutsch-japanisches Lehrbuch, das er ständig bei sich trägt.

In Westberlin kaufte Alex Hose, Jacke, Videorecorder, einen Fernseher, günstig für 500 DM, wie er versichert. In Leningrad verkaufte er. Nächstes Jahr will er wieder in die BRD, dann nach Japan. Ja, er sei am Neuen interessiert, an der anderen Kultur. Wichtiger aber sei die Möglichkeit, billig zu kaufen, um hier wieder verkaufen zu können. Ein, zwei Tage reichen mir, meint er. Was soll man machen. Unsere Situation hier ist so.

Ich frage ihn, was Perestroika für ihn gebracht habe. Jetzt kann ich reisen, sagt er. Das hat sie für mich gebracht, sonst nichts.

Ich frage ihn, wie er ohne Arbeit leben könne, wo es doch keinerlei Arbeitslosenunterstützung gebe, vielmehr die Arbeitsverpflichtung, die jemanden, der drei Monate nicht arbeite, gesetzlich verfolge. Er korrigiert: Eine gesetzliche Verfolgung von Nicht-Arbeit gebe es nicht mehr. Im Gegenteil, immer mehr junge Leute gingen nur noch formal einer Arbeit nach. Sie bekämen dafür ihren Stempel im Arbeitsbuch – aber keinen Lohn, verstehe sich. Das ist inzwischen ganz legal, versichert mir Alex, *normalno,* auf deutsch: beschissen, aber was soll man machen! Dies Wörtchen werde ich noch häufig zu hören bekommen.

Georgi bestätigt mir später Alex' Beschreibung und ergänzt, daß viele junge Leute nicht etwa nicht arbeiten wollen, sondern keine Arbeit finden. Ja, das sei *normalno.* Das ist das dritte Wort, das ich in diesen ersten Tagen zu lernen habe.

Die neuen Arbeitslosen, formal im Arbeitsvertrag, leben vom Schwarzmarkt, der sich explosionsartig ausweitet, vom Devisenhandel, von unterschiedlichen Spekulationen und Schiebereien am Rande oder auch voll in der Kriminalität. Vor allem die Jugendkriminalität wächst. Presse und Fernsehen sind voll davon. Natürlich habe es auch früher Kriminalität gegeben, räumt Alex ein, als ich frage, ob das Ansteigen der Kriminalität nicht vielleicht auch ein Produkt von Glasnost und besserer Statistik sein könne, aber die Rate steige doch sichtbar. Heute geschähen allein in Leningrad am Tage fünf Morde. Es herrsche große Angst in der Stadt. Und die nehme zu.

Auch dies bestätigt mein neuer Alltag: Mila und Georgi bitten mich inständig, spätnachts nicht allein durch die Stadt zu fahren, schon gar nicht mit Devisen. Ruf uns an, wenn es spät wird, sagt Mila. Du bist kein kleines Kind, aber auf den Straßen ist es inzwischen unsicher. Zu Gast bei Varja und Boris höre ich dasselbe. Als ich nachts gegen 23.30 Uhr nach Haus aufbreche, wirft Boris sich in den Mantel, um mich über die Metro bis vor die Tür zu bringen.

Varja und Boris

Varja und Boris, plus Aljoscha, zweieinhalb Jahre, freuen sich riesig über meinen Besuch. Ich kenne sie von meiner zweiten Reise 1985, als ich die Zeit über Weihnachten und Neujahr in Leningrad war. Wir feierten zusammen mit anderen sowjetischen und westdeutschen Freunden. Varja, Barbara, Kosename Koschka, Kätzchen, und Boris hatten gerade geheiratet. 1988 trafen wir während meines dritten Aufenthaltes erneut zusammen. Inzwischen wohnten sie in einem der Musterbauten des neuen Wohnprogramms der Gorbatschow-Administration am Oktjabraskij Prospekt im Norden der Wassili-Insel: zwei Zimmer, Flur, Küche, Bad. Den Fußboden mußten sie selber legen, die Installationen selber verkleiden. Aber es war eine eigene Wohnung! Sichtbarer Fortschritt! Boris arbeitete als Schwimmlehrer, Koschka als Verkäuferin, bzw. Warenkontrolleurin im Kaufhaus. Sohn Aljoscha war soeben geboren. Skeptische, aber zufriedene junge Eltern. Stolz, mit uns russisch zu sprechen, ausschließlich russisch.

Jetzt erzählen sie mir, daß sie im Juli für einen Monat in Freiburg bei Freunden waren. Sie sind soeben zurück, noch gar nicht ganz wieder zu Haus. Alles ist fremd. Die BRD, das war Sommer, Vielfalt, Leichtigkeit, Freunde. Hier, das ist Enge, die Menschen belauern sich. Bei euch muß man auch arbeiten, das haben wir auch gesehen, sagt Boris. Aber hier ist das Leben nur Mühe, Warten, Mangel. Er zieht einen Bezugs-schein für Tee aus der Küchenschublade. Da! Das ist unsere Wirklichkeit. *Tallones,* Bezugsscheine! Das vierte wichtige Wort. Die gibt es auch noch für Zucker, für Seife, im letzten Jahr waren es, glaube ich, elf, zeitweilig auch für Fleisch. *Ujastna!* Zum Kotzen!

Varja hat ihre Arbeit aufgegeben. Sie hat es vorübergehend mal bei einer Kooperative versucht. Das war nicht besser als vorher. Man muß Spezialist sein, meint Boris, um sinnvoll bei der Kooperative arbeiten zu können. Sinnvoll heißt: für gutes Geld. Alles andere ist nicht interessant. Er selbst überlegt, ob er zusätzlich zu seinem Job als Schwimmlehrer, was ihm 180 Rubel bringt, als Masseur bei einer Kooperative anheuern soll. Andererseits erwägt er die Möglichkeit, über den Schwarz-markt zu zusätzlichem Geld zu kommen. Dazu müssen sie aber reisen. Um reisen zu können, müssen sie Deutsch und Englisch lernen. Also besuchen sie beide – nach seinem Feier-abend – einen englischen Sprachkurs. Wie sollen wir von den 180 Rubel, die ich verdiene, leben, sagt Boris. Unmöglich.

Ich frage, warum Varja ihre Arbeit aufgegeben habe. Es gebe doch Kindergärten. Im Kindergarten sind zu viele Kinder, sagt sie. Die Kinder werden krank. Wenn er zu Haus ist, ist er gesund.

Wir sprechen über Perestroika. Ja, es hat sich vieles verän-dert. Nichts ist mehr wie es vor zwei Jahren, erst recht nicht, wie es vor fünf Jahren war. Die allgemeine Angst ist weg. Man kann reden. Man kann viel versuchen. Man kann reisen. Aber der Alltag wird immer schwieriger. Er nimmt uns ganz und gar in Anspruch, macht uns fertig. Anders als früher. Wir haben keine Zeit mehr, über Utopien nachzudenken. Boris, den ich als eher lustigen, immer zu beißenden Späßchen aufgelegten Menschen kennengelernt habe, wirkt müde, zerfurcht, überanstrengt.

Die Managerschule von Lena Zelinski

Bei meiner Ankunft ist Lena noch nicht da. Ich werde in ihren Wohnraum gebeten. Man gibt mir die Werbebroschüre für eine Informationsagentur »Postfactum«. Als Lena kommt, entschuldigt sie ihre Verspätung: Sie kommt soeben von der Pressekonferenz, auf der sie diese Agentur zum erstenmal der Öffentlichkeit habe vorstellen müssen. »Postfactum« soll eine Schule für besseres Management werden. Gutes Management ist das Wichtigste, das wir jetzt brauchen, sagt Lena.

Ein wenig befremdet trage ich mein Anliegen vor, etwas über »Perestroika von unten« erfahren zu wollen.

Ich unterstütze Sie aus drei Gründen, antwortet Lena. Erstens, weil ich jede Bemühung um gute Öffentlichkeitsarbeit unterstütze. Zweitens, weil wir großes Interesse an Kontakten mit dem Westen haben, speziell daran, daß die Idee unserer Agentur dort bekannt wird. Drittens, weil ich demnächst in die BRD kommen werde und dann meinerseits Hilfe bei der Herstellung von Kontakten brauche.

Ob sich ihre Hoffnungen in Perestroika erfüllt hätten?

Das könne sie nicht sagen. Alles verändere sich so schnell. Was heute geschehe, sei morgen schon wieder veraltet. Niemand wisse, was morgen sein werde. Aber sie könne sagen, was jetzt wichtig sei. Das sei erstens die Landreform: Ohne Landreform werde es eine Hungersnot geben. Lena klagt bitter über den schweren Alltag. Es sei eine Schande, daß sie trotz Lehrergehalt und obwohl auch ihr Mann gut verdiene, ihr einziges Kind nicht anständig ernähren und nicht gut erziehen lassen könne. Geld ist kein Problem, sagt sie, aber wir bekommen ja nichts dafür. Das zweite sei die Herausbildung von professionellem Management, mit dem die jetzige Mißwirtschaft und Desorganisation des Systems einerseits, die kriminelle erste Welle der Kooperativen andererseits abgelöst werden könne. Drittens brauche Gorbatschow die volle Unterstützung gegen rechte Rollback-Versuche und linke Provokationen.

Die Entwicklung könne nur durch Tanks noch aufgehalten werden, meint sie, aber die »realistischen Kräfte« müßten jetzt von der Politik weg zu den ökonomischen Fragen kommen, sonst gehe die Krise in einen Zusammenbruch über. Ihr Fazit: Vor einem Jahr habe sie vor den Rechten gewarnt. Inzwischen habe sie Angst vor den Linken, die die Entwicklung durch Prinzipienreiterei anzuheizen versuchten.

Ich verließ Lena Zelinski ein wenig irritiert. Ich hatte politische Kritiken der Perestroika und Hinweise auf die Differenzierung der politischen Szene erwartet. Statt dessen hörte ich die Aufforderung zum langen Marsch durch die Ökonomie, konkret: die Aufforderung zum Besuch einer Veranstaltung, auf der zum erstenmal Konzepte für die ökonomische Strukturreform des Leningrader Großraums in einem öffentlichen Wettbewerb vorgetragen werden würden. Der Wettbewerb werde in einem Referendum münden, das schon in seiner Entstehungsphase im Zentrum der Wahlkämpfe für die im Frühjahr anstehenden Kommunalwahlen stehe, und alle politischen Kräfte Leningrads seien an der Auseinandersetzung beteiligt.

Bela und Naoum

Bela und Naoum waren die nächste Überraschung. Sie sind, wie die Namen bereits erkennen lassen, jüdisch, wenn auch keine gläubigen Juden. Bela ist Englischlehrerin, Naoum technischer Spezialist bei den Leningrader Verkehrswerken. Seit Sohn Micha, der bei unserer ersten Begegnung 1984 noch mit den Eltern in der Anderthalbzimmerwohnung lebte, vor drei Jahren per Vermittlungsehe in die USA auswanderte, hatte ich weder von Micha, noch von seinen Eltern wieder gehört. Inzwischen hat sich Micha in den USA etabliert. Er ist — über harte Anfangsschwierigkeiten — zum Computerspezialisten im Bereich der Unfallstatistik aufgestiegen. Er scheint einen guten Job zu haben.

Im Sommer dieses Jahres, erfuhr ich nun, waren Bela und Naoum zwei Monate zu Besuch bei ihrem Sohn in den USA. *Wcjo bil otschen xarascho!,* alles war sehr gut! Micha hat eine eigene Wohnung, ein eigenes Auto usw. Bilder zeigen, daß er jetzt selbstbewußt ist und Karriere machen kann. Vorher, in Leningrad, war er ein unglücklicher, gepreßter junger Mann, der seine Fähigkeiten nicht entwickeln konnte. Ausgebildet als technischer Spezialist, mußte er als Lagerverwalter in irgendeiner Klitsche sein Brot verdienen, weil ihm keine Stelle angeboten wurde.

An dem Fall lernte ich seinerzeit zum erstenmal die Bedeutung des Wortes *blat,* Beziehungen. Wer *blat* nicht hatte, war nichts — und ist nichts. Da hat sich offenbar nicht viel geändert. Die Wohnung Belas und Naoums ist unverändert. Nur war ich bei der Kontaktaufnahme am ersten Tag auf einen Anrufbeantworter gestoßen. Ein Souvenir aus Amerika, erklären Bela und Naoum stolz, ein Geschenk Michas. Naoum radebrecht inzwischen englisch. Wir wollen auswandern, eröffnet mir Bela. Alles sei für Ende dieses Jahres schon vorbereitet gewesen. Aber dann habe die US-Regierung den Einwanderungsstopp für Juden aus der UdSSR verfügt. Nun war alles umsonst. Alles müsse auf dem Weg der Einzelfallprüfung neu in die Wege geleitet werden. Ein großes Unglück, sagt Bela. Wer weiß, was jetzt wird.

Man lebt auf Abruf. Vor dem Besuch bei Micha hat Bela ihre Arbeit an der Schule aufgegeben. Nach der Rückkehr hat sie bei einer Kooperative angefangen. Jetzt unterrichtet sie Erwachsene, hauptsächlich Auswanderungswillige. Und Prostituierte, ergänzt Naoum. Ja, meine *Inter-Djewuschkas,* sagt Bela. Ein Film heißt so, klärt sie mich auf. Er zeigt das angeblich süße Leben der Mädchen beim Reisebüro Intourist. Viele junge Mädchen sähen das jetzt als Ausweg. Schrecklich! Aber im Unterricht seien sie nicht die schlechtesten. Sie wollten lernen, Sprachen natürlich, um aus der Situation herauszukommen! Insgesamt sei die Arbeit in der Kooperative schon interessanter, beweglicher. Endlich einmal könne sie eigene Ideen im Unterricht umsetzen. Die neue Arbeit bringe auch mehr ein, allerdings nicht viel mehr.

Auf Gorbatschow läßt Bela nichts kommen. Seine Absichten, seine Initiativen, seine Liberalität seien gut. Allerdings sei in den letzten Jahren alles schlechter geworden. Nicht nur der Alltag. Keine *Produkti*, kein Verlaß auf kontinuierliche Versorgung, sondern Chaos. Ständig müsse man aufpassen, wo man etwas bekommen könne. Zeitvergeudung! Der Alltag schlucke zu viel Kraft! Geld sei schon genug da, nur eben keine Waren. Aber schlimmer sei die politische Entwicklung, die Stimmungen in der Bevölkerung.

Ich war auf einer »Pamjat«-Veranstaltung, sagt Bela. Dort wurde »der Jude« als neuer Feind aufgebaut. In Kasachstan, den baltischen Republiken etc. gibt es das Nationalitätenproblem. Dort hat man noch Feindbilder. Hier, im russischen Teil, wird jetzt alles auf die Juden geschoben, nachdem es der Westen nicht mehr ist. Einen Sündenbock muß man ja haben. Wir haben Angst, die Nachbarn, die heute freundlich mit uns sind, könnten uns morgen umbringen.

— Ich verstehe nicht, sage ich, ihr sprecht aber doch gleichzeitig von wachsender Liberalität?!

Es ist beides wahr, antwortet Bela. Naoum nickt. Der Staat wird liberaler, aber bei der Masse der Menschen entwickeln sich rassistische und speziell antisemitische Stimmungen.

Nina und Wassili

Nina ist gelernte Bibliothekarin. Als ich sie im Frühjahr als Reiseleiterin kennenlernte, war sie als Bibliotheks-Hilfskraft für 80 Rubel im Monat tätig. Sie kommt mit ihrem Freund Wassili. Er stellt sich als Zahnarzt vor. Aber er arbeite nicht.

Wir gehen zunächst in ein kleines Café: Kognak, Piroggen, Kaffee. Die beiden sind die Gastgeber, versteht sich. Nina ist inzwischen sozial geklettert. Sie verdient als Archivarin beim Ordnen historischer Archive jetzt 110 Rubel. Immer noch zu wenig zum Leben, sagt sie. Und wovon lebst du dann, frage ich. Er hilft mir, sagt sie. Und wovon lebt er? Ich helfe mir selbst, grinst er und deutet an, daß er über die Mafia bestens Bescheid wisse, Namen, Verbindungen etc. angeben könne. Ob ich daran interessiert sei, gegen Valuta natürlich. Ich erkläre, daß ich unter dem Motto »Perestroika von unten« recherchieren wolle. Sehr gut! Von unten, das heißt Mafia, bekräftigt Wassili, was sonst. Ich brauchte nur den Preis zu sagen, dann könnte ich alles haben.

Wir gehen in Ninas Wohnung, eine dieser kommunalen Wohngemeinschaften: dunkler, vollgestopfter Flur, Lärm, Chaos, gräßlich. Wir verschwinden schnell seitlich in ihrem Zimmer. Es mißt vielleicht zwei mal drei Meter, bietet kaum Platz zum Drehen zwischen Bett, Schränken und Tisch. Wir nehmen irgendwie auf Bettkante, Hocker und Stuhl Platz. Jetzt holt Wassili alte Orden aus der Stalinzeit hervor. Auch zwei von der SS kommen zum Vorschein, dann Ikonen etc. Ob ich das kaufen wolle? Ob ich ihnen helfen könne, das anzubieten? Für sie sei das zu gefährlich. Nina schleppt Kunstbücher an. Was die einbringen würden? Nachdem ich erkläre, daß ich nicht hier sei, um Geschäfte zu machen, kühlt das Klima merklich ab.

Die Situation zwingt uns, sagt Nina. Das mußt du nicht falsch verstehen. Wir wollen nicht reich werden. Wir brauchen nur Geld, weil wir nach Westdeutschland reisen wollen. Scheißverhältnisse, denke ich. Was ist das für eine Erneuerung des Sozialismus, die die Menschen, statt ihnen bessere Lebensverhältnisse zu bringen, tiefer in die Korruption und die Resignation treibt! Das beweisen mir schon meine ersten fünf Tage: Die Kluft zwischen Glasnost und Perestroika, zwischen Worten und Taten, zwischen Versprechungen auf eine bessere Zukunft und den Verschlechterungen im Alltagsleben der breiten Bevölkerung wird immer größer. In diesem Klima entstehen fast zwangsläufig soziale Rücksichtslosigkeit, Asozialität und Korruption bis hin zu schwerer Kriminalität. Da bleiben alle Rechtfertigungen auf der Strecke. An dieser Realität sind die politischen Programme zu messen!

Anton Stroganow

Einen weiteren Schock versetzte mir Anton Stroganow. Er arbeitet als Kulturfunktionär in der Kulturverwaltung am Nevski 40, Zimmer 33, Abteilung internationaler Kulturaustausch. Zu ihm kam ich nicht nur mit dem Auftrag, mich bei ihm für einen Besuchsaustausch von Kindern einzusetzen, sondern, bei aller Skepsis in seine offizielle Position, auch in der Hoffnung, einmal etwas Positives zu hören: Glasnost! Kultureller Aufbruch!

Ich treffe ihn in seinem Büro. Anton Stroganow ist ein Mann von vielleicht 40, konservativ im Äußeren, wie es die sowjetische Art ist, ernsthaft, zuvorkommend. Er ist soeben mit dem »Kleinen Malik-Theater« von einer West-Europa-Tournee zurückgekehrt. Wir arbeiten hier zur Zeit zu fünft, erklärt er, als er meinen erstaunten Blick durch den überfüllten Raum bemerkt. Zimmermangel! Sie seien ja nur kleine Büroarbeiter. Aber die internationale Abteilung solle jetzt vergrößert werden. Wenn Sie mich vor zwei Jahren gefragt hätten, was sich durch Perestroika verändert hat, erklärt er mir, dann hätte ich ihnen wahrscheinlich gesagt: Sehr viel! Wir haben einen Pluralismus der Meinungen und erforschen die weißen Flecken unserer Geschichte. Das ist für mich das wichtigste. Neue kulturelle Initiativen haben sich entwickelt. In Leningrad sind allein über zwanzig neue Theaterstudios entstanden, die ihr Programm selbst bestimmen und sich selbst finanzieren. In anderen Bereichen ist es nicht anders bis hin zu den neuen Videoclubs, obwohl ich die nicht sehr liebe. Gruppen können spielen, Maler malen, Literaten schreiben, was sie wollen. Niemand redet ihnen hinein. Eine Zensur gibt es nicht. Die Grenzen des Erlaubten sind nicht definiert. Die Künstler können ins Ausland reisen. Die Beziehungen zwischen der Kulturbehörde und den Künstlern haben sich verändert, seit auch die Kulturbetriebe auf eigene Rechnungsführung umgestellt worden sind. Früher ist die Kultur mittels Direktiven von Moskau aus verwaltet worden. Das ist heute unmöglich. Das Verhältnis zwischen Konzertdirektoren, Ensembles usw. ist heute eher das von Kollegen. Sie wollen jetzt ihre eigene Politik machen.

Das alles sei sehr gut, betont Anton Stroganow. Es gebe keinen Weg zurück! Aber die Wirtschaft! Ich hätte ja selbst die leeren Läden gesehen. Die Perestroika habe in letzter Zeit gebremst. Die Wirtschaftsfragen seien doch die wichtigsten. Besonders im kulturellen Bereich gebe es heute sehr große Probleme, wie und mit welchem Geld die Kultur umgebaut werden solle. Er fürchte, daß die Entwicklung inzwischen keineswegs auf einen Aufbruch, sondern auf einen Ausverkauf der sowjetischen Kultur und eine soziale Deklassierung der Künstler hinauslaufe.

Der Geldmangel des Staates, erläutert er, als ich den Verdacht äußere, sein Bild könne zu sehr aus der Sicht der bisherigen Zentralplanung bestimmt sein, auch die Umstellung auf eigene Rechnungsführung liefen praktisch auf eine Rotstiftpolitik im Kulturbereich und letztlich dessen finanziellen Ruin hinaus. Theater, Musikgruppen usw. müßten sich heute so schnell wie möglich und unter den bisherigen Preisen verkaufen. Viele suchten die Rettung in schnellen Auslandsreisen. Für einige könne das individuell durchaus die Rettung sein. Insgesamt gesehen, gehe die Initiative jedoch an die ausländischen Käufer über. Die ausländischen Kunst-Agenten zum Beispiel kommen her, sehen alles an und wählen aus, klagt Anton Stroganow bitter. Fast alles hängt von ihnen ab. Wir können nicht sagen, nehmen Sie dieses Theater oder jenes Orchester. Sie nehmen, was ihnen gefällt. Früher sei auf diesem Sektor alles über GOS-KONZERT gelaufen. Inzwischen gebe es eine ganze Reihe Behörden und Verbände, die das Recht hätten, solche Kontrakte zu unterschreiben: Der »Verband der Theaterschaffenden«, der neue »Kulturfonds«, das »Friedenskomitee«, der »Verband der Freundschaftsgesellschaften«, die »Musikgesellschaft« usw. Daß GOSKONZERT kein Monopolist mehr sei, finde er gut, aber die Entwicklung laufe jetzt auf eine Art Anarchie, eine Inflation der Angebote hinaus. Das kulturelle Leben sei breiter gefächert, aber was die Qualität anbetreffe, gehe es bergab. Die neuen Theater könnten sich in der Regel nicht lange halten. Von Idealismus und schlecht bezahlten Westreisen allein könne niemand leben. Auch bei den etablierten Kulturbetrieben verschlechterten sich die Lebensbedingungen für die Künstler. Eine soziale Unterstützung, die das auffangen könne, gebe es nicht. Ähnlich wie im Theater- und Konzertbereich sei es auch auf anderen kulturellen Gebieten. Die Krise verschlinge die kulturellen Initiativen.

Noch schlimmer aber, antwortet er auf meine Frage nach seiner generellen Bilanz der Perestroika, seien, wie er es nennt, die »Leute mit schmutzigen Händen«, die inzwischen neben den progressiven Menschen aufgetaucht seien, die Demagogen, die gut über Perestroika schwadronieren könnten, aber nichts täten. Sie kämen von rechts und von links. Gemeinsam sei ihnen das Streben nach den Posten, die jetzt freigeworden seien – nach Macht. Sie sind nicht die Besten, wie Gorbatschow sagt, lacht Anton Stroganow bitter, sondern die Geschickteren. Wir nennen sie *Konjunkturschiks*. Die alten Bürokraten habe man noch erkennen können, die neuen nicht mehr. Beide hätten engste Beziehungen zueinander. Diese Verschmelzung sei es, die den Apparat nach wie vor zur größten Gefahr für die demokratische Entwicklung mache. Wenn es gutgehe, dann komme es wie in Ungarn. Es könne aber auch sein, daß die Partei ihre Alleinherrschaft gewaltsam wieder festige.

Tageslauf

Morgens: Es gab Quark und Brötchen. Heute war mal alles zu kaufen...

Mittags: Georgi berichtet, in der Gipserei sprächen die Kollegen den ganzen Tag nur darüber, was werden solle. Gearbeitet werde kaum noch. Alle seien ratlos. Von Gorbatschow halte man nicht mehr viel. Vor zwei Jahren sei er beliebt gewesen. Jetzt wirke er ratlos, noch mehr Ryschkow. Über Ryschkow sagten die Kollegen, er wisse nicht, wovon er rede. Er verstehe überhaupt nicht, was vorgehe. Er versuche nur, es allen recht zu machen. Darin sei er Gorbatschow gleich, aber wesentlich ausgeprägter.

Heiß diskutiert würden die Vorschläge der »Gruppe demokratischer Abgeordneter«: Afanasjew, Schmeljof, Popow, Tichonow und andere. Aber auf deren Vorschläge höre der Oberste Kongreß ja nicht. Und der Ministerrat erst recht nicht.

Die Frauen wüßten nicht, wo sie Kleidung, Seife, etwas zu essen kaufen sollen, erzählten die Kollegen. Man müsse ja förmlich nach Waren suchen. Wir sind am Ende, schließt Georgi.

– Die Bevölkerung arbeitet aber doch, sage ich. Wo bleiben denn die Produkte?

Niemand weiß es, gibt er zurück. Im Fernsehen sei vor kurzem gezeigt worden, wie Importware unterschiedlichster Art – von Kleidung bis zu Konserven – in den Umschlaghäfen von Leningrad bis Odessa vergammele, weil niemand sie weiterbefördere. Die staatlichen Stellen wüßten das, habe es geheißen, aber niemand sei imstande, etwas dagegen zu unternehmen. Das Militär weigere sich auch einzuspringen. Die Zeit der Kommandowirtschaft sei vorbei, laute ihre Begründung. Die ausgerechnet, schimpft Georgi. Es interessiere sich einfach niemand dafür, das sei es! Ryschkow habe gestern auch darüber gesprochen und Abhilfe versprochen. Aber, wie üblich, wieder einmal nicht gesagt, wie! Es gibt nur zwei Alternativen, sagt Georgi und hebt beschwörend die Hände: Anarchie oder Diktatur. Wir werden eine Diktatur bekommen.

Wettbewerb der Reformer

Sonnabend, 14. 10.

Im Leningrader Zentrallektorat am Lijtenij-Prospekt 42, in der Gesellschaft »snannije«, »Wissen«, finden sich am Samstag früh 150 bis 200 Leute aus sichtlich unterschiedlichen gesellschaftlichen und politischen Kreisen ein: weißhaarige, eher individualistisch wirkende Professoren, geschäftige Vertreter diverser wissenschaftlicher Institute, Vertreter neuer politischer Organisationen wie der »Volksfront« und vereinzelte interessierte Personen. Die Versammlung ist öffentlich. Meine Anwesenheit als ausländischer Journalist wird aufmerksam und freundlich registriert. Ich finde einen guten Platz neben einer jungen Frau, die mit ordentlicher Schrift Punkt für Punkt des Vorgetragenen notiert. Lena, so erfahre ich bald, ist Assistentin der volkswirtschaftlichen Planungsabteilung des Leningrader finanzwirtschaftlichen Instituts. Es ist das Institut, das die Versammlung organisiert. Ich frage sie, ob sie bereit sei, mir ihre Zusammenfassung nach der Veranstaltung auf meinen Recorder zu sprechen. Sie sagt zu.

Von Lena erfahre ich auch Näheres über die Versammlung: Es ist eine Anhörung von verschiedenen Konzepten für die wirtschaftliche Entwicklung der Leningrader Region auf der Basis des Prinzips »eigener Rechnungsführung«. Ein öffentlicher Wettbewerb, ein Perestroika-Projekt. In Leningrad ist es die erste Veranstaltung dieser Art. Etwas Ähnliches gab es vorher nur in Belorußland und den baltischen Republiken. Initiator ist die »Gesellschaft Wissen«.

Heute darf nur reden, wer vorher ein Konzept eingereicht hat. Fragen werden gesammelt. Sie sollen morgen beantwortet werden. Die Debatte soll nächsten Samstag fortgesetzt, die Ergebnisse des Wettbewerbs dann von einer Kommission gesichtet und das beste Konzept nach vier Monaten der Öffentlichkeit vorgestellt werden.

– Wie sie dann noch Bestandteil des Kommunalwahlkampfes werden sollen, will ich wissen.

Stimmt, meint Lena, aber die Autoren und Autorinnen dürften ihre Konzepte auch selbst an die Presse geben. Bisher sei so etwas allerdings unüblich.

Die Vorträge sind trocken und recht allgemein. Lena flüstert mir hin und wieder kritische Kommentare ins Ohr. Ein Redner, der sich ausdrücklich als »Herr«, nicht als »Genosse« vorstellt, möchte über die Notwendigkeit religiöser Erneuerung philosophieren. Auch er darf sprechen. Was für eine Versammlungsdisziplin! Fünf Minuten Redezeit für jeden. Nach vier Minuten kommt per Glocke die Mahnung: Achtung, noch eine Minute! Dann wird gnadenlos unterbrochen, gleichgültig, wer spricht, auch mitten im Satz. Die Redner und Rednerinnen fügen sich alle, nicht anders das Publikum. Fragen werden ausschließlich per Zettel ans Podium gereicht. Mündliche Zwischenrufe gibt es praktisch nicht.

– Worum geht es, frage ich?

Sehr kompliziert, sagt Lena. Es geht um einen Weg zwischen Kapitalismus und Sozialismus, aber sie wollen die Katze waschen, ohne ihr das Fell naß zu machen.

– Was schlagen sie vor, frage ich.

Dezentralisierung, Unabhängigkeit von Moskau, flüstert sie. Für eine junge Frau gibt es Beifall. Es ist der einzige Beifall des Vormittags. Alexandra Dimitriwa, Spezialistin vom finanzökonomischen Institut, raunt Lena. Endlich etwas Konkretes! In der Pause suche ich weitere Kontakte. Zugegeben, ich habe Lampenfieber, zumal das auf Russisch geschehen muß. Aber es entwickelt sich alles leichter, als ich zu hoffen gewagt hatte.

Alexandra Dimitriwa spricht mir sofort auf Band. Als wir unterbrochen werden, gibt sie mir für die Fortsetzung des Gesprächs einen Termin im finanzökonomischen Institut.

Noch auf dem Weg zu meinem Platz tritt eine Frau auf mich zu, die sich als Journalistin der »Sowjetskaja Rossija« vorstellt.

Man müsse doch mehrere Meinungen hören! Gleich darauf spricht mich der Chef einer wissenschaftlichen Produktions-Kooperative an. Er möchte gern darstellen, was sie tun. Die Kooperative wird von der »Sowjetskaja Rossija« gesponsert.

Achtung, sagt Lena, die kommen von rechts.

Nach der Pause spricht ein Vertreter der ökonomischen Kommission der »Volksfront«, Juri Andrejewitsch Dorofejew. Endlich! Ich hatte auf eine Kontaktmöglichkeit gewartet. Ich spreche ihn an. Auch hier Offenheit. Das ermutigt.

Am Sonntag treffen wir uns wieder; Lena, Juri und ich. Nach Schluß der Veranstaltung lädt Juri mich ein, ihn noch zum Programmkongreß der »Volksfront« zu begleiten. Wir gehen zu dritt. Für Lena ist es der erste Besuch einer Versammlung der »Volksfront«. Juri hat dort noch eine Rede zu halten. Unterwegs stolpern wir über ein »meeting«, wie es hier heißt. Ein Zettel an der Straße lockt die Leute hinter die Häuser. Dort stehen drei Gestalten mit Megaphon, die eine Brandrede gegen die übrigen demokratischen Gruppen halten. Ungefähr 20 Leute hören zu. »Christlich demokratische Partei«, flüstert Juri, nach dem Muster eurer CDU, frisch gegründet. Im letzten Jahr gab es viele solcher Versammlungen am Nevski, am Kasanksi Sabor, klärt er uns auf. Jetzt hat die Stadt die Meetings dort verboten. Wir versuchen, dagegen anzugehen.

Die Ankunft am Versammlungsort der »Volksfront« bringt einen ziemlichen Szenenwechsel: Nach dem gediegenen altstalinistischen Pomp im Lektorenhaus fröstelt man nun in einem der üblichen verspeckten Bezirks-Kulturhäuser. Leute aus mittleren sozialen Milieus, alternativ-achtloses Klima, Kommen und Gehen. Ein überquellender Zeitungsstand wird von Menschentrauben umlagert. Hier entdecke ich Samisdat-Zeitungen wieder, die ich schon aus Moskau kenne: »Sewero Sapad« (Nordwesten), »djen sa dnjom« (Tag für Tag) und anderes, aber auch neue Blätter wie »Positii«, eine Zeitung der »Volksfront«, die in Moskau, Tallin und Leningrad zugleich herausgegeben wird. Viele Blätter aus den baltischen Republiken liegen aus. Mehr als zehn verschiedene Zeitungen zähle ich. Ich kaufe mir je ein Exemplar. 20 bis 50 Kopeken kostet das Stück. 16 Rubel muß ich für alle zusammen hinlegen.

Auf dem Vorflur zum Saal hängen die Wände voll mit Wandzeitungen in Maschinenschrift. Die Menschen stehen davor und lesen. Der Informationshunger ist groß. Man muß zugreifen, wenn etwas angeboten wird, sagt Juri, sonst sind die Sachen weg. Die oppositionellen Gruppen sind nach wie vor halblegal, haben kein Papier, keine Maschinen. Die kleinen Auflagen sind im Handumdrehen verkauft.

Ungefähr hundert Leute sitzen weit verstreut in dem recht großen Saal. Juri macht mich auf zwei junge Männer aufmerksam, die gerade eintreten: Arbeiter, sagt er, von ihnen gibt es nur wenige bei uns.

Montag, 16. 10.

Um 17.00 Uhr Treffen mit Lena am Technischen Institut, ihrem Arbeitsplatz. Sie kommt in kariertem Mantel, Stola und braunem Schlapphut, Jahrhundertwende. Aber in Hosen und mit knallroten Fingernägeln. Die sowjetische Mode! Sie lotst mich durch die Stockwerke. Öffentlich zugängliche Räume, wo man sich zwanglos und ungestört setzen kann, scheint es auch hier nicht zu geben. So landen wir schließlich an einem Tischchen in einer Durchgangshalle.

Lena hat ihre Notizen noch einmal komprimiert und konzeptweise Vorträge und Fragen geordnet: Zehn Konzepte wurden eingereicht, darunter vier aus öffentlichen Wirtschaftsinstituten der Stadt, einschließlich des von Alexandra Dimitriwa vorgestellten, eins von der »Volksfront«, eins von einer Gruppe »Dozenten der Leningrader staatlichen Universität«, der Rest von Einzelpersonen, bzw. kleineren Kollektiven. Grundtenor: Die bisherigen Reformmaßnahmen, speziell die Einführung der sogenannten wirtschaftlichen Rechnungsführung hätten zu einem wirtschaftlichen Chaos im Großraum

Leningrad geführt. Grundsätzliche Änderungen seien nötig. Die Interessen der Region müßten wichtiger genommen werden als die Interessen der großen Ministerien. Nur ein Beitrag, zu Lenas Leidwesen ausgerechnet der eines Vertreters des finanzökonomischen Instituts, beantwortet, nachdem er als Problem benannt hat, »daß wir zur Zeit schlechter leben als die Menschen im Kapitalismus«, die selbstgestellte Frage: »Ist es deshalb nötig, die Methoden bei uns zu ändern?« mit der bemerkenswerten Feststellung: Nein, man müsse die Gründe des Versagens in der Organisation der Arbeit, nicht in neuen Methoden suchen. Was das heißen solle, blieb offen. Es zeigt nur, ebenso wie die Anwesenheit der »Rossija«-Vertreter, wie weit das Spektrum der Konzepteinreicher nach rechts reicht!

Im übrigen gehen die Vorstellungen sehr ins Detail. Sie reichen von der Einrichtung eines ökonomischen Rates für die Leningrader Region, über die Einführung unterschiedlicher Eigentumsformen mit unterschiedlichen Graden der Abhängigkeit von der Zentrale, wie es wesentlich von Vertretern der Institute vorgebracht wird, bis hin zu Vorstellungen der »Volksfront«, freie ökonomische Zonen zu entwickeln, den Kooperativen gleiche Rechte wie den Staatsbetrieben einzuräumen, die Kleinproduktion zu fördern und den Bau von Bürohäusern so lange zu stoppen, bis das Wohnungsprogramm erfüllt ist.

Die Gruppe um Alexandra Dimitriwa bringt den Begriff einer Technopolis ins Spiel, die um Leningrad herum entstehen müsse. Das solle bedeuten, alle ökologisch schmutzigen Betriebe aus der Stadt zu verlagern und die Gebiete von Nowgorod und Slow zu Zonen intensiver Landwirtschaft zu entwickeln. Für eine Gruppe von »Dozenten der Leningrader Universität« ist die Verschärfung der ökologischen Probleme überhaupt das Grundproblem, besonders weil die ökologische Frage gegenwärtig nicht im Zusammenhang mit der ökonomischen gesehen werde. Sie fordern daher, zu sparsamen Formen der Naturausbeutung überzugehen. Dafür müßten langfristige ökonomische und ökologische Normen, das heißt, Limits und Quoten geschaffen werden. Auf die Frage, ob für die Lösung der ökologischen Frage neue Ressourcen nötig seien, antworteten sie: Hauptpunkt sei der selbstverzehrende Charakter der sowjetischen Ökonomie. Nötig seien daher keine neuen Ressourcen, sondern eine Strukturreform. Es muß dezentralisiert werden! Darüber ist man sich bis auf die genannte Gegenstimme einig. Einig ist man sich auch, daß es dafür als erstes eines Gesetzes bedarf, um überhaupt eine Entwicklung einleiten zu können. Wie es aber zu diesem Gesetz kommen kann, wer es beschließt, wer es schließlich durchsetzen soll, bleibt eine offene Frage, ebenso wie die, welche Formen des Eigentums schließlich anerkannt und von wem sie kontrolliert werden sollen.

Es sind eben wissenschaftliche Konzepte, sagt Lena. Alles weitere sei eine Sache der öffentlichen Debatte. Da müsse man abwarten.

TV: Eigentum

Im Fernsehen läuft der allwöchentliche Bericht aus dem Allunionskongreß. Es liegen zwei alternative Gesetzentwürfe zur Neuregelung der Eigentumsfrage vor. Soll man Privateigentum wieder einführen oder soll man nicht? Grundtenor: Balance. Es gibt keine Entscheidung. Die Entwürfe werden zurückgewiesen.

Eine Kommission soll einen der beiden Entwürfe so weit ausarbeiten, daß er der Bevölkerung als Referendum vorgelegt werden kann. Der Kommission sollen vor allen anderen Gorbatschow, Ryschkow, Albakin angehören. Die Debatte kreist sichtlich chaotisch um die Formalien. Es gibt starke Kritik, daß die Kommission zu eng besetzt sei, daß sie durch Spezialisten und Volksvertreter ergänzt werden müsse usw.

Ich nehme mir vor, meine zukünftigen Gesprächspartner zu diesem Punkt zu befragen. Dies ist ja wohl ein Knackpunkt der gegenwärtigen politischen Entwicklung im Land.

Alexandra Dimitriwa, finanzökonomisches Institut

Ein paar Tage später mache ich mich auf den Weg zu Alexandra Dimitriwa. Das Treffen ist im finanzökonomischen Institut, an der Salowaja 21, im ehrbaren alten Teil der Stadt, in einem ebenso ehrbaren, aber heruntergekommenem Gebäude.

Alexandra Dimitriwa führt mich in die Büroräume des Institutsleiters, wo für unser Gespräch das Vorzimmer geräumt wird. Die Sekretärin rückt in den davor liegenden kleinen Verbindungssaal und schließt das Zimmer von außen gegen Publikumsverkehr ab, nachdem sie uns Tee angeboten hat. Welche Aufmerksamkeit! Welche Bereitschaft!

Wir haben festgestellt, meint Frau Dimitriwa, daß Journalisten häufig mehr von dem wirklichen Leben wissen als wir Gesellschaftswissenschaftler, weil sie das wirkliche Leben recherchieren und die Erfahrungen auswerten. Das müssen wir lernen! Alexandra Dimitriwa versteht sich als Pionierin einer neuen Sozialempirie. Selbst Tatjana Saslawskaja ist ihr noch entschieden zu schematisch. Auch die Nowosibirsker Schule gehe noch von vorgefaßten Meinungen aus, die sie dann in der Praxis zu beweisen suchten. Sie dagegen und eine Gruppe von jungen Soziologen und Soziologinnen versuchten von der Untersuchung der Wirklichkeit selbst auszugehen. Wir kennen unser eigenes Leben nicht, sagt sie. Uns fehlen die empirischen Daten. Viele Jahre habe man einfach nur die Bücher von früher genommen und die Daten daraus hochgerechnet. Hauptaufgabe sei deshalb heute, unser eigenes Leben kennenzulernen! Ihr Ansatz sei bisher einzig in der UdSSR, aber sie versuchten selbstverständlich, sich zu verbreitern.

Ich bin Doktor der Ökonomie, beginnt sie, Chefin der Abteilung, die sich mit Grundlagen des Managements befaßt. Die Abteilung ist verbunden mit dem Institut für Ökonomie und Finanzen. Die Motivation unserer Arbeit ist, so vermute ich, dieselbe wie überall auf der Welt. Natürlich gibt es materielle Motivationen, besonders seit Beginn der Perestroika, sehr viele städtische Beratungen, sehr viel Arbeit in unterschiedlichen Kommissionen, und natürlich bekommen wir Geld dafür. Aber ich denke, das ist nicht das wichtigste, denn für alle diese Arbeiten ist die Hauptsache die Lust an der Untersuchung und Entdeckung. Übrigens, setzt sie fröhlich, fast ausgelassen hinzu, mache ich zum erstenmal ein Interview.

Ich bin Mitglied der Kommunistischen Partei. Aber Sie wissen, daß es unter den Mitgliedern der Kommunistischen Partei heute unterschiedliche Ansichten gibt.

Meine persönliche Perspektive entspricht sehr stark der der sogenannten »interregionalen Gruppe«, die von Afanasjew, Popow und anderen im Allunionskongreß gebildet wurde, also die Minorität des Obersten Sowjet.

– Sie sprachen über das Vergnügen an Untersuchung und Entdeckung, hake ich ein. Soweit ich weiß, ist dieses Vergnügen in ihrem Land sehr neu.

Nun, so ganz neu wieder nicht, gibt sie zurück. Auch auf dem Weg zur Perestroika gab es natürlich Methoden, die Wahrheit zu finden. Aber es gab nicht so viel Gelegenheit dazu. Die Statistik war sehr schlecht. Im Gegensatz zu Biologen oder Physikern zum Beispiel, die ihre Ausrüstung in ihren Räumen aufbauen können, sind wir in der ganzen Region unterwegs, und so sind wir natürlich auf die Hilfe örtlicher Autoritäten angewiesen. Wir gründen unsere Untersuchungen und Expeditionen auf deren Interesse, weil unsere Ergebnisse für sie Empfehlungen für das ökonomische Management sind.

Natürlich hatten wir diese Gelegenheit vor Perestroika nicht. Unsere erste Untersuchungs-Expedition in die Leningrader Region unternahmen wir 1987. Wir stießen auf große Schwierigkeiten, die Offiziellen des städtischen Sowjets dahin zu bringen, uns die Erlaubnis zur Befragung und zu Interviews von Direktoren und Geschäftsleuten zu geben und spezielle soziologische Untersuchungen zu machen. Aber dann wurde es leichter, weil sich das Interesse der offiziellen Stellen an klaren Untersuchungsergebnissen, aus denen sie eindeutige Empfehlungen für ihre wirtschaftlichen Entscheidungen gewinnen könnten, entwickelte.

Natürlich konnten wir auch vorher Konzepte machen. Aber wir hatten keine Möglichkeit, Veröffentlichungen vorzunehmen. Die Mitglieder der Akademie, die einige Publizität hatten, konnten es in einigen Fällen. Aber für junge Wissenschaftler war es sehr schwierig und ist es manchmal heute noch. Sie lacht. Wir können nicht all unsere Ergebnisse veröffentlichen. Ich denke, das liegt an den zwischennationalen Beziehungen. Wir haben nämlich große Expeditionen nach Zentralasien gemacht und ziemlich interessante Ergebnisse erzielt. Aber wahrscheinlich sind sie nicht geeignet, die Beziehungen zwischen den Völkern zu stabilisieren.

— Sie würden gern veröffentlichen, aber es wird Ihnen nicht erlaubt?

Man kann nicht sagen »nicht erlaubt«. Sogar das Magazin »Ojonjok« lehnte zum Beispiel die Veröffentlichung einiger unserer Ergebnisse ab. Es ist keine offizielle Weisung. Sie versuchen, selbst in ihrer Berichterstattung zu zentralisieren, gewisse Konflikte zu vermeiden.

— Arbeiten Sie mit Wissenschaftlern wie Tatjana Saslawskaja zusammen?

Nun, wir besuchten mehrere Male Nowosibirsk. Wir baten die Leute, die mit Tatjana Saslawskaja arbeiten, mehrmals um Beratung. Aber unsere Methoden sind ein bißchen anders. Es ist eine Mischung von soziologischen Methoden und Experteneinschätzung. Sie dagegen hatten gewöhnlich eine Hypothese, die sie dann als falsch oder richtig zu beweisen versuchten. Wir versuchen, einen Eindruck von einer ganzen Region zu gewinnen. Wir wollen gleichzeitig das System sozialer Beziehungen, die Entwicklung der Investitionen, die strukturellen Proportionen, unterschiedliche Schichten der Gesellschaft usw. festhalten. Das ist die sogenannte expressive Analyse, ökonomische Diagnostik. Dann versuchen wir, die Daten und die Ergebnisse, die durch soziologische Methoden gewonnen wurden, mit denen der Experteneinschätzungen zu vergleichen. Wir analysieren statistische Daten. Wir benutzen unterschiedliche mathematische Methoden, versuchen, wieder zu vergleichen. Wenn sie mit unseren Ergebnissen übereinstimmen, ist es gut, wenn nicht, versuchen wir herauszufinden, warum. Das sind unsere Methoden, und ich glaube, fruchtbarere und konstruktivere.

Dann versuchen wir eine Typologie der russischen Föderation und der Sowjetunion herzustellen, denn es gibt bestimmte Arten von Regionen, in der russischen, denken wir, vielleicht sechs oder sieben, in der ganzen Union ungefähr acht. Sie unterscheiden sich stark bezüglich des Arbeitsmarktes, ihrer ökonomischen Struktur usw., und natürlich muß für die unterschiedlichen Regionen unterschiedliche Politik entwickelt werden. Selbstverständlich glauben jetzt viele Leute, daß Selbstmanagement und Selbstfinanzierung die Regionen von allen ökonomischen Krankheiten heilen kann. Aber das können sie natürlich nicht. Es muß unter allen Umständen Fonds geben, allsowjetische Fonds und republikanische Fonds, aus denen bestimmte Regionen unterstützt werden müssen. Dafür müssen wir aber wissen, welche unterstützt werden müssen und welche nicht, und die Prioritäten der Hilfe müssen festgelegt sein.

– Welchen Eindruck haben Sie über die Lage einzelner Regionen hinaus heute von der ökonomischen Gesamtlage der UdSSR?

Lange Zeit dachten wir, wir seien die Pioniere des sozialen Lebens und des sozialen Aufbaus, und nun stellen wir fest, daß wir keineswegs die Pioniere, sondern im Gegenteil fast die letzten sind. Nach einer euphorischen Periode in Perestroika und Glasnost folgt nun die Periode der Frustration. Jetzt stellen wir fest, daß es nicht nur die Offiziellen sind und die Bürokratie, die den Reformen entgegenstehen, sondern das niedrige Niveau der Qualifikation, das Fehlen unternehmerischer und qualifizierter Leute, etwas in der Genetik der Bevölkerung. Es kann ja nicht ohne Konsequenzen bleiben, wenn über lange Zeit die talentiertesten Leute getötet wurden, nicht arbeiten und sich nicht entwickeln durften, denn der Hauptreichtum eines Landes ist seine Bevölkerung, die qualifizierte Arbeitskraft. Durch die ganze Propaganda seit den 30er Jahren sind wir nicht an dauerhafte Anstrengungen in der Arbeit gewöhnt. Wir hoffen immer wieder, daß wir eine große Anstrengung, einen Sprung machen und alles erreichen. Aber wir nehmen nicht wahr, daß wir sehr detaillierte, sehr harte Arbeit brauchen, bevor wir etwas erreichen. Dasselbe spielt sich bei den ökonomischen Reformen ab. Wir hoffen, daß wir eine magische Methode finden, ein magisches Ding, das wir zum Leben erwecken, und alles wird gut sein. So war es zum Beispiel mit dem Selbstmanagement der Betriebe. Dann waren es die Kooperativen. Jetzt ist es das regionale Selbstmanagement. Aber um eine allseitige ökonomische Reform durchzuführen, bedarf es allseitiger und langwieriger Anstrengungen. Manchmal glaube ich, die Menschen sind noch nicht reif dafür.

— Was ist das Hauptproblem, das heute gelöst werden muß?

Eigentum! Die Antwort Alexandra Dimitriwas kommt wie aus der Pistole geschossen. Der Hauptpunkt ist, Land an die Bauern zu geben. Das wird wohl nicht ohne Bezahlung gehen, nicht nur für das Land, sondern auch für Arbeitsgerät und Maschinen, die sich jetzt in der Hand kollektiver Höfe befinden. Dann das Eigentum der Gemeinden, um Betriebe, Volksbetriebe zu schaffen. Das ist die Hauptfrage. Dann die finanziellen Mechanismen und Preise.

Aber die Hauptfragen sind die des Privateigentums, der Verteilung von Eigentum zwischen Union und Republiken zum einen und Republiken und autonomen Republiken zum andern. Das Eigentum an Boden muß Eigentum der Nationen sein: also der russischen, der estnischen, der einer autonomen Republik. Sie haben zu entscheiden, wie sie mit ihrem Eigentum umgehen.

Ich glaube, der wichtigste Punkt der Landreform wird nicht verstanden. In der russischen Föderation ist sie zum Beispiel sehr einfach. Da gibt es einen Mangel an Bevölkerung auf dem Land. Die Landreform in Zentralasien dagegen ist sehr kompliziert. Sowohl die Reform von 1961 als auch die Stolypins von 1905 schließen das System der Zuwanderung ein, wo jedem

Haushalt ein Stück Land gegeben wurde. In der russischen Republik, in den baltischen Ländern kann dieses Problem gelöst werden. Dort gibt es genug Land. Aber zum Beispiel im Kaukasus und anderen zentralasiatischen Gebieten sehe ich keine Lösung. Einige Leute, so der sogenannte linke Flügel im Allunionskongreß, Saptschark, Tichonow, auch der Leningrader Professor Tinissa wollen, daß Privateigentum, das auch vererbt werden kann, zugelassen wird. Sie glauben, daß Sozialismus soziale Gerechtigkeit bedeutet, daß es die Hauptaufgabe des Sozialismus sei, das Wohlergehen der Menschen zu verbessern, und daß dafür alle Methoden zugelassen werden müssen. Die Argumente des anderen Flügels waren, daß der Sozialismus durch Privateigentum eingeschränkt werde, daß die Bevölkerung erst unterrichtet werden müsse, bevor Entscheidungen von solcher Tragweite getroffen würden. So zum Beispiel Ryschkow.

– Können Sie differenzieren, was für die ganze Union und was regional geschehen müßte?

Generell muß eine Reform des Eigentums her, dann eine Preisreform. Eine durchschnittliche Profitabilität muß erreicht werden, und dann müssen wir zu einem anderen Mechanismus der Preisgestaltung übergehen. Jetzt gibt es ungeheure Unterschiede für die Profite bei verschiedenen Produkten. Wir können also nicht zu einer Preisgestaltung durch den Markt übergehen, bevor nicht diese durchschnittliche Profitabilität hergestellt ist. Dann muß das Gesetz über die Rechte der Unionsrepubliken und der Union andererseits verabschiedet werden. Wir müssen Rechte und Ressourcen zwischen ihnen aufteilen. Danach muß die Union als wichtigsten Punkt die Eigentumsfrage und die Frage der finanziellen Mechanismen entscheiden. Es geht um Anti-Inflations-Maßnahmen und die Konvertibilität des Rubels. Alles andere muß Sache der Unionsrepubliken sein. Das System der Landreform, das System des Managements, das Management der Kooperativen, die Balance unterschiedlicher Arten des Eigentums und Typen von Betrieben hängen großenteils von der Entwicklung der

Republiken ab. Das Nationaleinkommen pro Person in den baltischen Republiken ist vierundvierzigmal größer als in Turkmenien. Das ist mehr als zum Beispiel die Differenz zwischen der UdSSR insgesamt und den USA.

— Was sieht Ihr Konzept nun konkret für die Region von Groß-Leningrad vor?

Es geht vor allem um die Eigentumsfrage. Für Estland etwa sind die Dinge leichter zu bewältigen, da geht es um eine Million Menschen. Hier geht es allein in Leningrad um fünf oder sechs Millionen. Dazu kommt die weitere Umgebung. Das ist, wenn man so will, eine eigene Republik. Wenn wir nur einfach Funktionen und Reichtümer so gerecht wie möglich zwischen Union und russischer Republik verteilen, reicht das ganz und gar nicht. Die nächste Frage ist sofort, wie Funktionen, Ressourcen und Eigentum der russischen Föderation innerhalb Rußlands verteilt werden sollen. Die Situation in der russischen Föderation ist wohl die dramatischste. Hier sind die größten ressourcenschluckenden Industrien bei sehr niedriger Profitabilität konzentriert. Die Preise für Rohstoffe sind sehr niedrig in unserem Land, niedriger als die Weltmarktpreise. Zudem sind dort die ökologisch gefährlichsten Industrien konzentriert. Auch das Problem der Umrüstung der militärischen Produktion ist hauptsächlich ein Problem der russischen Föderation. Alle Probleme, die typisch für das Land sind, lacht sie wieder in fröhlichem Sarkasmus, sind in zugespitzter Form hier versammelt.

Selbstverständlich sind auch die sozialen Diskriminierungen verschiedener Regionen der Föderation größer als sonst irgendwo. Darin drückt sich die Ungleichmäßigkeit zwischen der Produktivität der Arbeit und der sozialen Sphäre aus. Die Kluft kann nicht größer sein als zum Beispiel im Ural, im europäischen Norden, den Wolgaregionen, Kuszbaz. Die Streiks haben ihren Ursprung in dieser sozialen Diskriminierung der Region. Es gibt also viele Probleme für die russische Föderation. Sie sind nicht so drängend wie die der baltischen Republiken, Armeniens oder Georgien, aber sie sind sehr akut. Das Qualifikationsniveau ist dagegen nicht so niedrig. Das intellektuelle, technische und kulturelle Potential ist sogar höher als etwa in den baltischen Republiken, obwohl das Lebensniveau wesentlich geringer ist. Sogar in Leningrad ist es sehr viel niedriger als in Estland und Lettland.

Meine Vorstellung ist nun: In der russischen Republik existieren 70 Provinzen, eingeschlossen mehr als zehn autonome Republiken. Eine andere Unterteilung bilden die ökonomischen Regionen. Sie sind keine Administrationsgrenzen, laufen zum Teil quer dazu. Sie wurden für die wirtschaftliche Analyse, Planung usw. benutzt. Davon gibt es elf. Wir denken, 70 Provinzen, quer dazu noch die ökonomischen Regionen, das ist zu viel, zu unübersichtlich, um darin vernünftige Planung zu machen. Wir stellen uns vor, 15 bis 20 neue Räume zu schaffen, die Rechte, Ressourcen und Eigentum haben können wie Unionsrepubliken, wenigstens im wirtschaftlichen Bereich, so daß sie selbst entscheiden können. Die russische Föderation muß also die Oberhoheit an diese ökonomischen Regionen abgeben.

— Was wird geschehen, wenn keine Lösung für die Eigentumsfrage gefunden wird?

Krise. Wir sind nicht die ersten. Vor uns waren die Ungarn und die Polen. Das können wir uns ansehen. Tichonow sagte sehr schön im Obersten Sowjet, nur ein Dummkopf lerne aus den eigenen Fehlern. Ein Kluger lerne aus den Fehlern der andern. Sie lacht wieder. Wir müssen also klug sein und die Fehler und Erfahrungen der Nationen studieren, die uns voraus sind.

Nur ein paar Tage nach dem Gespräch schleppt Lena die ersten Veröffentlichungen bei mir an. Auf nichts kann man sich mehr verlassen, sagt sie. Früher hätten solche Veröffentlichungen Monate gebraucht, wenn sie überhaupt zustande gekommen wären. Du siehst, alles ist in Bewegung.

Volksfront contra OFT

**Montag, 16. 10. − Erstes Gespräch mit
Juri Adrejewitsch Dorofejew, »Volksfront«**

Juri kommt, wie schon Lena, ungewöhnlich pünktlich. Es
scheint, daß ich mich in diesen Kreisen an andere Sitten
gewöhnen muß, als ich sie bisher in der UdSSR kennengelernt
habe. Unser Treffpunkt ist ebenfalls das technologische Institut. Auch Juri führt mich − wie vorher Lena − in einen fen-
sterlosen Durchgangsraum in einem der oberen Stockwerke.
Ein paar stuhlähnliche Sessel stehen da unter funzeligem Licht.
Er besorgt einen Tisch aus einem der unteren Gänge, wir ziehen zwei der Stühle zusammen − und so sitzen wir dann bei
fahler Beleuchtung allein mitten in der kahlen Halle.

Die Dolmetscher werden nicht kommen, eröffnet mir Juri.
Reinfall, denke ich. Wie sollen wir denn da die Sprachpro-
bleme bewältigen? Aber wir verständigen uns irgendwie und
aus dem anfänglichen Gestocher wird im Lauf der nächsten
zwei Stunden ein ausgewachsenes Gespräch, in dem mich Juri
über die politischen Ereignisse der Leningrader Szene informiert.

− Was ist die Rolle von »Sowjetskaja Rossija« heute, frage
ich.

Juri erinnert mich zunächst, daß dort die berüchtigte Nina
Andrejewa ihren Artikel zur Verteidigung des Stalinismus
schreiben konnte, mit dem die Restauration sich im Sommer
1988 wieder zu Wort meldete. Die »Sowjetskaja Rossija« hänge
mit der im Juni 1989 gegründeten »Vereinigten Front der Werktätigen« zusammen. Deren Chef, Michael Wassiliwitsch
Popow, Dr. der Philosophie und Mathematik habe sich mit
einer Arbeit über Perestroika habilitiert, in der er »nachgewiesen« habe, daß Demokratisierung und strukturelle Erneuerung

der Wirtschaft nicht nötig sei. Für diese Arbeit habe er in der Prüfung eine Auszeichnung bekommen. Die akademische Spitze der Universität in Leningrad sei eben äußerst konservativ, wesentlich konservativer als in Moskau und anderen Städten.

Die »Vereinigte Front der Werktätigen«, russisches Kürzel OFT, sei eine äußerst reaktionäre Organisation. Mit der Losung »die Arbeiter brauchen Brot« nutze sie in demagogischer Weise die gegenwärtige Krise der Perestroika aus, um die Massen an sich zu binden. Sie versuchten ihnen weiszumachen, die Demokratisierung sei an der Krise schuld, genauso wie an der Kriminalität.

Is rukach etawa budit novaja diktatura, faßt Juri zusammen. Aus ihren Händen erwächst die neue Diktatur. Aus dieser Ecke drohe eine faschistische Entwicklung für die UdSSR wie in den dreißiger Jahren in Deutschland. Was damals bei euch die Nazipartei war, das ist hier die OFT, konstatiert Juri.

– Ob es Kontakte von der OFT zu »Pamjat« gebe, will ich wissen.

Nje offizialno, nicht öffentlich, aber selbstverständlich konspirativ. Man verfolge streckenweise dieselben Ziele. Im übrigen sei Leningrad insgesamt ein konservatives Pflaster. Die große Presse sei trotz Perestroika noch fest in der Hand der »Offiziellen«. Die meistgelesene »Smjena« (Wachwechsel) gebe sich zwar pluralistisch, sei aber letztlich immer noch offizielles Organ des Komsomol. Gegen die »Leningradskaja«, Organ der konservativen Kreise der Kommunistischen Partei, und die »Gorodskaja Prawda«, Organ der Stadtverwaltung, sei allerdings selbst die »Smjena« noch offen. In diesen Blättern werde nur gemauert. Andererseits gebe es – abgesehen von der immer noch halblegalen alternativen Presse, wie sie am Vortag bei der Versammlung der »Volksfront« ausgelegt habe – auch in Leningrad jetzt schon ein paar liberalere Blätter wie die »Alternativa«, herausgegeben vom Journalistenverband, und die »Periokrostok« (Kreuzweg), eine Zeitung verschiedener Leningrader Verleger. Das öffentliche politische Leben in

Leningrad sei erwacht. Man müsse sich ja nur anschauen, was an einem Wochenende wie dem 14./15. Oktober alles stattgefunden habe. Schreib auf, insistiert Juri:

— Die Eröffnung des Konzeptions-Wettbewerbs für die ökonomische Reform im Lektorenhaus am Lijetenij-Prospekt. Seit Lunatscharschis Auftritten in den 20er Jahren, genau 1922 zum letzten Mal, sei dies die erste Konferenz dieser Art an diesem Ort gewesen.

— Die Programm-Konferenz der »Volksfront« im Dom Kulturi zur Vorbereitung der Wahlen im nächsten Jahr.

— Das »Meeting« der neugegründeten »Christlich demokratischen Partei«.

— Ein »Meeting« von Studenten und verschiedene Distrikttreffen.

Gemessen an dem politischen Leben, das wir gewöhnt sind, mag Juris Aufzählung bescheiden erscheinen und sein Eifer, dies aufgeschrieben zu sehen, nahezu rührend. Gemessen daran, daß die Entwicklung der informellen Bewegung nach ihrer Illegalisierung unter Breschnew erst 1987 wieder einsetzte, das Auftreten von informellen Gruppen und parteiunabhängigen Kandidaten noch bei der Wahl zum Parteikongreß der KPdSU im Sommer 1988 von der Parteibürokratie im ganzen Land, selbst in den großen Städten wie Leningrad und Moskau sabotiert bis gewaltsam behindert wurde, ist das eine ziemliche Entwicklung.

Zum 7. November, den offiziellen Feiern zum 72. Jahrestag der Revolution, wird eine gemeinsame alternative Demonstration der demokratischen Kräfte der Stadt vorbereitet, beendet Juri seine Aufzählung. Letztes Jahr waren 50 Leute im alternativen Block, und wir hatten Schwierigkeiten mit der Miliz. Mal sehen, wie es dieses Jahr wird.

Juri erzählt, 1

Wenige Tage später sitzen Juri und ich uns im technologischen Institut erneut gegenüber. Er hat zwei junge Studentinnen mitgebracht, die dolmetschen, wenn meine Sprachkenntnisse nicht ausreichen.

Ich bin Koordinator der ökonomischen Kommission der »Volksfront«, beginnt Juri, Doktor der Ökonomie, 48 Jahre alt und habe mich hauptsächlich mit ökonomischen Problemen der Industrie befaßt. Zur Zeit bin ich eine Art Berater in einem der Leningrader Jugendzentren. Es liegt im Moskauer Bezirk und heißt einfach »Jugend-Untersuchungs-Zentrum«. Es ist eine neue Form, zu der noch nicht viele Jugendliche kommen. Ich bin nicht wirklich überzeugt davon. Es gibt Probleme. Ich würde gern mehr Zeit für politische Aktivitäten zulassen, aber professionell kann das bisher nur von der führenden Partei in diesem Land gemacht werden, der KPSSR.

Ich war schon in der Breschnew-Zeit politisch engagiert. Damals war es sehr gefährlich, öffentlich Kritik zu üben. Man diskutierte unter Freunden, in der Familie, an *Kurielkas,* das heißt auf Plätzen, an denen man raucht. Meine Politisierung verdanke ich dem Frühling Chruschtschows. Das war eine Zeit ähnlich der jetzigen, die Probleme wurden offen diskutiert, und das war sehr wichtig für die Leute meiner Generation. Als alles durch eine neue Führung gestoppt wurde, entschied ich mich, etwas dagegen zu unternehmen.

Ich wäre gern Mitglied einer informellen Gruppe gewesen, aber damals gab es nur sehr wenige, und ich fand keine, der ich mich anschließen konnte. Sie waren nicht öffentlich bekannt. In der Breschnew-Ära gab es dann einige Gruppen, aber da war es sehr gefährlich, Mitglied bei ihnen zu sein. Generell sind die Menschen, die in dieser Zeit aufgewachsen sind, heute die passivsten. Sie unterstützen die Perestroika in keiner Weise, im Gegenteil, sind in der Regel die Bremser.

Ich habe die Entstehung der informellen Gruppen in den 60er Jahren in Moskau erlebt. Leute versammelten sich in der

Nähe des Majakowski-Denkmals, hatten neue Ideen, neue Perspektiven. Es entstand die Kultur der 60er. Es war die Zeit der Dichter wie Jewtuschenko, Wisnizienski usw. Es war gefährlich, Mitglied einer solchen Gruppe zu sein. Sie wurden unterdrückt. Die neue informelle Bewegung, einschließlich »Pamjat«, was ja »Gedenken« heißt, entstand mit einer Aktion, die vor etwa zwei Jahren in Leningrad stattfand. Studenten und Teile der Leningrader Bevölkerung erhoben Protest gegen den Abbruch des alten Leningrader Hotels »Angleterre«. Nach architektonischen Gesichtspunkten war das Hotel eigentlich nicht so herausragend, aber es war den Leningradern wichtig, weil der russische Dichter Sergej Jesenjew seine letzten Tage dort verbrachte. Die Demonstranten schlossen sich in dem Gebäude ein und stoppten unter ziemlichen Gefahren die Baufahrzeuge. Sie forderten die Leningrader Stadtverwaltung und die Allunionsregierung immer wieder auf, das Gebäude nicht abzureißen. Diese Aktion rief großes Aufsehen im ganzen Land hervor. Als konkretes Ergebnis wurde eine finnische Gesellschaft mit der Restauration des Gebäudes beauftragt. In diesem Jahr soll sie beendet sein.

Die Leningrader Offiziellen wollten lange Zeit mit der damals entstandenen informellen Gruppe nicht ins Gespräch treten. Die Gruppe nannte sich »Delta«. Inzwischen hat sich die Szene ja differenziert. Die »Pamjat«-Gruppen haben sich als nationalistische rechte Strömung herausgelöst. Die Gruppe »Delta« heißt jetzt »Ökologie der Kultur«. Der Leiter dieser Gruppe, Alexei Kowalow, wurde als Kandidat für den Allunionskongreß aufgestellt, allerdings nicht gewählt.

Es war die Entstehungsstunde der »Volksfront«. Gorbatschow hat die Perestroika ja nicht aus sich heraus initiiert. In allen Bereichen des Lebens waren Gruppen entstanden. Mit oder ohne Gorbatschow mußte Perestroika beginnen. Entscheidend wurde dann, diese Kräfte zu organisieren! Organisationen wie Komsomol, die Kommunistische Partei, die Gewerkschaften usw. unterstützten die Entwicklung von Perestroika anfangs ja keineswegs, sondern traten auf die

Bremse. Vor diesem Hintergrund wurde die »Volksfront« gegründet. Sie begann also ihre Existenz als Freund der Perestroika. Inzwischen ist die Situation sehr schwierig. Perestroika war ja auch nach ihrer Einleitung nicht allein der Erfolg eines Mannes. Sie war der Wechsel von einer sozialen Formation zu einer anderen. Die Gesellschaft war in eine Situation geraten, in der es unmöglich war, weiter zu warten. Einiges ist auch geschehen. Die Leute wurden freier. Aber konkret, besonders in der Wirtschaft, ist nichts geschehen. An der Struktur unserer Regierung, unserer Ministerien usw. hat sich bisher so gut wie nichts geändert. Natürlich gibt es einige neue Leute im System unserer Regierung. Aber die Leute, die in diese Strukturen kommen, werden entweder vom System ausgestoßen, oder es zieht sie rein, und sie sind es, die sich ändern und alles tun müssen, was das System von ihnen verlangt. Das System stammt aus der stalinistischen Periode. Es ist zu alt, um plötzlich anders sein zu können.

Das größte Problem ist letztlich, daß Perestroika als Reform von oben begann. Mag sein, daß da einige neue Leute sind. Mag sein, daß sie wirklich etwas ändern wollen. Aber letztlich verteidigt das System sich selbst. Das Gute an Gorbatschow ist, daß er das Gespräch mit der Bevölkerung sucht. Er hat keine Angst. Die Menschen sehen, daß er ihnen helfen will, deshalb mögen sie ihn. Aber das System unserer Regierung ist ebenfalls stark. Deswegen ist Gorbatschows Wirkung begrenzt.

Wir müssen das System grundsätzlicher in Frage stellen. Wir müssen an den Vorstellungen vom Sozialismus als einer idealen Gesellschaft festhalten, auf die sich die ganze Geschichte hinbewegt, aber es muß verschiedene Gruppen geben, die die Interessen verschiedener Menschen wirksam vertreten. Dogmatische Vorstellungen vom Sozialismus bringen uns nicht weiter. Sozialismus ist eine Gesellschaft von Menschen, die in allen Sphären des Lebens gleich sind, heißt es. So etwas hat es bisher auf der Welt noch nicht gegeben. Selbst wenn wir meinen, daß das im Prinzip richtig sei, dürfen wir es doch den Menschen nicht aufzwingen. Sie müssen es selbst herausfinden und selbst wollen.

Das ist der politische Aspekt, aber Politik kann man nicht essen. Es muß auch einen ökonomischen Teil des Programms geben. Das Land ist in einer äußerst schwierigen, harten Situation. Ökonomisch entwickelt es sich nicht in die richtige Richtung. Diese Probleme sind mit der Perestroika sogar gewachsen. Die Entwicklung ist gefährlich und eher eine Hilfe für konservative Kräfte, die die Perestroika stoppen wollen. Es gibt, neben der OFT, einige oppositionelle Bewegungen. Eine der Organisationen heißt zum Beispiel »Verteidigung der Rechte der arbeitenden Klasse«. Die Organisatoren dieser Bewegungen versuchen, nur Arbeiter anzusprechen. Wir müssen unsere ökonomischen Probleme so schnell wie möglich lösen. Die ökonomische Situation wurde bisher Vorkrise genannt. Jetzt muß man von Krise sprechen. Die Inflation entwickelt sich in großen Schritten. Die Menschen erkennen das. Andererseits ist Glasnost die Kraft, die die Menschen aktivieren kann, etwas ändern zu wollen.

– Und wie soll das gehen, frage ich. Was schlagt ihr vor?

Die Lösung kann nur lauten: Macht mit bei der Volksfront!, lacht Juri. Im Ernst: Man muß sich bei den Gruppen organisieren, mit denen man die eigenen Interessen durchsetzen kann, gleich welche Organisation. Es geht nicht um Ausschließlichkeit, sondern darum, daß die besten Ideen durchgesetzt werden.

Tagesthemen: Donnerstag, 19. 10.

Nachrichten: Honecker ist gestürzt – der »Leningrader Prawda« war das ganze fünfzehn Zeilen wert, in denen es heißt, Honecker sei aus Krankheitsgründen zurückgetreten, Egon Krenz werde sein Nachfolger. Das war's! Man fühlt sich für dumm verkauft!

AIDS-Aufklärung im Fernsehen: Georgi kommentiert – zustimmend –, der sowjetischen Bevölkerung drohe, speziell in den Kindergärten, die Gefahr einer Seuche. Wir kommen in eine Auseinandersetzung. Ich berichte von den hysterischen

Kampagnen bei uns. Aber Georgi ist nicht zu überzeugen, vertieft seine Darstellung durch eine wütende Skizze der unmöglichen Situation in den Kindergärten: zu wenig Geld, zu schlechtes Essen, zu wenig Einsatz des Personals für die Kinder. Auch hier nur Arbeit am Fließband ohne Motivation? Varjas Klage, daß die Kinder im Kindergarten krank würden, fällt mir wieder ein. Ich erinnere mich auch an Gespräche, die ich im Sommer mit verschiedenen Frauen führte. Keine war bereit, ihr Kind ohne Not dem Kindergarten zu überlassen. Lieber verzichten sie auf den Beruf oder suchen Regelungen mit *Babuschka* oder Verwandten.

AIDS sei ein Thema für alte Leute, wendet Mila ein. In Wirklichkeit ginge es um die miserable Lage der Kinder und Frauen. Gorbatschow habe recht, wenn er fordere, daß die Frauen in die Familie zurückkehren sollten. Die Frauen seien überlastet mit Familie und Beruf. Aber auch das seien nur schöne Worte. Wovon die Familien dann leben sollten, wenn nur der Mann arbeite? Mit AIDS solle nur von diesen Problemen abgelenkt werden.

In der sowjetischen Gesellschaft blühen die Ersatzdiskussionen. Das fängt bei der Stalin-Debatte an, die inzwischen eher die Funktion hat, von der desolaten aktuellen Situation abzulenken, als weitere Kräfte für eine demokratische Umgestaltung freizusetzen. Das setzt sich im öffentlichen Schüren der UFO-, und der AIDS-Hysterie fort, um einen Höhepunkt in der Aktualisierung der »Judenfrage« zu finden.

Tischgespräch

Gestern führte Georgi mich durch die Universität. – Der Muff von 1000 Jahren! Aber selbst dort sei inzwischen ein wenig Glasnost eingezogen. Im naturwissenschaftlichen Teil, der in der langgestreckten Anlage aus der Leningrader Gründerzeit untergebracht ist, wird Glasnost sinnlich erfahrbar: Am Eingang hängen noch die roten Tafeln der Partei, die im bekannten Stil pädagogisierender Propaganda besseres Leben in einem verbesserten Sozialismus versprechen. Gut fünfzig Meter tiefer in dem unendlich langen Innengang folgen Tafeln mit Hausmitteilungen und der Universitätszeitung »Leningradskij Universität«, die diverse Probleme der Perestroika thematisiert. Das Ende des Ganges wird von studentischen Mitteilungen beherrscht. Dort hängen neben Flugblättern und Veranstaltungshinweisen auch die neuesten Ausgaben von »Severe sapadje«, der Zeitung der »Volksfront«, sowie Kontaktadressen der Organisation.

Als ich meiner Verwunderung über die bescheidenen Stellwände Ausdruck gebe, meint Georgi, bis vor kurzem habe das Parteirot die ganze Uni überzogen. Jetzt sei es immerhin auf die Fläche einer Zimmerwand geschrumpft. Aber die Uni in Leningrad sei immer noch ein Hort des Konservativismus.

In der philosophischen Fakultät führt Georgi mich in die Mensa. Schau dir das an, sagt er. Tatsächlich! An den wenigen Tischen sind die Bestecke angekettet. Und das, sagt Georgi, in einem Land, das den »Sputnik« gebaut hat! Wie ist so etwas möglich! Auf dem Weg nach Haus beginnen wir die Lebensbedingungen »bei uns und bei euch« zu vergleichen. Georgi führt mir die Doppelwirklichkeit des Landes am Beispiel seiner Arbeit und der seiner Kollegen vor Augen: In der Gipserei, in der er arbeitet, sind rund 15 Kollegen beschäftigt. Die Arbeitsplätze sind fest, im Prinzip nicht kündbar. Dafür gibt es 230 bis 250 Rubel. Das ist die offizielle Arbeit, sagt Georgi. Daneben nehmen alle Kollegen nichtoffizielle, private Aufträge, auch ganz berufsfremde Arbeiten an, die sie am Arbeitsplatz oder nach Feierabend, zum Teil mit den Produktionsmitteln des Betriebes, zum Teil mit eigenen erledigen. Damit verdienen sie mindestens noch einmal soviel, wie der offizielle Lohn beträgt. Die meisten sogar mehr. Aber das wichtigste: Durch diese Arbeiten verschafft man sich *blat,* bekommt Zugang zu Waren, Dienstleistungen und Vergünstigungen aller Art, die öffentlich gar nicht erst auftauchen. Es ist eine Art Naturalwirtschaft, sagt Georgi. Schwarze Leistung gegen schwarze

Ware. Es sind zwei Realitäten. Alle wissen es. Keiner redet davon. Das ist unsere ganz große Lüge.

Das ist auch nach fünf Jahren Perestroika die Grundstruktur der Arbeitsorganisation der UdSSR. Die neuen Lohnvorgaben, jeder nach seiner Leistung, führen zunächst nur zu einer Umverteilung innerhalb der Lohnfonds der Betriebe, schaffen aber kein neues Kapital, das zu einer allgemeinen Anhebung des Lebensstandards für alle führen könnte. Wer mehr arbeitet, sagt Georgi, schmälert den Verdienst der übrigen Kollegen. Man hat den Ärger und kann sich nichts dafür kaufen. Außerdem weiß keiner mehr, was erlaubt ist und was nicht. Nimm die Kooperativen. Sind sie nun erwünscht oder nicht? Einerseits wollen sie Kooperativen und private Initiative, Arbeit nach Leistung usw., andererseits wollen sie Leuten, die mehr verdienen, das Geld abschöpfen. Ausgerechnet die Gewerkschaften wollen das. Das soll jemand verstehen!

Schattenarbeit und *blat* ist nach fünf Jahren Perestroika mehr als zuvor Bestandteil der notwendigen Existenzerhaltung im System des realen Sozialismus.

Rendezvous

Typisch! Lena und ich treffen uns um 17.15 Uhr am Nevski, wir möchten uns irgendwo hinsetzen, uns unterhalten. Aber wohin? Lena schlägt das »Literaturcafé« am Nevski vor. Aber für Restaurants ist es noch zu früh. Also laufen wir durch die Stadt. Lena macht aus der Not eine Tugend: kleiner Kurs durch die Stadtgeschichte. Dann zum Café. Natürlich, Schlange! Immerhin sind wir aber die ersten. Wir warten eine halbe Stunde. Dann endlich Einlaß! Ich atme auf, aber Lena winkt sofort ab. Keine Aussicht! Sie hat mit trainiertem Blick schon die Belegungskarte überflogen, bevor ich irgend etwas begriffen habe. Besetzt! Was jetzt? Restaurants sind jetzt alle belegt. Institute sind geschlossen. Die kleinen Kofjes sind zu eng. Zu mir nicht. Zu dir nicht. Wohin also dann?

Mir fällt schließlich nichts anderes mehr ein, als die

»Tschaika« vorzuschlagen, obwohl ich diesen Ort nicht mag. Es ist die erste Joint-venture-Kneipe, die in Leningrad aufgemacht wurde: deutsche Bierpracht im altenglischen Stil, Devisenbarstimmung, Halbweltler, Prostituierte, lärmende Touristen. Vergleichbar ist nur noch ein soeben neu eröffnetes »Schwabenhäusle« und die bekannten Devisenbars der Hotels.

Lena drückt sich in die Ecke. Mir ist ebenfalls unwohl. Sie muß sich einladen lassen. Ich muß einladen. Scheißsituation. Aber nach einer Weile schaffen wir es, die Atmosphäre zu überwinden.

Lena erzählt

Nein, sagt Lena, mein zweiter Name Raffailowna ist nicht jüdisch, aber, sie zögert eine Sekunde, ich gehöre der mariskischen Minderheit an. Du hast wahrscheinlich noch nichts von ihr gehört. Das ist ein kleines Volk, das aus der Zeit der finnisch-ugrischen Wanderung bei der Teilung des Stammes in Finnen und Ungarn südöstlich von Moskau zurückblieb. Dort gibt es heute die »autonome mariskische Republik« mit eigener Sprache, Kultur und Verwaltung. Ihre Hauptstadt ist Joschkar-Ola. Das ist mariskisch und heißt *krasnij Gorod*, schöne Stadt.

— Erlebst du Diskriminierungen?

Nein, sagt sie. Ich lebe schon lange in Leningrad. Ich verstehe mariskisch, kann es aber selbst nicht mehr sprechen. Ich bin wohl keine Mariskin. Aber auch keine Russin. Ich denke, ich bin Kosmopolitin. Lena erzählt ein wenig von sich: Als Zugereiste wohnt sie nicht — wie fast alle jüngeren Leute, die ich bisher kennengelernt habe — bei ihren Eltern, sondern in einem Gemeinschaftshaus, einer Art Studentenheim in einer der Vorstädte Leningrads, einer der *spalnij rayons*, der Schlafbezirke, wie sie sagt. Sie teilt sich mit einer anderen jungen Frau ein Zimmer. Später erfahre ich, daß die Mehrzahl der Zugereisten, die nicht als Ehepaar in eigener Wohnung oder bei

Schwiegereltern leben, in der Regel in solchen Gemeinschaftshäusern wohnen.

Eine eigene Wohnung kann man heute zwar haben, sagt Lena. Aber das verstößt gegen die herrschenden Vorstellungen. Wer das will, muß 150 oder mehr Rubel für eine Einzimmerwohnung hinlegen. Als Assistentin bekommt Lena 110 Rubel Stipendium. Die meiste Zeit verbringt sie im Institut oder in der Bibliothek. Schon deshalb, weil sie die notwendigen Bücher nur dort zur Verfügung hat. Ausleihen ist nicht vorgesehen. Wenn sie arbeiten will, bleibt sie bei Freunden. Das kleine Zimmer ist zum Arbeiten für zwei Personen zu eng. Die Fahrtzeit in die Stadt beträgt etwas mehr als eine Stunde.

Besorgungen mache ich unterwegs, sagt Lena. Ich kann zwar auch draußen einkaufen, aber dort ist das Angebot noch schlechter als im Zentrum. Die Schlangen sind ohne Ende. Ganz schlimm ist es in den kleineren Städten wie Puschkin oder Nowgorod rund um Leningrad. Dort ist die Versorgung so gut wie zusammengebrochen. Dagegen ist Leningrad fast noch ein Paradies.

Dann berichte ich ihr von den Gesprächen mit Alexandra Dimitriwa und Juri. Mir scheint, sage ich, man geht in die Details, ohne die politischen Hauptfragen zu stellen. Die Frage des Eigentums wird von den meisten umgangen. Die nach der führenden Rolle der Kommunistischen Partei, also nach der Macht, stellt überhaupt niemand, nicht mal die »Volksfront«. So muß die Kritik ja letztlich bei akademischen Spielereien stehenbleiben: Planung für die Dezentralisierung der Planung, der bekannte Hamster im Käfig.

Es handele sich bei dem Wettbewerb aber auch nur um die Erörterung ökonomischer Konzepte, wendet Lena ein. Die politischen Fragen würden anders, in der Presse, im bevorstehenden Wahlkampf und auch im Allunionskongreß diskutiert.

So gingen die Studenten dahin. Nach allen Gesprächen, die ich bis dahin geführt hatte, wollte es mir allerdings erscheinen, als ob genau dort ein entscheidender Widerspruch der gegenwärtigen politischen Entwicklung in der Sowjetunion sichtbar werde: Je schärfer die politische Konfrontation sich abzeichnet, um so mehr neigen Teile der Opposition dazu, sich auf ökonomische Reformen nach den Vorgaben der Perestroika-Offiziellen um Gorbatschow zu beschränken. Das Argument dafür: Wenn die ökonomische Krise nicht gelöst wird, wird die stalinistische Reaktion sie ausnutzen, um die Massen für eine neue Diktatur aufzuhetzen: Faschismus wie bei euch in den dreißiger Jahren!

Diese Linie fand ich im ersten Gespräch mit Lena Zelinski vor, als sie mir erklärte, die Zeit der Politik sei vorüber, jetzt müsse man sich auf die ökonomischen Reformen konzentrieren. Diese Argumentation fand ich bei der öffentlichen Erörterung der Leningrader Strukturreform wie in den bisherigen Gesprächen mit Juri und Alexandra Dimitriwa. Sie zeigt sich schließlich auch in den Diskussionen des Allunionskongresses, in dem die Minderheit gewisse Fragen zwar stellt, aber nicht zur Entscheidung bringen kann. Diesem Zurückweichen von Teilen der demokratischen Opposition steht die Demagogie der »Vereinigten Front der Werktätigen«, des »Pamjat«, der offiziellen reaktionär-stalinistischen Argumentation des Apparats gegenüber, die die Perestroika — bei den »Pamjats« die »verjudete« Perestroika — für die wirtschaftliche Krise verantwortlich machen, um damit die Masse der Bevölkerung für eine diktatorische Lösung hinter sich zu bringen.

Mehr und mehr erkannte ich die Berechtigung einer Position wie der von A. Sacharow, der eine Woche zuvor bei der Diskussion um den Gesetzentwurf zur Eigentumsfrage im Allunionskongreß nach alter Cato-Manier zum wiederholten Male gefordert hatte: Im übrigen sei er der Meinung, daß die verfassungsmäßige Festschreibung der führenden Rolle der Kommunistischen Partei beendet werden müsse! Ohne die Lösung dieser Frage seien die Probleme der sowjetischen Gesellschaft nicht zu bewältigen.

Allerdings, Einparteienherrschaft ist Einparteieneigentum! Das eine wird nur mit dem anderen fallen.

Mit Juri bei der OFT

Juri machte es sehr geheimnisvoll. Ich solle mich ab 8.00 Uhr bereithalten. Er werde mich vom Versammlungsort aus telefonisch informieren, ob man mich überhaupt einlasse. Wenn ja, müsse ich mich unauffällig verhalten und mich nicht als westlicher Journalist zu erkennen geben. Falls Polizei vor dem Gebäude eine Sperre aufgebaut habe, solle ich vor der Sperre auf ihn warten. Er werde versuchen herauszukommen. Bei den »Schwarzen« wisse man nie. Auch Mila und Georgi mahnten zur Vorsicht. OFT ist KGB, warnten sie. Laß deine Tasche lieber hier. Alles muß ganz normal aussehen.

Ich stecke dann doch Recorder und Fotoapparat ein und mache mich nach Juris Anruf auf den Weg zur Jubilejnij-Halle beim Lenin-Stadion am Dobrolubova Prospekt. Punkt 9.00 Uhr treffe ich ein. Die Halle erweist sich als Riesenkomplex, gar nicht zu verfehlen. Aber keine Polizei, nur Eingangskontrollen durch veranstaltungseigene männliche und weibliche Ordner. Ich fühle mich eher fremd als bedroht. Sehr bald taucht Juri in der Eingangshalle auf, füllt – nahezu vor den Augen der Ordner – einen zweiten Einladungszettel für mich aus, geht mit mir wieder hinein. Keine Fragen.

Gemessen an den Einlaßritualen der reaktionären oder faschistischen Versammlungen bei uns scheint die Polarisierung hier doch noch in den Anfängen zu stecken.

In der riesigen Halle, die sich, so Juri, die »Volksfront« nie leisten könne, sind 700 bis 800 Menschen versammelt. Viele ältere, konservativ wirkende, sozial gemischt, arbeitendes Volk, Veteranen, Parteimitglieder, Männer und Frauen gleichermaßen, aber auch viele junge Menschen sind anwesend, sehr bieder, unauffällig. Nur ein paar sind durch eine Mischung aus militärischem und bohemienhaftem Äußeren als »Pamjat«-Anhänger erkennbar.

Im Foyer werden Materialien, Zeitungen, Flugblätter, Anstecker usw. in Aktentaschen und Kleinkoffern angeschleppt und im Handumdrehen verkauft, auch Material der

»Volksfront«. Die Atmosphäre des Halblegalen, Provisorischen bestimmt auch diese Szene. Nur das Programmheft der OFT fällt aus dem Rahmen: hochglanzbroschiert. Da weiß man doch gleich, von wo der Rubel rollt. Das äußere Bild gleicht dem anderer Versammlungen: Die Redeliste wird straff geführt. Das Auftreten der Redner ist gemäßigt. Das Publikum hört ruhig zu. Zettel werden für die spätere Diskussion durch die Reihen zum Podium gereicht. Ich kann fotografieren und meinen Recorder anstellen. Ich bin nicht der einzige mit Recorder, wenn auch dem Anschein nach der einzige westliche Journalist.

Ganz im Gegensatz zum ruhigen äußeren Ablauf die Inhalte: Es wird Arbeitermacht gegen Mißwirtschaft der Bürokraten beschworen. Auf dem Rücken der arbeitenden Bevölkerung ließen sie Errungenschaften der Revolution zerfallen. Chruschtschow, Breschnew, Andropow, Tschernienkow bis hin zur Gorbatschow-Mannschaft – sie alle sind die Feinde der Arbeiterklasse! Das paßt hier alles in einen Topf! Gegen die von ihnen allen angeblich gleichermaßen verursachte Krise wird für die Erneuerung der Revolution getrommelt. Transparente fordern: »Es lebe die Diktatur des Proletariats!«, »Rote Armee – Hoffnung und Rettung der Arbeiterklasse!« usw.

Die Perestroika wird für die katastrophale aktuelle Situation, die fehlenden Waren, die fallende Moral, die Kriminalität, den Niedergang der russischen Kultur, überhaupt für alles verantwortlich gemacht. Mitglieder der »demokratischen Sektion der Deputierten« in Moskau – Afanasjew, Popow, Tichonow und andere – werden namentlich der Reihe nach als Gegner aufgezählt, gegen die die Arbeitermacht zu organisieren sei. Die Redner – und fast gleich viele Rednerinnen – repräsentieren offensichtlich das Spektrum der konservativen bis reaktionären mittleren Bürokratie und institutionellen, zum Teil universitären Intelligenz. Die Leningrader Universität scheint tatsächlich ein Hort des Konservatismus zu sein. Drei Redner treten offen als Doktoren der Universität auf, andere als Vertreter von akademischen Instituten. Man schmückt sich mit akademischen Graden. Auch die Moskauer Weihen fehlen nicht. Ein Redner, Delegierter des Allunionskongresses, den Juri mit vorgehaltener Hand als »Extremisten« charakterisiert, verkündet Grüße aus Moskau und Unterstützung beim Kampf gegen neue Millionäre, Westritter und Pornografie. Ein anderer hält eine Brandrede für die Verteidigung der alten russischen Literatur. Einer von »Pamjat«, flüstert Juri. Das Hauptreferat hält jener Popow, mit dem Juri mich schon bei unserer ersten Begegnung bekannt gemacht hat. Er trägt auch die Deklaration der Gründungsversammlung der OFT noch einmal voll Pathos vor:

»Wir, Vertreter völkerübergreifender Bewegungen und Fronten der Werktätigen des Landes, haben uns zu diesem Kongreß versammelt, um die erstarkenden Werktätigen aller Völkerschaften: die Arbeiter, die Kolchosniks, die werktätige Intelligenz im Kampf für eine kommunistische Orientierung der Umgestaltung der Gesellschaft und für die Verbesserung der Lebensqualität des Volkes zusammenzuführen und eine vereinigte Front der Werktätigen der UdSSR zu gründen.

Angestoßen durch die Initiative der Partei, weckte Perestroika in allen Teilen der Gesellschaft große Hoffnungen, aber bisher hat sie nicht die gewünschten Resultate gebracht. Sie hat die Größe der sozialen Ungleichheit, die politischen und sozialen Spannungen, die Verschärfung der Wirtschaftskrise, die Kompliziertheit der ökologischen Lage ans Licht gebracht. Disziplin und Verantwortung lassen nach, Rechtsunsicherheit und Kriminalität nehmen zu. Die Beziehungen zwischen den Völkern verschärfen sich katastrophal, antisowjetische, antisozialistische und nationalistische Kräfte agieren offen, was zum Zusammenbruch der UdSSR und zur Wiedergeburt der Bourgeoisie in der Republik führen kann.

Der Kongreß der Volksdeputierten der UdSSR weckte gesellschaftliches Bewußtsein, aber er brachte keine Entscheidungen für die drängenden Probleme der Werktätigen. In der Partei tritt man, besonders die Parteiführer, seitdem immer häufiger mit hauptsächlich antisozialistischen Positionen auf, diskreditiert die marxistisch-leninistische Lehre, treibt die Partei in die Spaltung, propagiert privat-kapitalistisches Eigentum und andere bürgerliche Werte und Ideale und stellt sich gegen die Werktätigen. Korrumpiert, hat sich die Bürokratie mit der Mafia verbunden und wurde im großen und ganzen zu einer antisozialistischen und nationalistischen Kraft. Das sozialistische Vaterland ist in Gefahr!

Heute muß jeder seine Wahl treffen. Auf welcher Seite steht er? Auf der der Werktätigen und derjenigen, die für Grundinteressen der Werktätigen eintreten? Oder der der Wiedergeburt der Ausbeutung, der sozialen und nationalistischen Demagogen, der Aufrührer, die das Land in den Abgrund stürzen? Werktätige der UdSSR, vereinigt euch! Tretet ein in die Organisation der vereinigten Front der Werktätigen der UdSSR! Nur vereinigt können wir die dringendsten Lebensinteressen aller sowjetischen Werktätigen durchsetzen!«

Langanhaltender, frenetischer Beifall! Ich fühle mich zum erstenmal an Auftritte westdeutscher Rechter erinnert.

Im Fernsehen wird am nächsten Tag über die Veranstaltung berichtet, kritisch. Die gegen die Perestroika gerichtete Demagogie wird verurteilt. Juri erzählt, Diskussionen zwischen »Volksfront« und den »Schwarzen« gebe es kaum, weil die »Schwarzen« sich keiner Diskussion stellten. Sie hätten keine Argumente, sondern würden nur Gefühle mobilisieren.

Juri erzählt, 2

Wieder im technologischen Institut. Diesmal öffnet Juri mit eigenem Schlüssel einen der kleineren Säle. Die Frage vom letzten Mal ist offen: Welche Alternative bietet die »Volksfront«, konkret, was hat der Programm-Kongreß vom zurückliegenden Wochenende beschlossen?

Juri referiert: Es gehe darum, die Produktivität in den verschiedensten Bereichen zu erhöhen. Alle künstlichen Versuche, die Lohnhöhen zu beschränken, sowie vergleichbare

Zwangsmaßnahmen könnten keine guten Ergebnisse bringen. Neue Formen des Eigentums wie die Kooperativen seien unterschiedlich angesehen bei der Bevölkerung und hätten schlechte Chancen bei der Regierung. Das sei das Hauptproblem. Die 300 bis 500 Millionen Rubel Staatsdefizit müßten nun aber einmal erwirtschaftet werden. Es gebe viele Vorschläge, das fehlende Geld durch Einführung von Wechselkursen und andere Operationen zu gewinnen, aber das alles werde die Instabilität der Gesellschaft nur erhöhen und ihre Schwachpunkte noch deutlicher zeigen. Das wichtigste sei zur Zeit, den Lebensstandard der Menschen zu heben und ein besseres Warenangebot auf den Markt zu bringen. Natürlich könne man einige Waren im Ausland kaufen, aber das gehe nur eine Zeitlang. Die ökonomischen Konsequenzen seien nicht auszudenken. Man müsse den Mangel tatsächlich überwinden, das bedeute auch, zu neuen Marktformen zu kommen.

Es gebe natürlich auch ganz andere Ansichten zu dieser Frage. Die Kollegen von der OFT, spottet Juri, hielten es ja für notwendig, die Kooperativbewegung zu liquidieren, zur zentralen Planung zurückzukehren und das Staatseigentum zu stärken. Die Kooperativen erregten großes Aufsehen, obwohl sie nur zwei Prozent des Warenbedarfs deckten. Insofern könne man sie schwerlich für das Desaster verantwortlich machen. Es heiße, daß viele Kooperativen spekulierten. Aber man müsse sich zum Vergleich nur einmal eine Staatskooperative anschauen! Die Staatskooperativen »Zentralunion« etwa verkauften Fleischkonserven für vier Rubel, die sie für drei Rubel oder weniger in China gekauft hätten. Ob das keine Spekulation sei? Auch von der Wurst, die für acht oder zehn Rubel verkauft werde, müsse man sprechen. Viele Leute könnten diese Wurst wegen des hohen Preises nicht bezahlen. Über diese Dinge sprächen die Leute, die sich über die Kooperativen aufregten, aber nicht. Ungefähr drei Millionen Menschen arbeiteten inzwischen im Kooperativbereich. Ihre Zukunft sei ungewiß. Der Erfolg unserer zukünftigen Wirtschaft, schließt Juri, liegt in der Entwicklung unterschiedlicher ökonomischer

Formen, beider Arten der Kooperativen, verschiedener Arbeitskollektive, Kooperation mit dem Ausland usw. Ein Problem müsse aber vor allem gelöst werden: Das Geld, das heute in die Sparstrümpfe gehe, müsse investiert werden.

Wenn von neuen Formen des Eigentums gesprochen werde, dann seien damit verschiedene Dinge gemeint: Schaffung von Staatseigentum der unterschiedlichen Nationalitäten, Eigentum der Republiken, der Städte, der Gemeinden, schließlich die Bildung von Kollektiv- oder Volkseigentum, wenn Arbeiter eines Betriebes den Betrieb per Anteil oder Aktie übernehmen. Bei der Debatte um die Eigentumsfrage dürfe aber nicht vergessen werden, daß die Menschen es wollen müßten. Er glaube, es gäbe eine Menge Leute, die gar keine Eigentümer sein, sondern einfach in einer Fabrik arbeiten und ein normal gutes Gehalt verdienen wollten.

Die »Volksfront« sieht es so, sagt Juri, daß die Arbeiter von ihrer Arbeit, ihren Arbeitsstellen und den Produkten ihrer Arbeit entfremdet sind. Viele Leute sagen heute, daß es in der UdSSR — auch wenn man hier Sozialismus habe — Ausbeutung gebe, manchmal bis zu 200 Prozent. Der größte Eigentümer ist der Staat mit seinem Apparat. Aber auch die Leute, die die leitenden Posten in diesem Apparat innehaben, kennen die Ergebnisse ihrer Arbeit nicht, sind nicht verantwortlich dafür. So, beendet Juri diesen Gedanken, habe sich die marxistische Parole des »Volkseigentums« praktisch in den des Niemand-Eigentums verkehrt. Deshalb sei es besser für einen Arbeiter, in einer Fabrik zu arbeiten, in der ein Besitzer die Verantwortung für die Maschinen, die Produkte und seine Arbeit übernehme.

Es sei auch an der Zeit, nimmt er eine entsprechende Zwischenfrage von mir auf, über die Wiederherstellung eines Arbeitsmarktes nachzudenken. Generationen von Arbeitern hätten einen garantierten Lohn gehabt. Sie hätten die Beziehung zum Ergebnis ihrer Arbeit verloren. Die grundlegenden ökonomischen Probleme könnten allerdings erst angepackt werden, wenn die aktuellen Streiks überstanden seien. Die

Streiks seien sehr widersprüchlich. Manche Streikforderungen seien sehr radikal, aber die meisten Streiks hätten bisher unter der Führung der traditionellen Gewerkschaften gestanden. Manche Streiks hätten ja sogar direkt für die Stärkung der Konservativen stattgefunden wie zum Beispiel die Streiks in den estnischen Staatsbetrieben, in denen fast ausschließlich Russen arbeiteten. In diesem Sinne seien Streiks eher ein Mittel für die Gegner der Perestroika. Die Arbeiterschaft sei erregt über die Probleme, die der Apparat nicht lösen könne, das Preisproblem, das Problem der Arbeitskraft, des Lebensniveaus, des Mangels an Maschinen, an Arbeitsgerät, der Arbeitsbedingungen usw. Konservative Kräfte bemühten sich, diese Stimmung auszunutzen, um Perestroika zu liquidieren.

– Zurück zum aktuellen Programm, werfe ich ein. Was war das Ergebnis eurer Programmversammlung am Wochenende?

Juri antwortet mit merklichen Schwierigkeiten: Hauptpunkt war die Frage der Demokratie, der Menschenrechte in allen Bereichen, der Freiheit der ökonomischen Aktivitäten, der Versammlungs- und Demonstrationsfreiheit, der Freiheit, sich im Lande und außerhalb zu bewegen, außerdem gleiche Rechte für unterschiedliche Eigentumsformen.

Große Aufmerksamkeit werde auch der ökologischen Problematik gewidmet. Es sehe so aus, als ob sich sogar bald eine eigene Grüne Partei aus der »Volksfront« heraus bilden werde. Zum Programm gehöre selbstverständlich auch die Forderung nach Ablösung des Einparteien- und Einführung eines Vielparteiensystems. Nur die Konkurrenz der verschiedenen Ideen könne die richtige an die Macht bringen.

– Was ist denn unter Freiheit ökonomischer Aktivitäten zu verstehen, frage ich.

Die Möglichkeit eines Menschen, das zu tun, was seiner Fähigkeit entspricht, antwortet Juri. Laut Verfassung gebe es das Recht auf Arbeit. In der Wirklichkeit sei es schwierig, dies Recht zu verwirklichen. Freiheit werde es für die sowjetische Gesellschaft nur geben, wenn es ökonomische Freiheit gebe.

– Ob die Freiheit, Kapitalist zu sein, auch zu diesen Freiheiten gehöre, frage ich.

Wenn jemand privater Unternehmer sein wolle, dann müsse man ihm das Recht dazu geben, meint Juri lapidar. Man habe nur die Wahl, solche Menschen einzusperren oder sie gute Ergebnisse für die Volkswirtschaft bringen zu lassen. Bei einigen Branchen müßten Kooperationswege zwischen der Wahrnehmung öffentlicher Aufgaben und privater Unternehmerschaft gefunden werden.

– Ich möchte von Juri noch etwas Konkretes über die »Volksfront« erfahren und frage ihn, welche sozialen Gruppen es in der »Volksfront« gibt.

Das sei auch eins der Probleme. Hauptsächlich versammle sich in der »Volksfront« die Intelligenz, also Ingenieure, Lehrer usw., nur sehr wenige kämen aus der Arbeiterschaft. Einige Mitglieder der »Volksfront« seien in Betriebe gegangen, um dort für ihre Vorstellungen zu werben. Aber es gebe andere, die glaubten, ohne die Bevölkerung auskommen und den Menschen ihre Ideen im früheren Stil der Partei einfach vorsetzen zu können. Die bevorstehende Kommunalwahl werde es aber wohl möglich machen, daß die unterschiedlichen Strömungen in der »Volksfront« zusammenkämen.

Auf meine Frage nach der Bedeutung der Regionalreform für die kommende Wahlkampagne meint Juri: Wenn wir eine Mehrheit für den LENSowjet bekämen, könnten wir Beschlüsse nach unseren Vorstellungen durchsetzen. Es wird wohl besonders mit der OFT sehr scharfe Debatten um die Regionalkonzepte geben, vor allem in der Eigentumsfrage und bei den ökonomischen Maßnahmen, bei Kooperativen, Betrieben usw. Es wird eine sehr schwierige Wahlkampagne werden, weil die Widersprüche in unserer Gesellschaft wachsen.

Beim dritten Treffen sitzen Juri und ich uns nicht im technologischen Institut, sondern in Stilmöbeln des Prunksaals eines der Gründerhäuser ein paar hundert Meter weiter den Nevski hinauf gegenüber. Durch die hohen Fenster geht der Blick ungehindert auf einen malerischen Nebenarm der Neva. Juri spricht von Revolution. Man müsse die Passivität der Bevölkerung durchbrechen, die Menschen gewinnen, aufrütteln, begeistern, zum eigenen Handeln veranlassen usw. Gut, sage ich, aber wie und mit welchen konkreten politischen Schritten?

Wichtig ist, nicht so viel zu versprechen wie früher, antwortet Juri. Es müsse alles getan werden, um die schöpferische Kraft der arbeitenden Bevölkerung wiederherzustellen. Jeder arbeitende Mensch in diesem Land trage das bürokratische Kommando-System als schwere Last auf seiner Schulter. Die erste Handlung müsse sein, sich von diesem administrativen System so schnell wie möglich zu befreien. Das sei sehr schwer, denn viele seien daran interessiert, es so zu erhalten: erstens die Mitglieder des Systems, sie wollten ihre Privilegien nicht verlieren, zweitens die kriminellen Elemente der Mafia. Unterschiedliche Führer des Obersten Sowjets, progressive wie konservative, sprächen davon, daß man die Mafia los werden müsse, aber sie wollten das administrative System nicht beseitigen. Deswegen treffe sich das Interesse der Mafia und das der Führer.

Es gibt mehrere Wege zur Veränderung der Lage, sagt Juri mit Nachdruck. Wir können wohl von einer Art revolutionärer Situation sprechen. Die aktuellen Streiks von Workuta und andere soziale Ereignisse können trotz ihrer Widersprüchlichkeit dazu genutzt werden, das administrative System zu einer anderen Politik zu zwingen. Wenn wir die Bedingungen für die Bewältigung dieser einzelnen Fälle schaffen können, dann können wir das Problem des Eigentums, des Marktes und einige andere ökonomische Probleme lösen. Das wird ein sehr harter Weg sein. Die meisten arbeitenden Menschen erkennen ihre Rolle als aktive Produzenten nicht. Ihr Leben ist so wie das der Arbeiter in kapitalistischen Ländern. Sie gehen zur Arbeit und gehen wieder nach Haus.

— Aber wie, frage ich noch einmal, und mit welchen Mitteln soll es geschehen?

Man muß die Vertreter des administrativen Systems zu

Arbeitslosen machen, lacht Juri, wird aber sofort wieder ernst. Das Eigentum sollte in den Händen der Arbeitskollektive sein, denn es gehört nicht dem administrativen System. Man muß einige Vorstellungen transformieren. In der Revolution von 1917 wurde alles Eigentum nominell Volkseigentum. Praktisch aber wurde das administrative System der Eigentümer. Jetzt verlangt es, daß die Arbeitskollektive es zurückkaufen. Solche Vorstellungen müssen transformiert werden.

– Die Revolution hat kein Volkseigentum, sondern Staatseigentum gebracht, jeder weiß das, wende ich ein. Wie wollt ihr den Menschen das Vertrauen geben, daß es ausgerechnet mit euch anders laufen wird?

Ja, es gibt dies weitere Paradoxon im System, daß das System keine Verantwortung für irgendwas hat. Im Kapitalismus empfindet der Besitzer Verantwortung für sein Eigentum. Das administrative System ist dagegen faktisch losgelöst von dem Eigentum. Es nimmt von der arbeitenden Bevölkerung, aber es gibt dafür nichts zurück. Es benutzt alles, was es bekommt für die eigene Existenz. Seine Macht erlaubt es ihm, die Arbeiter mehr und mehr auszubeuten. Was immer in dieser Gesellschaft geschieht, mehrt seinen Reichtum.

– Was setzt ihr in der Praxis dagegen? Konkret: Tretet ihr für privates Eigentum an Produktionsmitteln ein?

Das kann ein Weg sein, die Vorstellung in Praxis umzusetzen, bestätigt Juri. Eine weitere Vorstellung besteht darin, die Schattenwirtschaft zu legalisieren. Der Markt könnte auf diese Weise auf höherem Niveau entwickelt werden, so daß die Menschen ihren Lebensstandard verbessern können. Das offizielle Programm zielt dagegen auf eine Reduzierung des Einkommens der Bevölkerung. Die Arbeiter sollten eine Chance haben, ihre Betriebe zu besitzen und ihnen Kredit zu geben, aber nicht auf Pachtbasis, wie es von der offiziellen Politik vorgeschlagen wird. Dies sind sozialistische Vorstellungen. Sie garantieren die freie Entwicklung der Menschen und geben ihnen eine Chance zu besitzen, was ihnen wirklich gehört. Das administrative System zu reduzieren oder zu liquidieren kann dazu beitragen, Geld auf verschiedene Weise zu sparen, statt es als Pacht zur Erhaltung des Systems einzusetzen. Das ist natürlich sehr schwierig. Eine solche Revolution kann nur auf der Grundlage des Widerspruchs zwischen den Interessen der arbeitenden Menschen und dem administrativen System stattfinden.

– Sprichst du wirklich von Revolution, frage ich verblüfft, also Bürgerkrieg, Aufstände und dergleichen, oder sprichst du von demokratischer Entwicklung?

Wie die Erfahrung zeigt, ist es das administrative System, das Notmaßnahmen ergreift. Schau dir die Ereignisse in Tiflis an. Es gab auch einige Vorfälle in Leningrad. Die »Volksfront« ist für den friedlichen Weg, die Gesellschaft zu ändern, den Weg der parlamentarischen Reform.

TV

Debatte über das neue Wahlgesetz:

Mit großer Mehrheit wird im Allunionskongreß ein Gesetzentwurf auf den Weg gebracht, in dem beschlossen werden soll, daß bei zukünftigen Wahlen jeder Wähler und jede Wählerin eine Stimme pro Wahlkreis hat, nicht aber mit einer zweiten einen Delegierten einer gesellschaftlichen Organisation wählen kann. Außerdem soll garantiert werden, daß mehr Kandidaten als Mandate pro Wahlkreis aufgestellt werden.

Im Prinzip richtet sich dieser Entwurf gegen die KPdSU, bzw. auch berufsständische Organisationen wie etwa den Journalistenverband etc., also bürokratische, mit der Partei eng verfilzte Verbände, deren Mitglieder über den Umweg der zweiten Stimme sonst unabhängig von den basisgebundenen Wahlkreisen in die betreffenden Gremien gewählt werden könnten.

Im Dezember soll der Vorschlag zur Abstimmung vorliegen. Das Ergebnis dürfte für alle kommenden Wahlen von entscheidender Bedeutung sein.

Mila und Georgi verfolgen die Debatte und die Auszählung der Abstimmung wie ein Fußballspiel.

Ausflug

Wir machen eine Fahrt zum ehemaligen Zarenschlößchen in Pawlowsk: Marek Krupka, Bildhauer und Freund der Familie, Lena und ich. Marek berichtet tief beeindruckt von seiner ersten Reise in die BRD, von der er soeben zurückgekehrt ist. Er will im nächsten Jahr an einem Symposium der Bildhauer in Schleswig-Holstein teilnehmen. Alles ist in Bewegung, schwärmt er. In seinem Atelier wird gerade die Ausstellung eines bisher in der UdSSR verbotenen, nach Italien emigrierten »Abstrakten«, Michail Kulakow, vorbereitet: Moskau, Leningrad, dann BRD. Marek sprüht vor Energie. Aber hier im Land, *ujastna*, unaushaltbar, flucht er ein über das andere Mal.

Gegen 17.00 Uhr kehren wir zurück. Marek, Lena und ich wollen gern noch irgendwo etwas essen, ein wenig plaudern. Es beginnt die Odyssee durch die Lokale: Erster Versuch: Geschlossen! Zweiter Versuch: Pause! Dritter Versuch: Umbau! Beim vierten: *Njet Kofje*, njet Essen, beim fünften schon draußen das Schild: *Kofje Njet*. Schließlich landen wir in einem überfüllten Stehcafé bei einem Gläschen roten Saftes und zwei schokoladengefüllten Piroggen.

So ist es immer und überall in unserem Leben, ärgert sich Marek wieder. Es wird immer schlimmer. Warum das? Lena nickt nur. *Normalno!* Ich bin im Herzen Kommunist, setzt Marek fort, aber was ist das für ein Sozialismus, in dem die Menschen keinen Platz haben! UdSSR, China, DDR usw.: so viele verschiedene Länder, so viele Traditionen, so unterschiedliche Menschen, aber der Sozialismus ist immer derselbe: Der lebendige Mensch hat darin keinen Platz!

Ich schweige. Wie sind wir in diese Sackgasse gekommen? Das Stichwort Schattenwirtschaft ist der Schlüssel. Der Anspruch auf gerechte Verteilung des Gewinns und auf Garantie des Arbeitsplatzes hat in der Realität zu einem Renten- und

Privilegiensystem auf der Grundlage einer allgemeinen Arbeitspflicht geführt. Schattenarbeit, Schattenwirtschaft, Schattenkultur, Schattenexistenzen der Mafia, Ersatz der Geldwirtschaft durch eine unkontrollierbare Naturalwirtschaft auf der Basis von *blat*, Beziehungen — das ist die reale Kehrseite der Gleichheitsideologie, die sich unter dem Anspruch, Sozialismus zu sein, in der Sowjetunion entwickelte.

Der Realsozialismus ersetzte den offenen, im Marxschen Sinne freien Arbeitsmarkt, also den stückweisen Verkauf der Arbeitskraft, bei freier Verfügung des Verkäufers über den Rest seiner Zeit, durch die unfreie Arbeitszuteilung. Unter dem Anspruch, die unsoziale Existenzunsicherheit des freien Arbeitsmarktes durch ein Recht auf Arbeit und garantierten Lohn in eine soziale Existenzsicherung zu überführen, ging in der Realität nicht nur die Verfügung über die Produktionsmittel, sondern zugleich die Verfügung des einzelnen über seine Arbeitskraft an den Staat über. Das Recht auf Arbeit verwandelte sich in Arbeitszwang. Arbeitsverweigerung gilt folgerichtig als kriminelle Handlung. Statt aufgehoben zu werden, vertiefte sich die von Marx analysierte Entfremdung der arbeitenden Menschen vom Produkt ihrer Arbeit bis hin zur apathischen Motivationslosigkeit gegenüber der Arbeit, wie sie die Menschen in den realsozialistischen Systemen auszeichnet. Die Entstehung einer zweiten Realität, in der die Menschen »schwarz« ihre individuellen Bedürfnisse zu befriedigen versuchen, ist unter diesen Bedingungen keine Fehlentwicklung, sondern prinzipiell unvermeidlich. Die Leugnung des Marktes, insbesondere des Austausches zwischen Kapital und Arbeitskraft auf dem Arbeitsmarkt, der Ersatz durch ein System der zentralisierten Planung der Produktion, bei gleichzeitiger faktischer Verrentung der Arbeitskraft, die nicht nach Leistung, sondern nach Anwesenheit bezahlt wird, ließ die Schattenwirtschaft zwangsläufig entstehen. Ohne diese zweite Realität hätte sich die erste nicht entwickeln können. Ohne die Schattenwirtschaft konnte das System des realen Sozialismus bisher offenbar so wenig existieren, wie die einzelnen Menschen von ihrem garantierten Grundlohn leben können.

Die Schattenwirtschaft ist auch zu Zeiten der Perestroika ein real existierender, aber gewaltsam und konsequent tabuisierter und damit illegalisierter Bestandteil der realsozialistischen Wirtschaft. Ihre nach wie vor aufrechterhaltene Tabuisierung liegt als »unsere große Lüge« wie ein Würgeeisen über der Gesellschaft und reproduziert wie eh und je die spezielle realsozialistische Doppelmoral, das Klima der Unterdrückung und Halblegalität: Jeder weiß, daß man auch heute nur dann weiterkommt, wenn man sich in irgendeiner Form an diese Schattenwirtschaft anschließt, sei es als Fabrikdirektor, sei es als Arbeiter, sei es als Händler, Dienstleistender, Bauer oder Bürokrat.

Wirkliche Bewegung kann unter diesen Umständen nur heißen, daß mit der »großen Lüge« aufgeräumt wird, daß die Realität der Schattenwirtschaft zunächst akzeptiert, als Markt ideologisch rehabilitiert und legalisiert wird. Im Kern wird das dahin führen, nicht nur einen Markt, sondern einen Arbeitsmarkt wiederherzustellen, auf dem der menschlichen Arbeitskraft wieder ihr Wert zugemessen wird, so daß es sich im wahrsten Sinne des Wortes wieder lohnt, sich für etwas anzustrengen. Ökonomisch gesprochen beinhaltet das, den Wert der Arbeitskraft als Ware, moralisch gesprochen, die Achtung für den Wert des Individuums wieder herzustellen. Dies wäre angesichts der strukturellen und konkreten Sackgasse vermutlich die eigentliche Revolution in diesem Land, wenn man denn unbedingt von einer Revolution sprechen muß. Faktisch bedeutet das auch die Wiederzulassung von Privateigentum an Produktionsmitteln, und sei es auch auf Zeit und unter sozialen Einschränkungen. Unter den gegebenen Verhältnissen ist das zugleich die Frage nach der Rolle der Partei, also die Machtfrage. All die Umbauprogramme und Dezentralisierungskonzepte der diversen Regionalreformen, der Erneuerung des sozialistischen Eigentums durch die Sowjets müssen akademische Makulatur, bzw. politische Beschäftigungstherapien bleiben, die die demokratische Opposition ins System reintegrieren, bevor sie sich überhaupt von ihm gelöst hat, wenn sie diese Frage nicht zum Punkt eins der politischen Tagesordnung macht.

Alle Signale, die ich gegenwärtig hier auffangen kann, deuten aber eher darauf hin, daß auch diese Frage — zumindest in der russischen Republik — von oben, nicht von unten, also mit entsprechenden Halbheiten belastet, und gegebenenfalls mit Gewalt gelöst wird. Wie sollte das nach 70 Jahren realsozialistischer Geschichte und vor dem Hintergrund der Geschichte des zaristischen Rußlands auch anders sein! Dieses Volk hat bisher keine Demokratie lernen können. Wie sagte Lena Zelinski: Gorbatschow ist der erste liberale Herrscher nach Peter I. Das ist unsere Chance.

TV: Kaschpirowski, Prince & Madonna und Co.

Das TV-Programm ist umwerfend. Am Samstagabend, zur besten Sendezeit, hält Psychotherapeut Kaschpirowski seine regelmäßige Hypnose-Séance. Heilerfolge werden vorgeführt. Meine Gesprächspartner, junge Leute, skeptisch schmunzelnd, versichern mir, daß seine Erfolge wirklich beachtlich seien. Nach einer herzergreifenden Parade seiner bisherigen Erfolge, geht es in die neue Runde. Der Saal entschläft. Vor dem Fernseher entschläft auch Naoum, mein Gastgeber.

Madonna, Prince und Co. schillern am Sonntag früh auf der Mattscheibe. Ich versuche, Nastia zu erklären, daß das nicht der Alltag der Jugendlichen im Westen, sondern ein industrialisiertes Abziehbild, auch bei uns eine Sehnsuchtsversion ist. Zwecklos. Für sie ist das ein Blick durchs Fenster in eine fremde Welt. Eine Stunde später folgt militär-patriotische Jugendromantik.

Manchmal denke ich, daß ich das alles nicht aushalte. Ich frage mich, wozu ich es mache. Ich komme mir abwechselnd voyeuristisch und masochistisch vor. Die Realität ist einfach nicht zu verstehen, aber gerade das ist es. In dieser Realität wird der Nachweis erbracht, was Sozialismus nicht ist.

Klubleben

Pjotr Skälisch und Anatoly Golow, Aktivisten

Pjotr Skälisch ist ein sehr energischer Mann mittleren Alters, von eher bäuerlich-proletarischem, aber sehr bestimmtem Auftreten. Er ist Mitglied der Kommunistischen Partei und seit einem Jahr Vorstand des Verbrauchervereins. Dem Verein stehe einmal in der Woche eine Seite in der Leningrader Tagespresse zur Verfügung, um Artikel zur Lage zu veröffentlichen, erzählt Pjotr. Für das nächste Jahr plane man eine eigene Zeitung. Schwerpunkte ihrer Propaganda seien nicht so sehr Klagen über die leeren Warenhäuser. Das wüßten die Leute selbst. Hauptpunkte seien vielmehr die Verbesserung der Warenkontrolle, die Entwicklung regionaler Verteilungsstrukturen. Vor allem aber die Entwicklung von Interesse für die gegenwärtigen Umwälzungsprozesse bei der Bevölkerung, denn die komme nur schwer in Bewegung.

Anatoly Golow, kein Mitglied der KP, auch sonst keiner Partei, verbreitet eher eine Atmosphäre des Savoir-vivre. Er spricht französisch mit mir, während Pjotr sich laut und energisch bemüht, sich mir in einfachen russischen Worten verständlich zu machen. Anatoly ist Chefredakteur der seit ungefähr einem Jahr erscheinenden »Severo Sapad«, nördliches Europa, Mitteilungsblatt der »Volksfront« in Leningrad.

Die beiden haben nach kurzer Verständigung das nächste Restaurant angesteuert. Wir haben Glück: Obwohl geschlossen sein soll, dürfen wir bleiben. Eine Stunde allerdings nur, sagt der Kellner, mehr nicht. Unterdes sind wir schon mitten im Gespräch: Gorbatschow ist o.k.; der Allunionskongreß arbeitet so gut und so schnell wie möglich; Veränderungen haben seit fünf Jahren stattgefunden und finden statt; schneller geht es nicht, unsere Hauptaufgabe besteht darin, diesen Prozeß in der Bevölkerung zu unterstützen. Das ist das Bild, das die beiden mir zeichnen. Aber meine Frage, ob sie der Phasenbeschreibung Lena Zelinskis zustimmten, verneinen sie. Jetzt sei die Zeit, in der die politischen Hauptfragen gelöst werden müßten. Die Kandidaten, die bei den letzten Wahlen zum Allunionskongreß nur mit dem Warenmangel argumentiert hätten, seien durchgefallen. Gewählt worden seien vielmehr die, die sich den großen Fragen der Umwandlung zugewandt hätten.

In der Angst vor den Linken geben sie Lena Zelinski recht. Die Linken wollten eine zu starke Beschleunigung des Umwandlungsprozesses. Das sei sehr gefährlich und Wasser auf die Mühlen der Demagogen von rechts, die ohnehin mit der zunehmenden Krise und Destabilisierung der politischen Verhältnisse Stimmen für die restaurative Wendung der Situation zu mobilisieren versuchten.

Mein Hinweis, am Samstag seien beim Treffen der OFT 700 bis 800 Menschen gewesen, läßt Anatoly unberührt. Bei ihnen, der »Volksfront« seien es mehr, gibt er lässig zurück. Im übrigen könne im Moment niemand sagen, was »links« und was »rechts« in diesem Land sei. Alle politischen Zuordnungen, wie wir sie aus der westlichen Welt kennen, hätten ihre Bedeutung verloren. Sicher sei nur, daß sich zu den kommenden Wahlen die politischen Kräfte weiter differenzierten, polarisieren und radikalisieren würden.

– Was sie von Forderungen nach Parteienpluralismus hielten, frage ich.

Monopole seien immer schlecht, erklärt Pjotr. Die Macht müsse natürlich an die Sowjets übergehen, dezentralisiert werden. Die Frage der führenden Rolle der Partei stehe auf einem anderen Blatt.

Insgesamt hatte ich den Eindruck, daß beide eine grundliberale Haltung einnehmen – so wie der »Perestroika-Klub« anscheinend das liberale Forum der unterschiedlichsten Perestroika-Aktivisten in Leningrad ist, wo so unterschiedliche Kräfte wie der Chefpropagandist der »Volksfront«, der Vorsitzende eines neugegründeten Verbraucherverbandes, die Herausgeberin einer Beratungsagentur für neues Management, der antistalinistische »Memorial-Kreis« usw. zum Gedankenaustausch zusammenkommen, mit dem gemeinsamen Ziel der Mobilisierung der Bevölkerung im Sinn der Perestroika. Was aber ist Perestroika?

Das konnte mir weder Pjotr, noch Anatoly sagen. Fragen nach kritischen Alternativen zur Perestroika von links, beantworteten beide sogar ausdrücklich mit *njet*. Eine aktive Niederlassung der »Neuen sozialistischen Initiative«, wie die Kagarlitzky-Initiative in Moskau, gebe es ihres Wissens in Leningrad nicht. Ebenso wußten sie nichts von besonderen Frauenaktivitäten. Ich war ziemlich ernüchtert.

Ich fühle mich gestreßt, möchte mich ein wenig erholen. Aber wie? Müßiggang ist in dieser Stadt nicht vorgesehen. Einen öffentlichen Raum, in dem man sich erholen kann, gibt es nicht. Spazierengehen in dieser Stadt ist Arbeit. Schlangen, wohin man sieht. Sogar die Beschäftigung mit Kunst und Kultur ist in diesem Land Arbeit. Da bleibt man lieber zu Hause. Und auch der private Raum ist übersetzt. Überall herrscht drangvolle Enge. Hinzu kommt, daß ich an Grenzen stoße. Ich will linke Alternativen zur Perestroika ergründen, aber ich treffe nur auf Träger von Perestroika und, soweit es um Alternativen zur Perestroika geht, auf die rechten Kritiker. Was für eine einsame Gestalt ist doch Boris Kagarlitzky mit seiner »Sozialistischen Initiative«!

Perestroika-Klub

»Perestroika-Klub« im »Kulturhof Lensowjet« am Kirowski Prospekt, 3. Etage, Zimmer Nr. 302. – Wie die Adresse vermuten läßt, so ist es: ein kleines Bürozimmer mit einem Schreibtisch am Fenster und einer Reihe von je fünf Stühlen an beiden Seitenwänden. Drei Damen sitzen da und reden, als ich um halb sieben schüchtern reinschaue, um nach dem Treffen des »Perestroika-Klubs« zu fragen. Wird hier sein, antworten sie bereitwillig. Wer mich denn eingeladen habe, setzen sie nach, um sich für diese Frage gleich wieder zu entschuldigen. Ich suche mir ein Plätzchen in der, wie soll ich es nennen, Wartehalle der Etage. Dort befinden sich mehrere kleine Tischeinheiten mit Sesseln. Es herrscht Durchgangsbetrieb. Kulturhaus. Ich setze mich zu einer älteren Frau, die an einem der Tische wartet. Kaum sitze ich, kommt die Etagenfrau zu mir: ich solle meine Jacke abgeben. Ich bedanke mich für den Hinweis und will mich meinen Papieren zuwenden. Aber jetzt baut sie sich neben mir auf und weist mir laut den Weg zur Garderobe. Ich bleibe bei meinem *Njet*. Jetzt droht sie, offiziell zu werden. Ich erkläre ihr, daß es meine Sache sei, ob ich die Jacke ausziehen möchte oder nicht. Sie zetert. Erst nach längerem Wortwechsel zieht sie kopfschüttelnd ab, mich aus der Ferne mißtrauisch weiter beobachtend.

Ja, ja, unsere Perestroika, lächelt die ältere Dame, zu der ich mich gesetzt habe. Man muß uns immer sagen, was wir zu tun haben.

Das sitzt so tief! Wo kommen sie her?

Journalist aus Hamburg, sage ich, auf der Suche nach der »Perestroika von unten« in Leningrad. Ich will zum »Perestroika- Klub«.

Da bleiben Sie bei mir. Ich warte auch darauf, daß der Klub beginnt.

Sie stellt sich vor: Protina Elena Michailowna, Leiterin der philosophischen Abteilung der naturwissenschaftlichen Fakultät der Universität Leningrad, Präsidentin der Vereinigung »Memorial«, Mitglied im »Perestroika-Klub«, Mitautorin bei der Zeitung der »Volksfront«, »Severo Sapad«, und Mitglied der Kommunistischen Partei. Wir kommen ins Gespräch. Sie holt aus der Tasche die neueste Ausgabe von »Severo Sapad«, der baltischen »Atmoda«, sowie die erste Ausgabe des »Informationsbulletin« der »Gruppe demokratischer Abgeordneter« aus Moskau. Diese Schrift hatte mir Juri schon gezeigt. Anders als alle anderen — selbst die besten Publikationsprodukte der

Opposition bisher – kann das Bulletin auch repräsentieren: als Hochglanzerzeugnis im Broschürenformat.

Elena Michailowna erklärt sich bereit, mir Genaueres über ihre Arbeit im »Memorial« und über »Perestroika von unten« zu erzählen.

Ebenfalls noch vor Eröffnung der Sitzung lerne ich Oleg Vite kennen, ein jüngerer schmaler Intellektueller mit dunklem Bart und in Jeans. Er drückt mir die erste Ausgabe des »Rabotschi«, Arbeiter, in die Hand. Die Zeitung werde, wie er sagt, von einer soeben gegründeten alternativen Leningrader Gewerkschaft gemeinsam mit der »Volksfront« herausgegeben. Am Wochenende werde so was wie ein Programmtreffen stattfinden. Auch Oleg ist sofort zu einem Treffen bereit.

Auch Viktor Monachow treffe ich hier, über den ich seinerzeit Lena Zelinski kennenlernte. Viktor und Oleg erklären mir, daß im »Klub« eigentlich alle Perestroika-Kräfte zusammenkämen, auch wenn man in unterschiedlichen Gruppen, wie der »Volksfront« oder dem »Partei-Klub« oder anderen Gruppen, tätig sei. Ungefähr 40 Prozent der Mitglieder des »Perestroika-Klubs« seien auch Parteimitglieder wie er selbst, Viktor Monachow, Pjotr Skälisch, Elena Michailowna und viele Aktivisten der Szene.

Ich erfahre zudem, daß am heutigen Abend gleich zwei Sitzungen stattfinden werden: erstens der »Perestroika-Klub«, danach der soeben neugegründete »Parteiklub«.

Die Sitzung des »Perestroika-Klubs« beginnt locker. Etwa 15 Leute sind gekommen, davon vier Frauen. Es werden Neuigkeiten des letzten Monats ausgetauscht, geplante Aktivitäten und Termine besprochen. Das geht brav reihum. Jeder hat etwas vorzutragen. Nach einer Stunde gibt es einen schnellen Szenenwechsel: Etwas mehr als die Hälfte der Leute verläßt den Raum. Etwas konservativere Mode zieht ein. Zwei Bänke werden nachgereicht. Ungefähr 30 Leute quetschen sich jetzt in dem kleinen Raum. Es herrscht eine drangvolle, aber geradezu schüchtern geordnete Enge. Dies ist nun also der »Parteiklub«, die Perestroikagruppe der Partei.

Elena Michailowna hat jetzt die Rolle der Vorsitzenden übernommen. Auch die Aktivisten des »Perestroika-Klubs«, die mir bisher aufgefallen sind, sind mit von der Partie: Viktor Monachow, Oleg Vite, Pjotr Skälisch. Es geht darum, ob ein eigenes geschriebenes Programm, mit dem nach außen gearbeitet werden kann, notwendig ist. Protina Elena hatte mir vorher erzählt, daß – wohl nach ihrer Meinung – bis zum Dezember ein solches Programm vorliegen solle. Die Wellen schlagen hoch. Ein Genosse trägt eine Kampfschrift gegen die Parteikorruption und für sofortige Spaltung vor. Er schließt mit den Worten: Die Zeit drängt! Wir müssen jetzt handeln! Andere verlassen, während er das Pamphlet vorliest, empört das Zimmer. Weitere folgen, als das Projekt eines eigenen Programms besprochen wird. Andere wenden gegen eine Arbeit in der Öffentlichkeit ein, der »Parteiklub« dürfe nur nach innen arbeiten. Man wird sich nicht einig. Die Diskussion soll an Hand von Papieren zum nächsten Mal besser vorbereitet werden. Einige Exemplare maschinengeschriebener Texte gehen herum. Es sind nicht genug. Als ich Elena Michailowna im Anschluß an das Treffen scherzhaft darauf anspreche, daß für Lenin die »Iskra« zeitweilig das Wichtigste gewesen sei, antwortete sie mir, ja ja, aber sie hätten kein Papier!

Wie ernst kann man die demokratischen Absichten einer Führung nehmen, die der Opposition bis heute legale Publikationsmöglichkeiten versagt? Solange das Parteimonopol auch in dieser Frage nicht gebrochen ist, hat sich noch nicht allzuviel geändert, denke ich. Wer erfährt denn etwas vom »Parteiklub«, vom »Perestroika-Klub«, von den Aktivitäten der »Volksfront«, selbst denen der »Vereinigten Front der Werktätigen«? Ich weiß inzwischen ja mehr über die politische Szene Leningrads als die Einheimischen, sofern sie nicht gerade politische Aktivisten sind. Die Zeitungen, die ich anschleppe, sind meinen Freunden, Bekannten und selbst meinen politischen Gesprächspartnerinnen oder -partnern teilweise unbekannt, oder sie haben die aktuelle Ausgabe nicht. Manche Zeitung – wie das Moskauer »Bulletin« – bekommen normale Leute, wegen der begrenzten Auflagen und der quasi illegalen Vertriebswege, überhaupt gar nicht erst zu Gesicht. Selbst die legale Presse ist nur schwer zu bekommen. Um jeden einzelnen Artikel in der offiziellen Presse müssen die Leute von der »Volksfront« oder vom »Perestroika-Klub« kämpfen. Andererseits werden die Menschen Abend für Abend über das Fernsehen mit Enthüllungen über ihr grausliches Alltagsleben, über Korruption, soziale und ökologische Ungeheuerlichkeiten, über wachsendes Verbrechen etc. überschüttet: die Sendung »600«, wo allabendlich in 600 Sekunden die Schweinereien eines Tages abgespult werden, »Monitor«, »Nascha Wremja«, unsere Zeit, usw. Zum täglichen Frust über den eigenen Alltag kommt noch der Ärger über die sozialen, ökologischen und politischen Skandale. Glasnost bis zum Erbrechen! Und was dann?

Oleg Vite –
demokratische Bewegung, Arbeiter und Partei

Ein paar Abende später bin ich mit Oleg Vite verabredet. Ich will ihn nach »Rabotschi«, »Arbeiter«, befragen, der Zeitung, die er mir während der Sitzung des »Parteiklubs« in die Hand gedrückt hat. Ekaterina Podoltsewa von der »Demokratischen Union«, von der ich später noch berichten werde, hatte nur abgewunken, als ich ihr von meinem bevorstehenden Besuch bei Oleg erzählte. Ach, der! Der ist doch in der Partei! O. k., aber ich will es wissen.

Oleg erwartet mich in seiner Wohnung – eins dieser schrecklich wüsten kommunalen Quartiere –, er selbst so hektisch wie das vollgestellte Zimmer, in dem er mit seiner Frau zwischen Bücherstapeln, Zeitungshaufen und Notküche lebt. Ein kleines Doppelbett ist der einzige ruhige Ort. Wie sich herausstellt, ist Oleg nicht nur Parteimitglied, Mitglied des »Parteiklubs«, des »Perestroika-Klubs«, des »Memorial« und der »Volksfront«, sondern auch Autor bei »Probleme des Friedens und Sozialismus« und beamteter Soziologe. Später höre ich, daß er ein bekanntes Mitglied der oppositionellen Soziologengruppe in der KPSSR und der »Volksfront« Leningrads ist, also zu den führenden Köpfen der demokratischen Wissenschaftlerszene Leningrads gezählt werden muß. Seine Frau Olga stellt sich ebenfalls als Soziologin vor. Auch sie ist Parteimitglied. Sie interessiere sich wie ihr Mann, sagt sie, für die Untersuchung von Klassenkämpfen. Als dritter kommt bald noch Sascha hinzu, den Oleg als Schüler am Bergbaukolleg und Lehrer für wissenschaftlichen Kommunismus vorstellt.

»Rabotschi«, antwortet Oleg auf meine erste Frage, wurde am 18. September '89 zum erstenmal herausgegeben. Die Zeitung soll monatlich erscheinen. Herausgeber ist eine am 12. Oktober gegründete »Union der Arbeiterkomitees« in Leningrad. Diese Union ist aus Ansätzen zur gegenseitigen Hilfe verschiedener Arbeitskollektive, Arbeitskomitees usw. in Konflikten mit Betriebsverwaltungen entstanden. In den Betrieben gibt es aktive Gruppen, die das Vertrauen der Kollegen genießen. In »Rabotschi« versuchten sie, ihre Vorstellungen erstmals zu formulieren.

Ich frage nach den politischen Vorstellungen der Gruppe. Schwer zu sagen, antwortet Oleg. Er sei zwar einer der Redakteure, aber er komme nicht aus, sondern arbeite in der Bewegung. Heute sei es die vornehmste Aufgabe eines fortschrittlichen Parteimitglieds, in den Bewegungen für die Ziele der Perestroika zu arbeiten. Deswegen sei er in den unterschiedlichsten Organisationen tätig. Der »Parteiklub« ist für Oleg zur Zeit der fortgeschrittenste Teil der demokratischen Bewegung.

Eine Spaltung der Partei müsse unbedingt vermieden werden, meint Oleg. Lieber später als früher! Warum? Die Parteimitglieder schliefen und brauchten Zeit zum Aufwachen. Rechtsentwicklung? Nein, keinesfalls! Man müsse die besonderen strukturellen Verfaßtheiten und Kompliziertheiten des Parteiapparates bedenken. Der zwinge die Flügel einfach zur Kooperation; weder der rechte, noch der linke könnte zur Zeit Entscheidungen erzwingen. Olga lacht ungläubig. Oleg läßt sich nicht irritieren: Auch Gorbatschow habe selbstverständlich keine Macht. Niemand könne zur Zeit agieren. Es handele sich um irrationale und spontane Entwicklungen der Massen, die von der OFT angeheizt und genutzt würden. Die Massen entwickelten heute unkontrollierbare und unerfüllbare Ansprüche. Falsche Bedürfnisse, das sei das Problem! Jetzt lacht Oleg, während Olga und Sascha mich um Verständnis bitten, daß sie seine Ausführungen nicht mehr übersetzen könnten, weil sie sie selbst nicht verstünden.

Ich versuche, wieder zum »Rabotschi« zu kommen. Welche politischen Vorstellungen die Redaktion verbinde, frage ich. Was sie konkret täten? Wie sie zum Streik stünden usw.? Ich erfahre, daß die Zeitung in 2000 Exemplaren erscheint, daß die »Union« vielleicht 50 bis 100 Aktivisten repräsentiert, die in den Komitees ohne feste Mitgliedschaft miteinander diskutieren, und daß die Redaktion von einem intellektuellen Kreis der »Volksfront« gebildet wird, deren Kopf offenbar Oleg ist. Die Mitglieder der »Union« seien dagegen Arbeiter, allerdings solche, die versuchten, sich zu organisieren. Man müsse überhaupt zunächst über die verschiedenen Arten der Arbeiterbewegung sprechen. Da gäbe es zum einen die OFT, dann die Arbeiterbewegung der Bergarbeiterstreiks. Bei der »Union« handele es sich um die spontane Bewegung an einigen Leningrader Betrieben. Das alles sei Arbeiterbewegung, aber mit unterschiedlichen Ideologien. OFT und »Rabotschi« seien extrem verschieden. Die Bergarbeiter hätten keine Ideologie. Sie hätten ihre konkreten Aktionen, aber ihre Ideologie könne sich zur einen wie zur anderen Seite wenden. Die Redaktion des »Rabotschi« stehe der Gewerkschaftsbewegung, aber nicht der politischen, nahe. Das Problem dieser Kollegen, betont Oleg, seien die Preise und die Arbeitsbedingungen, nicht die politische Situation.

Das ist ja traditionellster Parteiökonomismus, denke ich. Olegs weitere Ausführungen bestätigen meine Befürchtung: In Leningrad gäbe es zwei Gruppen, erklärt er, die sich als neue Gewerkschaften verstünden: die »unabhängige Gewerkschaft«

und die »unabhängige Gewerkschaft Gerechtigkeit«. Das seien aber sehr kleine Gruppen, nur ungefähr hundert Mitglieder. Nur in Moskau seien die Organisationen ein bißchen größer. Die »Union der Arbeitskomitees« gehöre zu keiner von beiden, sondern stehe eher der traditionellen Gewerkschaft nahe.

— Also mit anderen Worten, sage ich, eure Union ist ein Puffer zwischen den informellen und den traditionellen Gewerkschaften, gegründet von Mitgliedern der Kommunistischen Partei? Und die Unionsaktivisten sind auch Parteimitglieder?

Jetzt nimmt das Gespräch eine Wendung, die zeigt, wie stark auch die Parteiopposition noch das bürokratische Weltbild verinnerlicht hat: Könnte sein, meint Oleg, daß sie Parteimitglieder sind. Das mache nicht den Unterschied. Die Aktiven seien wohl in der Partei. In den neuen Gewerkschaften seien zwar keine Kommunisten, aber die tendierten zur Sozialdemokratie. Sie gehörten nicht zur Arbeiterbewegung, sondern seien eine politische Organisation. Sie wären gern die Arbeiterklasse, meint Oleg, aber sie sind es nicht. Sie möchten sich auf die Arbeiterklasse orientieren. Sie haben bei Marx gelesen, daß die Arbeiterbewegung notwendig ist. Es mag auch Arbeiter darin geben, aber diese Arbeiter sind dann dort nicht als Arbeiter, sondern sie fühlen sich als Politiker, als Ideologen usw.

— Sie sprechen über die informellen neuen Gewerkschaften? frage ich verblüfft.

Oleg setzt noch einen darauf: Nicht nur über sie, sondern auch über OFT.

— Machen Sie keinen Unterschied?

Es entsteht eine erregte Diskussion unter meinen Gesprächspartnern. Oleg setzt sich schließlich lautstark mit der Meinung durch, daß es keine prinzipiellen Unterschiede in ideologischer Hinsicht zwischen OFT und den neuen Gewerkschaften gebe. In anderen Aspekten gebe es große Differenzen. Die OFT sei eine spezielle Organisation. Man könne sagen, daß sie eine Fraktion innerhalb der Partei sei. Die neue Gewerkschaft dagegen sei eine unabhängige Organisation. Es gebe große Unterschiede in den politischen Programmen zwischen den neuen Gewerkschaften und OFT, die die Restauration des Stalinismus wolle. In ihrer Haltung gegenüber den Arbeitern jedoch gebe es keinen Unterschied. Allerdings stelle sich hier eine andere Frage: Wer ist Arbeiter, und was ist Arbeiterbewegung in der UdSSR überhaupt? Das sei eine schwere theoretische Frage, denn die Grenze zwischen normalen Leuten und denen, die in der Nomenklatura beschäftigt seien, sei schwer zu ziehen. Die Arbeiter der OFT seien solche Leute, die in Parteikomitees, in Staatsbetrieben usw. tätig seien. Das heißt, sie seien Arbeiter, aber sie seien Mitglieder der Parteikomitees, der Institutionen, seien Abgeordnete usw. Diese Leute »Arbeiter« zu nennen, treffe die Situation ihrer Gesellschaft also nicht richtig. Im übrigen seien nur 40 Prozent der OFT Arbeiter.

Die Redaktion des »Rabotschi« orientiere sich dagegen politisch an der »Volksfront«. Sehr viele Leute aus der »Volksfront« seien in diesen Komitees aktiv. Sie versuchten, die Ökonomie an die erste Stelle zu setzen, Arbeitsbedingungen, die Frage der Initiative usw. Wenn man sich nur um die politischen Fragen kümmere, wanderten die Leute zur OFT ab. In der jetzigen Situation arbeite jeder Tag der OFT zu.

Eine Charakteristik unseres Landes ist, sagt Oleg mit Schärfe, auf der einen Seite gibt es viele Leute, die politisch passiv sind, auf der anderen stehen wenige Superaktive. Zwischen diesen Gruppen gibt es einen Abgrund. Die Superaktiven finden keine gemeinsame Sprache mit den Passiven. Unter den bestehenden Umständen ist das eine Unterstützung für die Konservativen. Die Superaktiven kann man als Dogmatiker charakterisieren. Ihre Slogans kommen nicht aus dem wirklichen Leben, sondern aus den Büchern, die sie gelesen haben. Im »Rabotschi« dagegen schreiben die Kollegen über konkrete Probleme: sich gegenseitig helfen, Solidarnost! Der Kampf selbst, die Praxis, nicht Meetings oder Ideologien werden sie zu anderen Wegen als denen der OFT und zur Demokratie führen.

Den Streik als Mittel des Kampfs lehnt Oleg ab. Heute gebe es überall latenten Streik. Das sei ohnehin eine Bedrohung. Es gebe keine Notwendigkeit, nach Streik zu rufen. Die Arbeiter der »Union« hätten ihre Forderungen an die Betriebsleitung vorgebracht, und aus Angst vor Streik habe die Verwaltung bereits angefangen, etwas für die Arbeiter zu tun. Dies sei der Weg, den man weitergehen müsse. Die Krise der Perestroika sei vor allem in den gestiegenen Ansprüchen der Massen zu suchen. Man müsse sich doch nur ansehen, was heute alles gefordert würde. Als ob das jemals besser gewesen sei. Früher seien auch nicht mehr Waren im Angebot gewesen als heute. Olga versucht zu widersprechen, aber Oleg ist jetzt in Fahrt. Er beginnt zu dozieren, daß es keinen Arbeitsmarkt geben könne, weil es keine Arbeiterklasse in der UdSSR gebe, bzw. vice versa. Hier verschwimmt das Gespräch endgültig in den Wolken soziologischer und klassenkämpferischer Allgemeinheiten. Ich verstehe nur noch, daß Oleg darüber einen Artikel im nächsten »Rabotschi« schreiben will.

So erweist sich der Agitator des Klassenkampfs als dessen Leugner, der sich gegen die Politisierung der Arbeiterschaft stemmt. Die bürokratische Abgehobenheit der Partei reproduziert sich schon in ihrer Erneuerungspose: Die Superaktiven bringen erneut die Superaktiven hervor.

Elena Michailowna, »Memorial«

Ein paar Tage später sitzt mir Elena Michailowna in meinem Zimmer gegenüber, der knallrote Lackmantel, in dem sie gekommen ist, neben ihr auf einem Stuhl. Ich war auf scharfe politische Kritik an der Partei gefaßt. Um so verblüffter war ich von dem Verlauf unseres Gespräches. Elena Michailowna ist Doktor der klassischen Geschichte und Philosophie. Sie leitet die philosophische Abteilung der naturwissenschaftlichen Fakultät in Leningrad, lehrte dort früher »Theorie des wissenschaftlichen Kommunismus«, was seit einem Jahr »Theorie vom Sozialismus« heißt.

Seit 28 Jahren sei sie Parteimitglied, erklärt sie in einer Art bedrücktem Stolz. Sie sei trotz Kritik bis heute nicht ausgetreten, weil sie so mehr Möglichkeiten habe, politischen Einfluß zu nehmen. Elena Michailowna gibt ihren Bericht mit leiser, behutsamer, fast ein wenig trauriger Stimme: Anfangs sei »Memorial« nur eine Initiative von sieben Leuten gewesen. Drei davon seien noch heute an führender Stelle der Organisation aktiv. Inzwischen sei die Organisation aber auf fast 200 Aktive angewachsen, die alles in allem eine recht erfolgreiche Arbeit machten.

Einstieg, erinnert sie sich, war die Vorlage einer Liste von Opfern des Stalinismus zur 19. Parteikonferenz 1988. »Memorial« habe die Rehabilitierung der Opfer, die Einrichtung von Museen und Archiven sowie die Errichtung von Denkmälern in Leningrad und Moskau gefordert. Über ein Jahr lang hätten die Behörden sich geweigert, die Organisation offiziell zu registrieren. Allerdings habe es keine aktiven Behinderungen gegeben. Man habe einfach nur versucht, sie totzuschweigen. Seit Juni '89 sei die Leningrader Sektion jetzt als »Leningrader Abteilung der allsowjetischen Organisation zur Aufklärung der Opfer des Stalinismus« registriert, habe Statut und Programm und einmal im Monat eine Mitgliederversammlung. Die Moskauer Gruppe, fügt Elena Michailowna hinzu, sei aber bis heute nicht registriert. Das sei typisch für ihre heutige Situation. Niemand wisse, nach welchen Kriterien und von wem das entschieden werde.

— Wie denn die Arbeit von »Memorial« aussehe, will ich wissen.

Die Arbeit sei sehr konkret, erklärt Elena Michailowna: Sie versuchten zunächst, alle Opfer des Stalin-Terrors namentlich zu machen. Das geschehe durch Gespräche, Berichte ehemaliger Opfer, die andere Opfer gekannt hätten oder noch kennen usw. Nein, andere Quellen gebe es nicht. Zum Teil gebe es einfach keine Unterlagen über die Vorgänge, oder die Einsicht in die Archive werde ihnen glattweg verweigert. Sie hätten deshalb einen Fragebogen entworfen, den sie an Interessierte verteilten.

Einmal in der Woche treffe man sich, um die neuen Informationen auszuwerten oder um den Betroffenen beim Aufsetzen von Rehabilitationsgesuchen oder Bittschriften an das höchste Gericht und andere Stellen zu helfen. Inzwischen gebe es ja auch eine spezielle Kommission zur Aufklärung der Verbrechen des Stalinismus beim Politbüro, das von Alexander Jakovlev geleitet werde. Manche Menschen wollten auch an ihre früheren Wohnorte zurück. Da versuche »Memorial« natürlich zu tun, was irgend gehe. Aber das sei oft unmöglich oder nur politisch zu lösen. Mit diesem Problem müsse sich die Allunionskommission befassen.

200 lebende und 300 schon verstorbene Personen sind uns heute als Opfer des Stalinismus bekannt, faßt Elena Michailowna ihre Darstellung zusammen. Dazu kommen noch 30 bis 40 aus der Chruschtschow- und Breschnew-Zeit, für die es auch eigene Gruppen gibt.

Ich kann meine Verblüffung nicht verbergen: 500? In der Presse redet man von Millionen!

Es sind die, die uns heute namentlich bekannt sind, antwortet sie. 5000 weitere Fälle haben wir noch auf Karteikarten erfaßt. Weitere kommen ständig hinzu. Etwa 700 Menschen arbeiten allein im Leningrader »Memorial« zusammen. 200 davon sind Aktivisten. Die übrigen setzen sich aus Angehörigen der 300 lebenden und der bereits verstorbenen 200 Opfer zusammen. Bei ihnen sammeln sich ständig neue Namen und Informationen. Neue Gruppen kommen hinzu. So in Karaganda, in Workuta, Uchta und Murmansk. Die Sichtung der Informationen kommt nur langsam voran. Hinzu kommt: Wenn es sich bei den uns bekanntwerdenden Namen um Menschen handelt, die damals umgebracht wurden oder inzwischen verstorben sind, legen wir nicht nur eine Kartei an, sondern versuchen, die Familienangehörigen zu finden, wenn nötig auch ideell oder materiell zu unterstützen. Zur Organisation dieser Hilfe führen wir Wohltätigkeitsabende, Sammlungen und dergleichen durch. Das Geld wird an die Mitglieder der Familien geschickt. Auch dies ist eine aufwendige Arbeit.

Über diese Einzelarbeit hinaus gebe es bei ihnen in Leningrad auch noch eine Geschichts- und Archivgruppe. Diese Gruppe bitte die Angehörigen verstorbener Opfer, alle Dokumente an »Memorial« zu übergeben, damit sie für die geplanten Museen über den Stalinismus gesammelt werden könnten. Neben dem Aufbau eines eigenen Archivs bemühe sich die Gruppe, in öffentlichen Archiven nachzuforschen, bzw. überhaupt die Öffnung der Archive zu erreichen. Der Einsatz für die Öffnung der Archive sei für »Memorial« selbstverständlich eine der wichtigen politischen Aufgaben.

Eine zweite Gruppe mache Aufklärungsarbeit. Sie versuche, in Betrieben, Instituten, gegenüber den Opfern und für die Presse eine kontinuierliche Informations- und Propagandaarbeit zu organisieren, was nicht leicht sei. Deshalb sei auch bereits überlegt worden, eine eigene zentrale Zeitung für alle »Memorial«-Gruppen gemeinsam herauszugeben. Aber das sei sehr schwierig! Der Papiermangel! Die neue Verordnung des Parteikomitees verbiete praktisch den Kauf von Papier für nichtstaatliche Betriebe. Man habe kein Geld, keine Räume, nur den kleinen Büroraum, den ich gesehen hätte, wo man sich zusammen mit dem »Perestroika-Klub«, dem »Parteiklub« und verschiedenen anderen Arbeitsgruppen der demokratischen Bewegung die Stunden nach Büroschluß teilen müsse. Man habe auch keine Druckmaschinen usw. Die Moskauer Zentrale des »Memorial« habe wegen solcher praktischen, aber auch aus prinzipiellen demokratischen Erwägungen vorgeschlagen, keine zentrale Zeitung zu machen, sondern die konkrete Propagandaarbeit vor Ort dezentral weiterzuentwickeln. Darauf konzentriere man sich.

Unsere Arbeit ist sehr mühsam, sagt Elena Michailowna seufzend. Die Menschen haben Angst, zu »Memorial« zu kommen. Sie fürchten sich immer noch vor Stalin. Vor allem mit den 60jährigen haben wir Probleme. Sie leben immer noch unter dem Schock der damaligen Erlebnisse. Sie haben die neue Zeit noch nicht begriffen. Sogar mit den Opfern haben wir Probleme. Sie hassen Stalin, aber sie hassen nicht die Verhältnisse, aus denen heraus Stalin möglich war. Die heutige

demokratische Bewegung, auch »Memorial«, erscheint vielen
von ihnen als antisowjetisch. Damit wollen sie nichts zu tun
haben.

– Aber Sie haben doch von Erfolgen gesprochen, wende ich
ein.

Ja. Es seien zum Beispiel nach der Legalisierung der Leningrader Organisation im Juni '89 auf Initiative von »Memorial«
zwei Beschlüsse im Stadtrat gefaßt worden: Zum einen soll es
seitens der Stadt in Zukunft soziale Unterstützung für die
Hilfsaktionen geben. Zum zweiten sind Vorarbeiten für Denk-
mäler und die Suche nach weiteren Opfergrabstätten eingeleitet worden. In der Folge davon sei soeben in Lawaschowo, im
nördlichen Umkreis Leningrads, eine Begräbnisstelle für Opfer
des stalinistischen Terrors entdeckt worden, auf der vermutlich
40 000 Menschen begraben seien. Das umzäunte Waldgelände
habe schon längere Zeit für Unruhe unter der Bevölkerung
gesorgt. Jetzt erhalte »Memorial« monatlich 300 bis 400 Namen der dort Begrabenen. Dies sei wieder ein Beispiel, daß die
Aufdeckung und Bewältigung der stalinistischen Geschichte
soeben erst begonnen habe.

Was den anderen Punkt betreffe, so habe »Memorial« den
Familienmitgliedern von 20 Opfern im Sommer '89 einen
Aufenthalt auf einer Datscha ermöglichen können. Im nächsten Jahr sollten es 200 werden. Das Geld dazu komme über
staatliche Stellen. Zehn Menschen hätten sich außerdem für
einen Monat im Sanatorium »Putowka« erholen können. Das
seien zwei bis drei Menschen pro Monat. Das sei natürlich sehr
langsam. »Putowka« sei auch nicht das beste Sanatorium. Deshalb setze sich »Memorial« dafür ein, daß die Opfer in
Zukunft ins beste Krankenhaus, die Privilegierten-Klinik
»Swerdlowa« aufgenommen würden. Eine entsprechende Liste
liege der Leningrader Parteispitze schon vor. Man hoffe, daß
daraus etwas werde.

Weitere Erfolge, so Elena Michailowna, seien kostenlose Ver-
kehrsbeförderung und auch Sonderbezugsscheine für Kaffee,
Tee, Fleisch und weitere rationierte Güter. Darüber hinaus for-

dere »Memorial«, daß die Opfer des Stalinismus generell den Privilegiertenstatus von Opfern und einen entsprechenden Ausweis bekämen. Dazu solle eine Anfrage im Allunionskongreß gestellt werden. Langfristig will man sich dafür einsetzen, daß die soziale Absicherung aller Opfer und Behinderten durch ein neues Einheitsprogramm geregelt wird, welches alle gleichermaßen umfaßt. Die Chancen dafür seien, zugegeben, gering. Ich wisse ja, die Staatskasse sei leer. Über die ökonomische Lage hinaus sei die Arbeit von »Memorial« natürlich biologisch begrenzt. Die alten Leute sterben, so Elena Michailownas Stoßseufzer, aber der Stalinismus in unserer Gesellschaft bleibt! Das ist natürlich unser Hauptproblem!

– Ob es denn Bündnisse mit anderen Organisationen ähnlicher Zielsetzung, etwa der »Demokratischen Union« gebe, will ich wissen. Beide setzten sich ja schließlich meines Wissens gleichermaßen für die Freiheit des politischen Gegners ein, die einen für die Opfer des Stalinismus, die anderen für die Freiheit der heutigen politischen Gefangenen.

Das ist eine komplizierte Frage, erwidert sie zögernd. In Einzelfragen gebe es durchaus Arbeitskontakte mit der »Wiener Kommission«, auch einzelnen Vertretern der »Volksfront«, über die eine gemeinsame Dokumentation zur Lage der politischen Gefangenen erarbeitet werden solle. Mitglieder des »Memorial« und der »Wiener Kommission«, zu deren Mitgliedern ja auch Leute wie Sacharow oder Jewtuschenko gehörten, hätten zudem ein gemeinsames Papier für die Weltkonferenz der Psychologen verfaßt, in dem gefordert werde, daß sowjetische Psychologen wegen ihrer Rolle bei der staatlichen Repression die Teilnahme an der Konferenz verweigert werden müsse. Andererseits vertrete die »Demokratische Union« Positionen, die viele nicht für richtig hielten. Viele Menschen seien eben auch ideologisch Opfer des Systems. Viele, auch Mitglieder und vor allem im Umfeld des »Memorial«, glaubten deshalb der offiziellen Presse, die fordere, die Sowjetmacht müsse die »Demokratische Union« als sowjetfeindlich liquidieren. Di-

rekte politische Kontakte zwischen »Memorial« und »Demokratischer Union« seien deshalb nicht möglich.

Eine Zusammenarbeit auf breiter Front entwickele sich
dagegen mit der vor zwei Jahren gegründeten demokratischen
und christlichen Gruppe »Mildtätigkeit«, die die Entwicklung
allgemeiner sozialer Hilfstätigkeit auf ihr Programm geschrieben habe. Derartige Organisationen gebe es in der Sowjetunion bisher überhaupt nicht und es sei unbedingt notwendig,
sie zu entwickeln.

Hier entschuldigte sich Elena Michailowna wegen häuslicher
Verpflichtungen. Ich war mehr als verblüfft, auf Fürsorge
getroffen zu sein, wo ich Politik erwartet hatte. Ich bat sie
daher, das Gespräch bei nächster Gelegenheit mit der Frage
fortzusetzen zu dürfen, wie sie den Erfolg Gorbatschows und
die weiteren Chancen des von ihm eingeleiteten Demokratisie-
rungsprozesses und ihre Wirkungsmöglichkeiten in der Partei
beurteile. Sie sagte zu, kündigte allerdings an, daß die »nächste
Gelegenheit« wegen der bevorstehenden *prasdniki*, der Feiertage zum 72. Jahrestag der Revolution, ein wenig verzögert
sein könnte.

Partisanen der Wissenschaft

Am Samstagvormittag schleift Juri mich zu einem Treffen alternativer Wissenschaftler und Wissenschaftlerinnen im Universitätsviertel direkt an der Neva, im alten Teil der Stadt. Das Treffen erweist sich als Gründungskonferenz der »Unabhängigen Assoziation der Wissenschaftler Leningrads«, die an diesem Wochenende in den Räumen der Akademie der Wissenschaften durchgeführt wird.

Ungefähr 400 Menschen aus unterschiedlichsten Städten der russischen Republik der UdSSR nehmen an der Versammlung teil. Foyer und Aufgänge zum großen Saal der Akademie sind bestückt mit Informationstafeln zu alternativen Vorlesungen, mit Zeitungswänden und kleinen Verkaufstischen. Die offizielle Universitätszeitung wird mit Programm- und Statutentwürfen zur Konferenz angeboten. Daneben kursieren die üblichen maschinengeschriebenen Exemplare. »Severo sapad« und »Positii« werden reißend verkauft. Man fühlt sich als »Partisan der Wissenschaft«. Ich treffe Elena Michailowna, Oleg Vite, Viktor Monachow und einige andere Leute, die ich noch nicht namentlich kenne, die ich aber im »Perestroika-Klub«, im »Parteiklub« und bei anderen Gelegenheiten in den letzten zwei Wochen gesehen habe. Wirklich, ein kleiner Kreis!

Wenige Tage nach der Gründungsversammlung der neuen Assoziation sitze ich zuerst Inge Vechtomov, Doktor der biologischen Wissenschaften, korrespondierendes Mitglied der Akademie der Wissenschaften, Vizepräsident ihrer Leningrader Abteilung und seit 1971 Chef des genetischen Instituts, dann Alexander W. Eliaschwil, Organisator der »Assoziation unabhängiger Wissenschaftler« Leningrads gegenüber: offizielle und inoffizielle Wissenschaft, Perestroika von oben und von unten zugleich? Gibt es in der Kritik am bisherigen sowjetischen Wissenschaftsbetrieb eine Alternative zum bürgerlichen Positivismus?

Inge Vechtomov, Genetiker –
Gibt es einen »Homo sowjeticus«?

Inge Vechtomov führt mich in ein Büro, das von einem
Schreibtisch, einer kunstledernen Sitzecke und gerahmten
Gruppen- sowie Einzelporträts an jedem verfügbaren Platz
rund um die Wände ganz ausgefüllt wird. Obwohl er es nicht
für lohnenswert hält, über Lyssenko zu sprechen, weil über
ihn schon so viel geschrieben worden sei, sprechen wir, genau
betrachtet, doch eigentlich nur über Lyssenko, die Folgen des
Lyssenkoismus und deren nur sehr mühsame Überwindung.
Wichtig sei deshalb, heute zu fragen: Wie hat er es schaffen
können? Welche Strukturen des Staates haben es ihm möglich
gemacht?

Er glaube, Hauptgrund für Lyssenkos Erfolg sei die sehr
rigide Zentralisierung der Macht gewesen, nicht nur im politischen Sinne, sondern auch in der Wissenschaft und im Erziehungswesen. Es habe nur eines Streichs bedurft. Lyssenko habe
die Hand nur zur rechten Zeit an den richtigen Hebel legen
müssen. Alles andere sei automatisch gelaufen. Es sei ja auch
keineswegs nur die Genetik gewesen. Mit der Philosophie sei
es losgegangen, dann die Ökonomie, danach Soziologie und
Psychologie. Nach den Humanwissenschaften hätten die Lys-
senkoisten sich den Naturwissenschaften zugewandt, darunter
Biologie und besonders Genetik, weil Genetik das Symbol der
modernen Biologie sei. Dasselbe sei auch mit der Ökologie
geschehen, so daß man jetzt viele Probleme mit praktischer
Ökologie hätte. Dann hätten sie dasselbe mit Physik und Che-
mie versucht. Aber diese beiden Wissenschaften hätten sehr
viel mehr angewandte Aspekte als die Biologie. Dort sei es
leichter gewesen zu zeigen: wenn ihr diese Forschungen stoppt,
wird es keine Atombombe, keine Düngemittel für die Landwirtschaft geben usw. usf.

Das schlimmste Ergebnis des Lyssenkoismus, nimmt Inge
Vechtomov eine Frage von mir auf, sei die Lücke, die er zwischen den Generationen gerissen habe! Die Zeit habe gereicht,

um das Lehren der Genetik zu unterbinden. Das sei, in einem sehr schlechten Sinne, sehr weise gewesen. Leute, die heute in der UdSSR Genetik unterrichteten, hätten alle nicht studiert. Sie seien aufrechte und mutige Leute, aber eben Autodidakten. Das Land hätte viele fähige Menschen, die führenden Köpfe in diesem Teil der Wissenschaft verloren. Es seien ja viele fähige Köpfe gewesen, an die 35 Menschen, die sie allein im Bereich der Genetik umgebracht hätten.

Auch unter Chruschtschow, erklärt Inge Vechtomov, habe sich die Situation, entgegen landläufiger Meinung, keineswegs verbessert: Nach Stalins Tod habe sich auch für die Genetik die Situation nur vorübergehend entspannt. So sei Lyssenko zu Chruschtschows Zeit nach wie vor an der Macht gewesen. Erst als Chruschtschow 1964 gehen mußte, mußte auch Lyssenko gehen. Zugleich habe es sich aber um eine Restauration des Stalinismus gehandelt. So sei diese Konterrevolution den Genetikern zwar zugute gekommen, die objektive Situation habe ihnen aber mehr geschadet als genützt. Als man Lyssenko endlich losgewesen sei, sei die Situation der Genetik eingefroren gewesen wie die der Gesellschaft. Es habe keine echte Entwicklung der Genetik gegeben. Vor allem habe es bedeutet: Kein Geld!

– Aber auch keine unmittelbare Repression mehr?

Gott sei Dank, nein, ruft Inge Vechtomov lebhaft. Nur die ökonomische Methode! Und natürlich die gewaltige Bürokratisierung der Wissenschaft. Vor diesem Hintergrund wurde andererseits die Molekularbiologie bei uns geboren. Genetik wurde unterdrückt, Molekularbiologie dagegen stand hoch im Kurs. Also auch hier: eine sehr widersprüchliche Zeit! Heute, schließt er seine Skizze, haben wir eine gut etablierte Molekularbiologie, gut etablierte Gentechnik, nicht ganz so gut entwickelte Biotechnologie, aber wir haben keine richtige Genetik. Es ist aber unmöglich, all diese Disziplinen zu entwickeln ohne die Grundlage einer guten Genetik. Die Leute sehen nicht, daß sie die Genetik brauchen. Das ist diese quantitative Art des Denkens, selbst unter Wissenschaftlern!

– Was hat Perestroika für die Entwicklung der Genetik Neues gebracht, frage ich, und was ist die Rolle der Genetik für die Perestroika?

Soweit es Molekularbiologie, Gentechnik und Biotechnologie betreffe, laufe es gut, antwortet er. Zugleich sei er vollkommen sicher, daß die UdSSR nicht reif genug sei, die biotechnologischen Erkenntnisse zu nutzen. Bei Ihnen, lacht er, gibt es keinen Mangel an irgendwelchen landwirtschaftlichen Produkten. Im Gegenteil, Sie bezahlen die Bauern, damit sie nicht überproduzieren. Auf diesem sehr hohen Niveau der Industrie sei es vernünftig, neue, ungewöhnliche Methoden für eine höhere Biotechnologie zu entwickeln, nachdem die traditionellen Methoden ausgeschöpft seien. In unserem Land dagegen, so Inge Vechtomov scharf, sind traditionelle Methoden, etwa rationelle Methoden der Selektion in der Landwirtschaft, bisher nicht einmal eingeführt. Genausowenig wie rationelle Bodennutzung. Für uns gibt es keinen realen Bedarf an Biotechnologie in der Landwirtschaft. Kann sein, daß wir sie in der Medizin brauchen, aber auf landwirtschaftlichem Gebiet ist es der Mangel an Ausrüstung, um den es geht.

– In Gorbatschows Programm der »sozial-ökonomischen Beschleunigung bis zum Jahr 2000« wird aber der Biotechnologie, insbesondere der Gentechnologie, eine führende Rolle zugesprochen, erinnere ich ihn.

Das ist ein schönes Lied, erwidert er spöttisch. Wir haben uns letztes Jahr in Moskau versammelt, um die Situation der Genetik zu diskutieren. Das Treffen war von der Akademie der Wissenschaften initiiert. Bis heute haben wir keine Verlautbarung zur Genetik, und wir haben kein Geld. Genetik wird nach wie vor in den Korridoren der Macht gefangengehalten. Lyssenko ist tot, aber Lyssenko lebt nach wie vor!

Ich glaube, faßt er zusammen, es gibt drei Symbole der früheren Periode, die benannt werden müssen. Das sind: Ökonomie, Ökologie und Genetik. Diese drei Wissenschaften gab es nicht. Wir brauchen sie.

Die alternative Wissenschaftsorganisation als Vehikel für

einen neuen wissenschaftlichen Positivismus? Ich will es nicht so ohne weiteres glauben. Ob er, abgesehen von der Ökonomie, frage ich vorsichtig, Grenzen für genetische Forschung sehe, die im Gegenstand der Forschung selbst oder ihrer Anwendung liegen?

Nein, antwortet er, ohne zu zögern. Er sehe diese Probleme nicht in der Wissenschaft, sondern in der Moral. Ihm gefalle sehr das Wort »gen-ethik«, das der japanisch-amerikanische Wissenschaftler Suzuki zu diesem Problem gefunden habe. Eine Genethik sollte es zum Beispiel bei Manipulation an Keimzellen, bei künstlicher Befruchtung und bei der Herstellung künstlicher biologischer Kombinationen geben. Man sollte an die Zukunft denken. Die Konferenz von Asilomar, holt er aus, habe ja bereits 1974 davor zu warnen versucht, was bei den Experimenten herauskommen könne, weil die Menschen sich an die Atombombe erinnerten. Aber das seien übertriebene Befürchtungen gewesen. Natürlich sei das besser, als die Gefahren zu unterschätzen, aber sobald das klar gewesen sei, habe man die Grenzwerte geändert. Er halte das für einen vernünftigen Weg der Entwicklung der Wissenschaft und der wissenschaftlichen Ziele.

Ich fühle mich an die Debatten in der BRD erinnert. Sie wissen, sage ich, bei uns gibt es eine kritische Diskussion...

Ja, fällt er mir ins Wort, und zwar über genetisch neu kombinierte biologische Produkte, speziell im bakteriellen Handel. Ich weiß, daß es da spezielle Vorurteile bei Ihnen gibt und Sie das nicht kaufen. Es gibt sogar einige Gesetze, soweit ich weiß. Wir haben keine solchen Gesetze! Könnte sein, daß ich auf diesem Gebiet nicht kompetent genug bin, denn ich bin kein Rechtsanwalt. Ich kenne solche Gesetze jedenfalls nicht.

— Sie können experimentieren, wie Sie wollen? Niemand achtet darauf?

Ja, aber wir können nicht mit Menschen experimentieren. Das ist klar.

— Wer bestimmt, wer kontrolliert das?

Die wissenschaftliche Gemeinschaft.

– Wie soll sie das, wenn es keine Richtlinien gibt? Was halten Sie von den westlichen Debatten zu diesem Problem?

Ich glaube, daß wir früher oder später dieselbe Situation erreichen und dann mit denselben Problemen konfrontiert sein werden. Zur Zeit kann man allerdings die Situation in Ihrem und in unserem Land nicht vergleichen. Das sind einfach andere Probleme.

– Aber die Gefahren sind auch bei Ihnen schon genauso groß wie bei uns.

Die Risiken sind bei uns sogar größer, weil es keine Kontrolle gibt. Wir leben ja nicht im Vakuum. Wir leben in einer einheitlichen Welt. Das AIDS-Problem beweist es. Das ist das beste Beispiel. Aber das Problem liegt nicht in der Gesetzgebung, sondern schlicht in der Sterilität der medizinischen Geräte. Das ist der Sinn des Marxismus: Vergiß die materiellen Dinge nicht! Daran müssen wir arbeiten.

Ich sehe meine schlimmsten Befürchtungen bestätigt. Was halten Sie von der Ansicht, frage ich, die genetische Qualität der Bevölkerung habe durch den stalinistischen Terror und die Negativauswahl der nachfolgenden Regimes abgenommen, wie ich sie hier verschiedentlich gehört habe?

Ich verstehe, sagt er nach kurzem Nachdenken. Die Frage ist letztlich: War da wirklich so eine Art sowjetischer Evolution der Menschheit? Gibt es nicht nur den »homo sapiens«, sondern etwas wie den »homo sowjeticus« oder so ähnlich? Ich habe mich das immer wieder gefragt. Aber ich kann diese Frage nicht beantworten. Ich würde selbst auch gern verstehen, ob es genetische Zerstörungen in diesem Land gab. Vom wissenschaftlichen Standpunkt aus kann ich das nicht beantworten. Es ist einfach ein großes wissenschaftliches Problem. Aber ich befürchte doch, daß wenigstens einige geistige Fähigkeiten zerstört worden sein mögen. Wir wissen, daß die frühere Politik gegen die Intelligenz gerichtet war. Aus diesem Grunde können wir vermuten, daß Schäden in der Struktur der Gesellschaft angerichtet wurden. Es ist eine Frage, die unbedingt studiert und diskutiert werden muß.

– Ich denke, es ist auch eine schwerwiegende Frage, setze ich nach. Wir haben vor dem Hintergrund der Erfahrungen mit dem Faschismus eine kritische Debatte über die eugenischen Gefahren der Genetik. Sehen Sie solche Gefahren auch für die UdSSR?

Ich denke, nein, sagt er bestimmt. Aber, fährt er fort, es gibt den Sozialdarwinismus, der als unaufrichtige Lehre gilt. Von der Seite sollten wir jedoch den Darwinismus nicht negieren. Es gibt den Rassismus, aber damit ist die Existenz menschlicher Rassen nicht aus der Welt. So, denke ich, sollten die eugenischen Verbrechen nicht die Eugenik negieren. Eugenik existiert ja auch heute. Sie und wir nennen sie nur anders. In den USA heißt sie zum Beispiel »humangenetische medizine Beratung«. Wenn man zum Beispiel im allerersten Stadium einer Schwangerschaft feststellen kann, daß eine Down-Anomalie vorliegt, dann ist es besser, die Frucht loszuwerden. Dann ist es kein moralisches Problem und außerdem wesentlich billiger.

– Entscheidend sei, sage ich heftiger als beabsichtigt, wer die Normen setze und wer die Macht habe, sie durchzusetzen.

Es gehe um Entscheidungen. Auch Inge Vechtomov kommt aus sich heraus. Die Frage sei, ob Entscheidungen mit Gewalt oder durch Beratung, sagen wir, lächelt er, mit einem Begriff unseres Landes durch *Sowjet* gefunden würden.

– Sind Sie sicher, frage ich, daß in ihrem Land solche Entscheidungen in Zukunft durch *Sowjet* und nicht von oben getroffen werden?

Man muß es den Menschen beibringen, antwortet er, die Hände ausbreitend. Wir müssen, symbolisch gesprochen, auf die Straße gehen und die Grundlagen der Genetik erklären. Das ist es, was wir zu tun versuchen. Es gibt viele Menschen, die genetisch unzulänglich sind. Sie sind unheilbar. Wenn wir uns von ihnen befreien, werden wir das Zwielicht der Moral sehen. Wenn wir sie leben lassen, werden wir das Zwielicht des physischen Lebens sehen. Was tun? Wir müssen das physische Zwielicht zulassen, das moralische nicht, aber vor diesem Hintergrund müssen wir versuchen, die Menschen zu heilen.

Der Tee ist kalt. Die bereitgestellten Kekse haben wir beide nicht angerührt. Solche Gespräche agitierten ihn immer, lacht Inge Vechtomov. Ich pflichte ihm bei und bedanke mich für die Offenheit, die ich bei ihm gefunden hätte. Überhaupt, sage ich, sei ich verwundert über die Gesprächsbereitschaft, die ich hier zur Zeit überall fände.

Das liege daran, daß alle Menschen nach neuen Wegen suchten, antwortet er, auch wenn das Leben hier zur Zeit sehr schwer sei.

– Den gegenwärtigen Alltag und zugleich die wissenschaftliche Arbeit zu bewältigen, sei sicher ein schweres Problem, sage ich.

Ja, die Lage sei sehr schlecht und werde jeden Tag schlechter, lächelt er. Aber wenn die Menschen Hunger hätten, wachse die Intelligenz. Das sei in den Zwanzigern so gewesen. Damals habe es eine Blüte der Kultur gegeben. Das kenne er nur aus der Literatur. Aber jetzt sei es wieder so. Die Gründung der unabhängigen Assoziation unabhängiger Wissenschaftler sei ein Zeichen dafür. Wissen Sie, schließt er, ich bin ein unverbesserlicher Optimist, sonst würde ich von meinen Reisen nicht immer wieder in dieses Land zurückkehren.

Alexander M. Eliaschwil – primitive böse Abläufe / plötz schaffen.

Nur wenige Stunden später sitze ich Alexander M. Eliaschwil in der Wohnung meiner Gastgeber gegenüber. Eher schüchtern hatte er, wie vorher schon Elena Michailowna, um diesen Ort für das Treffen gebeten, während er sich andererseits aktiv für das Zustandekommen des Termins einsetzte. Sein Büro sei zu unruhig, sein Zuhause zu eng.

A. M. Eliaschwil, ein liebenswerter, etwas unbeholfener Mann, mit einer leichten Neigung zum Stottern, erklärt mir zuerst in ungeübtem, aber gutem Deutsch, daß er mit Deutschland besonders verbunden sei: Für ihn sei Deutschland in erster Linie nicht das Land Hitlers, sondern das Land, in dem seine Großeltern sich kennengelernt hätten.

Ich bin 52 Jahre, beginnt er, und wurde in Leningrad geboren. Ich bin Chef eines Laboratoriums für die Theorie der

Computersimulation polymerer Systeme. Seit 1977 bin ich Doktor der Wissenschaften. Mitglied der Akademie der Wissenschaften bin ich nicht. Aber seit Mai dieses Jahres bin ich Mitglied der Partei. In meiner Eintrittserklärung habe ich geschrieben: Die Partei trägt die Verantwortung für die Krise, in der sich unsere Gesellschaft heute befindet, aber sie ist heute auch die einzige organisierte Kraft, die das Land aus der Krise führen kann und muß.

Die neue Organisation ist nicht nur eine Leningrader Angelegenheit. Im Juli fand in Moskau eine Konferenz der »Assoziation der Wissenschaftler der UdSSR« statt. Ich nahm mit vierzig Leningrader Kollegen daran teil und wurde, als einer von drei gleichberechtigten Präsidenten, in die Leitung dieser Organisation gewählt. Die Assoziation ist bereits eine neue Struktur in der Organisation der Wissenschaften der UdSSR. Dem ging die Gründung einer entsprechenden Union in Litauen ein Jahr zuvor voraus. Es folgten Estland, Armenien, Moskau und Nowosibirsk. Auch wir Leningrader hatten schon vor dem Moskauer Treffen eine Vorbereitungskonferenz. Die Litauer erklärten sich für vollkommen unabhängig von der »Union der Wissenschaftler der UdSSR«. Wir denken, daß das ihr Recht ist. Auch wir Leningrader deklarierten uns als regional unabhängig von der Union. Wir haben unser eigenes Statut. Das Programm haben wir mit der Union gemeinsam. Um die neuen Prinzipien zu zeigen, wird die erste Konferenz der Gesamt-Union im April in Leningrad stattfinden. Der stärkste Teil der Wissenschaft der UdSSR befindet sich ja immer noch in Moskau, die Mehrheit der Akademie, die Mehrheit der Institute, die die Führung über alle anderen Wissenschaftler beanspruchen. Um so wichtiger war es, daß dieser Vorschlag von den Moskauer Mitgliedern der Union kam.

Die Organisation wurde parallel zu der Bewegung geboren, in der Wissenschaftler der Akademie der Wissenschaften 1989 als Wahlmänner für die Kongreßwahl gewählt wurden. Ich war einer der Leningrader Wahlmänner. Als wir uns trafen, kam so ein Gefühl auf, daß wir uns zusammenschließen müßten, und wir beschlossen, die »Assoziation der Wissenschaftler der UdSSR« zu gründen. Man hatte ein, zwei Jahre darüber gesprochen, aber als jetzt alle aus den verschiedensten Instituten zusammenkamen, war es soweit. Es waren die unterschiedlichsten Leute, Parteimitglieder, Nichtparteimitglieder. Auf unserer Mitgliedskarte haben wir keinen Vermerk über Nationalität und Parteizugehörigkeit. Es hat keine Bedeutung. Mitglied können Personen werden, die erstens wissenschaftliche Ergebnisse vorzuweisen haben, unabhängig vom Ort der Arbeit, und die zweitens dem Statut und Programm unserer Union zustimmen. Dann gibt es Regeln: Jeder muß eine persönliche Bewerbung mit einer Zusammenfassung seiner Arbeitsergebnisse schreiben und eine Liste seiner wichtigsten Veröffentlichungen angeben. Außerdem braucht er zwei schriftliche Bürgen aus der Assoziation.

– Theoretisch können also Vertreter vom OFT bis...

Nein, Halt! Alexander M. Eliaschwil blättert im Statut. Hier, sehen Sie: Mitgliedschaft ist nicht möglich bei Befürwortung von zerstörerischer Gewalt gegen die Menschlichkeit, gegen wissenschaftliche Ethik und Moral und Verunglimpfung internationaler oder religiöser Unterschiede.

– Sie werden also politische Diskussionen haben.

Manche Mitglieder wollten schon jetzt eine politische Resolution haben. Ich glaube, unsere politischen Schritte sollten auf wissenschaftlicher Analyse beruhen. Entsprechende Erklärungen sollten konkret mit Ort und Personen angegeben werden, damit keine Minderheit gezwungen werden kann, Verantwortung für etwas zu übernehmen, was sie nicht mittragen will.

– Was sind die Gründe für die Schaffung der Assoziation?

Erstens steht der Wissenschaftler in dieser Gesellschaft allein. Die Akademie der Wissenschaften ist nicht die Organisation, die man um Hilfe bittet. Sie ist erstens die Organisation der etablierten Wissenschaftler, die sich ihre Mitarbeiter aussuchen. Sie ist zweitens die Verwaltung der Wissenschaft, mit allen schlechten Eigenschaften einer Verwaltung. Sie hat ihre Institute. Sie hat ihre Akademiker, die Geld unter sich aufteilen. Wir wollen neue Strukturen, denn in der Akademie etwas zu ändern, ist sehr schwierig. Da sind die Traditionen.

– Sie haben zwei Gründe für die neue Organisation genannt, sage ich, erstens Überwindung der Einsamkeit der Wissenschaftler, zweitens den Wunsch, etwas Neues zu schaffen. Gibt es weitere Gründe?

In der Akademie der Wissenschaften gibt es zwei wissenschaftliche Zweige: universitäre und ministerielle Institute. Sie sind getrennt. Nur ihre Spitzen sind in der Akademie vereinigt. So sind auch die Wissenschaftler getrennt. Wir wollen alle diese Wissenschaftler vereinigen. Dazu kommt die ungeheure Verbürokratisierung. Soziologische Untersuchungen belegen, daß die Wissenschaftler den größten Teil ihrer Zeit für nichtwissenschaftliche Tätigkeit aufwenden. Wir wollen wissenschaftliche Arbeit ohne Bürokratie ermöglichen.

– Warum haben Sie dann die Gründung zusammen mit offiziellen Vertretern der Akademie vollzogen?

Es gibt auch progressive Mitglieder der Akademie. Wir müssen gemeinsame Wege finden! Ich bin bereit, mit jedem zu sprechen.

– Sie sagten bei unserem ersten Zusammentreffen, die Hauptschwierigkeit beim Aufbau der Organisation sei die niedrige Diskussionskultur.

Ja, die Hauptschwierigkeit ist, eine gemeinsame Sprache zu finden. Ich meine nicht gemeinsame Ansichten. Ansichten müssen unterschiedlich sein. Aber wenn die Menschen miteinander sprechen, muß man sich erst gegenseitig zuhören, um sagen zu können, wir stimmen überein oder wir stimmen nicht überein, aber ich akzeptiere ihre Meinung.

– Sie fordern die ausdrückliche Wiederherstellung der Achtung vor dem Wert des Individuums, wenn ich Sie richtig verstanden habe?

Ja! Das ist das wichtigste. Achtung, auch wenn man nicht übereinstimmt. Was mich selbst betrifft, Alexander M. Eliaschwil lacht halb verlegen, ich kann nicht gegen, ich kann nur für etwas kämpfen. Ich bin Parteimitglied, trotzdem habe ich einen Glauben, keine Religion, aber, jetzt lacht er, *je crois en dieux!* Die Menschheit hat ein gutes Wort erfunden, Gott! Ich liebe alle Menschen! Ich weiß, daß es gute und schlechte Menschen gibt, aber ich kann keinen Haß empfinden, nur Mitleid. Deswegen kann ich nicht gegen Menschen kämpfen, sondern nur gegen ihre Taten. Das ist wohl die Religion Ghandis.

– Welche Veränderungen streben Sie mit der neuen Assoziation an? Was sind die programmatischen Ziele?

Erstens: Professionalisierung. Zweitens: wissenschaftliche Ethik. Drittens: praktische Orientierung der Arbeit, nicht nur Reden. Weiter: Demokratie und Glasnost. Dann politischer Pluralismus. Schließlich sollen die Entscheidungen nicht in der Leitung getroffen werden, sondern die Wissenschaftler selber sollen entscheiden, was sie tun wollen, was sie brauchen, und dann müssen wir ihnen helfen. Letztlich, aber nicht das Unwichtigste: Wir müssen soziologische Untersuchungen über Wissenschaftler machen, um zu wissen, was sie denken. Und über Arbeiter, um herauszufinden, was sie über die Wissenschaftler denken.

– Gorbatschow spricht nicht nur vom »Faktor Wissenschaft«, sondern auch vom »Faktor Mensch«. Was glauben Sie ist die Rolle der Wissenschaft für die Perestroika?

Ich glaube, daß Wissenschaftler eine Verantwortung vor der Gesellschaft tragen. Wenn ein Privatmann lügt, ist das schlecht. Wenn ein Wissenschaftler nicht schreit, wo er muß: Achtung! Katastrophengefahr!, dann kommt es zur Katastrophe. Siehe Tschernobyl. Die größte Schuld liegt bei den Wissenschaftlern. Sie kannten die Gefahren und die Befehle. Sie haben den Sinn für ihre Verantwortung verloren. Nicht alle, natürlich.

– Was sollte Ihrer Meinung nach kritische Wissenschaft in Zeiten der Perestroika sein?

Die Wissenschaftler müssen sehr genau über die Lage im Land nachdenken und Vorschläge machen. Der wichtigste Teil liegt in der Ökonomie, in der Politik, in internationalen Beziehungen. Zur Zeit gibt es in unserer Assoziation leider zu wenig

Humanwissenschaftler. Sie sind größerem Druck von oben ausgesetzt. Wir Physiker haben weniger Druck. Darum können wir uns als erste organisieren. Aber nachdem wir angefangen haben, werden sie zu uns kommen und die neue Situation nutzen, um ihre Möglichkeiten zu realisieren. Wir sind auf folgendes Paradoxon gestoßen: Es gibt viele Wirtschaftswissenschaftler in Leningrad. Aber neue Ideen haben nur die ganz jungen. Deswegen haben wir zu unseren Sitzungen nicht die Professoren, sondern die Aspiranten eingeladen. Wir werden ihnen die Tribüne geben, wir werden ihnen unsere Zeitung einräumen, die wir bald haben werden.

– Was muß die neue Organisation als erstes anpacken?

Zuerst muß die Zeitung her, damit wirklich jeder Wissenschaftler seine Meinung sagen kann. Zweitens brauchen wir Geld. Deswegen müssen wir einige Organisationen schaffen, die profitable Dinge herstellen. Vielleicht bekommen wir auch Geld vom Staat oder aus einigen Expertisen. Drittens werden wir einige Sommerschulen für junge Leute organisieren, um Schüler für die Wissenschaft zu gewinnen. Vielleicht schaffen wir eine unabhängige Universität. Dann wollen wir einen Wettbewerb für junge Wissenschaftler über ökologische Probleme veranstalten. Wir müssen es schaffen, Wissenschaftler verschiedener Spezialgebiete zusammenzuführen.

– Es gab Skeptiker bei der Gründungsversammlung der Assoziation. Sie meinten, diese Art Gründung sei typisch für die Methode der Reform von oben, mit der man einer unkontrollierten Entwicklung von unten entgegenwirken wolle, bevor sie den herrschenden Kräften gefährlich werden könne.

Die Organisation kommt nicht von oben! Sie kommt von unten! Diese Leute haben nicht begriffen, daß es von unten brennt!

– Aber die Partei und die führenden Organisationen, wie die Akademie, versuchen...

Ich verstehe: Warum bin ich nicht früher in die Partei eingetreten? Das wurde mir so oft vorgeschlagen. Man versprach mir Reisen ins Ausland. Aber ich lehnte ab. Warum? Ich wußte, wenn ich in die Partei eintrete, bin ich machtlos, ich selber zu sein. Jetzt, nachdem ich einen großen inneren Schritt gemacht hatte, war ich sicher, daß niemand mich zwingen kann, irgend etwas zu machen, was ich nicht will. Deshalb bin ich sicher, daß ich meinen Weg gehe. Wenn ich merke, daß diese Assoziation nur ein Spielzeug in den Händen der Parteiführer ist, dann gehe ich. Sicher gibt es Leute, die glauben, uns manipulieren zu können. Es kann auch sein, daß ich meine Kräfte überschätze, aber zur Zeit kann ich in dieser Organisation wirken. Ich sehe einige konkrete Gefahren, aber keine prinzipiellen, die nicht überwunden werden könnten. Ich glaube, daß die wissenschaftliche Gemeinde sehr apathisch ist. Aber unsere Assoziation ist ein Magnet. Meine Aufgabe darin ist nicht, dies oder das zu organisieren, sondern eine Atmosphäre zu schaffen, in der man freimütig und sachlich auf kollegialer Basis miteinander arbeiten und diskutieren kann.

Panik

TV, Mittwoch, 25. 10.

Ministerpräsident Ryschkow hält vor der versammelten Mini-
sterialbürokratie einen Bericht zur Lage. Es wird eine öffentliche Bankrotterklärung! Die Regierung sei machtlos gegen die
Schattenökonomie. Die Wirtschaft drohe zu kollabieren, die
Bevölkerung werde angesichts der Situation unruhig. Wenn
jetzt keine Änderung eintrete, sei der totale Zusammenbruch
absehbar. Ryschkow bekennt offen seine Ratlosigkeit. Das einzige, was helfen könne, sei härterer Arbeitseinsatz. Zugleich
macht er bekannt, daß der Rubel gegenüber der Westwährung
abgewertet worden ist: Ab heute wird ein Rubel gegen sechs
Dollar, bzw. drei Deutsche Mark offiziell getauscht. Das entspricht einem Wertverlust von etwa 10 Prozent. Panik bei meinen Gastgebern. Besonders Ryschkows Ratlosigkeit löst tiefe
Depressionen aus. Panik an den Arbeitsplätzen. Panik bei
Marek und seinen Freunden. Das ist das Ende, stöhnt er ein
um das andere Mal. Kurz: Panik ringsum. Man fühlt sich in
der Falle.

Donnerstag, 26.10.

Morgens erwischt es auch mich: Der Tee ist verbraucht. Ich
will ein Päckchen in der *Bulotschniki*, dem Brotladen, kaufen.
Tallone, fordert die Kassiererin grob. *Tallone*? Zu Hause frage
ich Mila. Wir haben keine mehr, sagt sie. Für diesen Monat
sind sie verbraucht.

Zum ersten Mal, seit ich hier bin, gehe ich an diesem Tag in
eine *Berjoska*, einen Devisenladen. Hier gibt es alles! Ich kaufe
Tee, ein bißchen Wein und eine Kleinigkeit für Milas Geburtstag. Was für ein mieses Gefühl! Exterritoriales Gebiet. Es fehlt
nur die Mauer, sage ich später zu Boris und Varja, als ich die

Flasche Wein auspacke, die ich mitgebracht habe. Sie haben vergeblich versucht, etwas Wodka oder Wein zu bekommen. Die Mauer gibt es bereits, sagt Boris. Es ist die Angst, trotz Perestroika.

Boris und Varja sind bedrückt. Das Gespräch geht um Ryschkows Rede. Ja, das ist das Ende, sagt Boris. Ich erzähle von meinen Begegnungen. Für Boris und Varja ist das alles neu. Als ich beim »Perestroika-Klub« und den »Neuen Gewerkschaften« angekommen bin, zeigen beide tiefes Mißtrauen, Unbehagen, Abwehr. Sie essen das Brot der Partei, sagt Boris. Der »Parteiklub« ist Boris nur noch eine abwehrende Handbewegung wert. Die doch sowieso! Boris und Varja fühlen sich verschaukelt, besonders von denen, die als Parteimitglieder von Perestroika sprechen. Die »Vereinigte Arbeiterfront« kennen sie nicht. Die »Pamjat«-Hetze gegen die Juden finden sie abstoßend. Aber was tun? Man habe nicht gelernt, die eigenen Interessen wahrzunehmen. Das alles könne nur mit Panzern enden. Die ganze Nacht träume ich vom Bürgerkrieg.

Freitag, 27. 10.: Tränen zum Geburtstag:

Milas Geburtstag: Tränen beim Frühstück! Erinnerung an die schöne Zeit in den Sechzigern, die Chruschtschow-Zeit. Damals sei alles aufgeblüht. Das Leben sei leichter gewesen. Es habe alles gegeben. Kunst, Kultur, die vielen politischen Gruppen. Natürlich hätten sie auch arbeiten und Aufbauarbeit leisten müssen, aber ihr Vater habe immer irgend etwas mit nach Hause gebracht. Es sei alles schöpferischer, interessanter, ganz natürlich gewesen, ohne diese forcierte Revolution von oben.

Es war wie nach einer Krankheit, erinnert sich Mila. Eine schöne Zeit! Wir wußten natürlich, daß wir nicht ins Ausland konnten. Aber man hat auch nicht so herumgetönt wie heute. Heute kommt alles so bombastisch daher: Glasnost! Perestroika! Damals war das viel leiser. Da kamen Solschenizyns Romane, die kritischen Sänger. Heute ist alles künstlich angeheizt. In Worten erlauben sie alles. In Wirklichkeit dirigieren sie, ersticken sie alles. Das Volk soll danke sagen, daß alles so frei ist. Weiter nichts.

Es geht ja nicht um Reichtum, seufzt Mila. Es geht nur darum, menschlich zu leben, sich frei bewegen zu können, nicht erdrückt zu werden von dieser Desorganisation, von diesem Alltag, von dieser Bürokratie, von dieser Notwendigkeit, sein Leben durch *blat* zu verbessern, den Mangel gemeinsam durch Korruption zu überwinden.

Mila erzählt

Natürlich habe sich einiges verbessert. Man könne jetzt in den Westen reisen. Dreimal sei sie nun schon dort gewesen. Die Öffnung sei zweifellos ein Gewinn: Auch wenn man nicht wirklich fahre – das Wissen, selbst bestimmen zu können, sei der entscheidende Punkt.

Aber am Arbeitsplatz habe sich kaum etwas verändert, fährt Mila fort. Die Leute seien zwar freier, hätten aber trotzdem Angst, in Versammlungen etwas zu sagen. In den Arbeitsmethoden habe sich gar nichts getan. Die Akademie der Künste sei auch ein äußerst konservatives Institut. Dort gebe es keine Gruppe der »Volksfront«, dafür sei aber der Leiter der ideologischen Abteilung, früher Abteilung für Fragen des Kommunismus, heute für Sozialismus, Mitglied der OFT und trete für eine Gruppe »Vaterland« im Fernsehen auf.

Manches habe sich sogar verschlechtert, fährt Mila fort. Bücher, insbesondere interessante Bücher zu bekommen, sei heute schwerer als vor ein paar Jahren. Selbst manche Arbeiten seien schwieriger. Wenn sie zum Beispiel im Archiv oder im Museum fotografieren wolle, müsse sie das inzwischen selber bezahlen. Der Grund: eigene Rechnungsführung auch bei den Museen, Instituten usw. Der Preis werde von jedem Institut nach Gutdünken festgelegt. Das sei unmöglich. So könne man nicht arbeiten. Du mußt bedenken, erklärt Mila, ich verdiene 280 Rubel im Monat!

Ja, das Kulturleben sei natürlich vielfältiger geworden. Jeden

Tag interessante Artikel in der Presse, wichtige Sendungen im Fernsehen, sehenswerte Ausstellungen usw. Es werde jetzt auch viel über Denkmalschutz geschrieben und gesprochen. Es gebe interessante Ausarbeitungen der Geschichte der Erimitage, auch zu anderen Bauten, seit die Archive zugänglich seien. Aber die Praxis! Kein Geld! Vor ein paar Tagen war ich bei einer Sitzung der Kulturverwaltung. Es ging um die Bausubstanz der historischen Bauten Leningrads. Sie verfallen ziemlich schnell. Mehr als 600 Gebäude sind jetzt als renovierungsbedürftig gemeldet. Drei Stunden haben wir über die Notwendigkeit der Arbeiten gesprochen. Dann eröffnete uns der Vorsitzende, daß die Kasse leer sei. Die Stadt verfällt vor unseren Augen. Es ist eine Schande.

Aber schlimmer als das: Den Menschen geht es schlechter, auch im kulturellen Bereich, den Malern, den Schriftstellern, anderen Künstlern. Ursache ist die eigene Rechnungsführung. Früher hatte das Kunsthaus Leningrads mit den Malern einen Beschäftigungsvertrag abgeschlossen, der sie verpflichtet hatte, bei einem garantierten Monatsgehalt von 250 Rubel im Monat mindestens vier Bilder abzuliefern. Seitdem das Kunsthaus auf eigene Rechnungsführung umgestellt ist, sind viele dieser Verträge bereits gekündigt worden. Weitere Kündigungen sind zu erwarten. Die Künstler müssen sich jetzt nach eigenen Aufträgen und eigenen Geldquellen umsehen. Sie müssen den Verkauf ihrer Sachen selbst organisieren. Für die meisten ist das sehr schwierig und eine soziale Absicherung gibt es nicht. Es heißt einfach: Kein Geld und fertig!

— Ja, aber gibt es nicht auch Leute, die durch die neuen Verhältnisse etwas gewinnen? Außenseiter? Neue, junge Kräfte?

Ja, am härtesten treffe es natürlich die etablierten Künstler, bestätigt Mila, die jahrelang ihr Auskommen im Rahmen der bisherigen Kulturorganisation gehabt hätten. Es stimme auch, daß die vier Vertragsbilder pro Jahr nicht immer die besten, sondern häufig Repräsentationsschinken gewesen seien. Aber, wenn die etablierten Künstler verlieren, wer gewinnt? Die Qualität werde nicht besser. Im Gegenteil, das allgemeine

Niveau sinke. Vorteile von der neuen Entwicklung, da hätte Stroganow recht, auch wenn er natürlich als Kulturfunktionär spreche, hätten die Dilettanten und Geschäftemacher am Nevski, sicher auch die jungen Talente, die ins Ausland wollten. Aber letztlich sei das auch nur wieder eine neue Elite. Es komme auch dort alles auf Beziehungen an. Ohne Einladung vom Westen bist du nichts!

Das schlimmste aber ist: Der Alltag behindert meine Arbeit! Drei-, viermal am Tag muß jemand von uns in die Geschäfte, um überhaupt etwas zu bekommen. Jedesmal die Schlangen! Du weißt ja! Wie soll man da arbeiten!? Wie soll man da auch noch gut arbeiten?! Früher, sagen sie uns, soll es noch schlechtere Zeiten gegeben haben. Ich kann mich nicht daran erinnern! Ja, meine Mutter hat schlechtere Zeiten erlebt: der erste Krieg, der zweite Krieg, aber für meine Generation war es besser. Vielleicht ist es die Jugend, die mich das alles schöner sehen läßt? Wir fuhren damals für zehn Kopeken am Tag und Selbstverpflegung immer auf eine Datscha auf der Krim. Tomaten kosteten acht Kopeken das Kilo. Das war 1962, 1963 und 1964. Danach wurde es immer schlechter. Die Datscha wurde zum Betriebserholungsgelände mit Tagesordnung, mit Übungen nach Dienstplan usw. Das ist dort auch heute noch so. So schnell wird sich da nichts verändern. Das schlimmste in unserem Land ist die Dummheit. Es fehlt die Kultur. In Leningrad gibt es heute Gesichter, die ich einfach nicht mehr verstehe.

Die Künstlichkeit der heutigen Perestroika, faßt sie zusammen, erklärt sich aus der ökonomischen Entwicklung. Von der Krise hat nur die Partei gewußt. Und das schon vor Gorbatschow. Die Bevölkerung hat man dumm gehalten. Wir waren wie Kinder. Wenn ich ins Geschäft gehe, ist das für mich immer noch jedesmal wie ein Schock.

Jetzt müssen sie das Ausland um Hilfe bitten. Aber das wird ihnen nur helfen, wenn sie die Menschenrechte verwirklichen. Die Öffnung nach Europa machen sie nur gezwungenermaßen. Gorbatschow selbst hat zwar den Wunsch nach Demokratie. Unter diesen Umständen konnte er sich durchsetzen, er wurde automatisch zum Helden. Jetzt ist er aber wie eine ausgequetschte Zitrone. Er muß jetzt wählen: abgehen oder mit den Konservativen kungeln.

Die ersten Jahre der Perestroika schienen eine große Zeit zu sein. Aber jetzt ist die Ratlosigkeit schrecklich. Man kann nicht »Neues Denken« propagieren und zugleich so konservativ sein, zu glauben, daß nur eine einzige Partei das könne.

Im Anschluß an dieses Gespräch bittet sie mich um die Adresse von Elena Michailowna, weil sie mit ihrer Hilfe Nachforschungen über ihren während der Stalinzeit verschollenen Großvater einleiten möchte. So unbewältigt ist die Vergangenheit, und so neu sind all diese Möglichkeiten.

Der Nachmittag bringt die Vollendung: Mila wünscht sich ein Geburtstagsessen im Restaurant! Ohne Voranmeldung, auf gut Glück. Es muß einfach klappen, sagt sie. Irgendwie ging es immer bisher. Schließlich habe sie heute Geburtstag!

Es klappt natürlich nicht. Erstes Restaurant: geschlossen. Zweites: nur für Touristen mit speziellem Gruppenkupon. Ebenso das dritte. Beim vierten fragt uns ein bulliger Portier, nachdem ihm deutlich wurde, daß ich Deutscher bin: DDR oder BRD? Ach BRD? Ja, das ginge − und verlangt 25 Rubel pro Person als Handgeld für den bloßen Eintritt. Im fünften soll es wieder nur für Touristenkupons gehen. Im nächsten werden wir abgewiesen, weil die Diensthabende keine Lust hat, uns einzulassen, obwohl Platz genug ist und eigentlich das Lokal für alle öffentlich zugänglich sein soll. Sie sagt einfach *njet*.

Wir sind reichlich genervt, reduzieren unsere Ansprüche von Restaurant auf Kofje: Das erste befindet sich im Umbau. Das zweite ist voll. Für Schlangestehen haben wir keinen Nerv mehr. Das dritte ist geschlossen − aber, o Wunder, für fünf Rubel, die Georgi gezückt hat, tut sich die Tür plötzlich auf: Reichlich Tische sind frei, wie man sieht. Aber erst nach Protest dürfen wir uns an einen Platz unserer Wahl setzen.

Das bescheidene Essen, im Hauptgang ein Häppchen Sauer-
fleisch, Pilze, Kartoffeln, das wir dann unter den Augen einer
übellaunigen Bedienung mit einem viertel Liter Kognak, statt
des nicht erhältlichen Wodka zu uns nehmen, kostet später 48
Rubel für alles zusammen! Vor einem Jahr kostete das die
Hälfte, sagt Mila! Es drängt uns nach Haus. Selbst die kleinste
Wohnung ist noch gastlicher als diese Stadt. Zu Hause hat
Nastia Blumen und Törtchen auf den Tisch gestellt. Dafür war
sie den halben Tag unterwegs. Nachts wälzen sich Georgi, Mila
und ich mit Magenkrämpfen und anschließendem Durchfall
im Bett. Morgens schauen wir uns an. Das Restaurant, sagt
Mila. Die Pilze, flucht Georgi.

Was für ein Leben! Gorbatschow versprach den Ausbau der
Dienstleistungen. Das Gegenteil findet statt. Der Alltag frißt
die Menschen auf!

Bela erzählt

Auch Bela habe ich in dieser Woche wieder besucht. Zwei
Stunden boxte sie sich frei, um mir die Angst, von der sie bei
unserer ersten Begegnung sprach, genauer zu erläutern, selbstverständlich nicht, ohne mich, keinen Widerspruch duldend,
nebenbei zum Essen zu nötigen. Ich stelle den Recorder auf,
und los geht es.

Menschen meiner Generation, sprudelt sie los, haben unter
äußerst harten Bedingungen gelebt. Als ich Kind war, war
Krieg. Nach dem Krieg: Aufbau, Wiederaufbau, Fünfjahres-
pläne und was nicht alles. Aber obwohl die Zeit so sehr, sehr
schwer war, war sie doch leichter als heute. Wir hatten Vorstellungen, wir hatten Ideale, und es lebte sich leicht. Damals
waren wir optimistisch. Heute dagegen gibt es absolut keine
Ideale. Mir tun die Alten so leid, deren Ideale zu Bruch gehen.

Ein Freund von mir ist Soldat. Er war ein glühender Kommunist, sehr begeistert. Sein Vater war Kommunist. Er ist
Kommunist. Du mußt wissen, es gibt einen Unterschied zwischen Armeekommunisten und zivilen Kommunisten. Armee-

kommunisten sind sehr, sehr streng. Jetzt kam er also. Ein bedauernswerter Mann. Er saß hier in meinem Lehnstuhl und sagte: Ich weiß nicht, was ich tun soll. Vielleicht trete ich aus der Partei aus. Als ich das von ihm hörte, wußte ich, es ist vorbei, vorbei für immer.

Viele Leute verlassen jetzt die Partei, nur einige junge Leute treten ein. Ich respektiere sie sehr. Wenn sie jetzt in einer Zeit der absoluten Ungewißheit in die Partei eintreten, denke ich, daß sie vielleicht Substanz haben. Vorher traten die Leute wegen ihrer Karriere ein.

Was mich betrifft, kann ich nicht behaupten, daß mein Leben durch Perestroika schlechter geworden wäre. Es wurde sogar sehr viel besser. Ohne Perestroika würde ich nicht in die USA gehen können, um meinen Sohn Micha zu sehen. Außerdem würde ich nicht hier mit dir sitzen und so frei sprechen. Ich habe mich entschieden, zu emigrieren. Das macht mich freier. Was können sie mir tun? Aber die Menschen, die hierbleiben, Bela senkt die Stimme, die haben Angst, daß der Terror der Stalinzeit zurückkommt, wenn die Sowjetunion zerfällt, wenn die baltischen Republiken, wenn die kaukasischen Republiken sich von der Union trennen wollen. Worauf kann man sich dann verlassen? Auf nichts! Ich glaube, daß der Staat Gewalt einsetzen wird, um alles zusammenzuhalten.

Im Kaukasus herrscht jetzt ein richtiger Krieg. Was daraus wird, weiß keiner. Aber daß er nicht gleich zu Anfang gestoppt wurde, als das möglich war, ist ein Verbrechen. Und das ist nur ein Fall. Moldawien ist der zweite. In den baltischen Regionen hat es auch schon begonnen. Alle sind sie unzufrieden mit der Union der sowjetischen Republiken. Wenn man sie ließe, würden sie sie verlassen. Die Juden haben ebenfalls Angst. Nun, wenn überall Mangel an allem herrscht, wer ist anzuklagen? Es war, es ist, es wird so sein: Die Juden sind natürlich schuld! Russische Leute denken so. Wenn hier irgend etwas Schlechtes geschieht, wer wird gestraft? Wer wird mit Pogromen verfolgt? Die Juden!

Du glaubst vielleicht, die Angst sei nur Panik? Nein, es

besteht eine reale Gefahr. Ich erwähnte »Pamjat«, als du das erste Mal hier warst: Ich war bei einem Treffen von »Pamjat«, verstehst du? Das ist eine nationalistische russische Gesellschaft. Sie sind keine Schläger und Rowdies, wie man sich das vielleicht vorstellt. Sie sind sehr gebildete Leute, die sehr überzeugend reden können. Sie kennen die Geschichte. Sie kennen die Traditionen. Sie sprechen mit verhaltener Stimme. Das ist der Grund, warum sie sehr achtbar erscheinen. Sie schreien nicht wie die Hooligans: Los, laßt uns die Judenschweine töten! Sie sagen: Hört, die Juden sind schreckliche Leute. Sie wollen nicht arbeiten. Sie wollen uns nur regieren. Wir arbeiten und sie nutzen unsere Arbeit aus. Was glaubt ihr, warum die jüdischen Eltern ihre Kinder auf die Universitäten schikken? Nicht zum arbeiten, sondern weil sie nicht arbeiten wollen.

Dies alles zu hören ist für mich grauenhaft. Ich habe mein ganzes Leben gearbeitet und hart gearbeitet, mein Mann arbeitete hart, mein Sohn arbeitet und arbeitete hart, obwohl wir Juden sind. Warum separieren sie uns von Russen? Wir leben in demselben Land. Wir haben dieselbe Tradition, dieselbe Geschichte, denn schon unsere Großeltern und Urgroßeltern lebten hier. Aber sie wollen separieren und verfolgen. Und vor allem: Die Leute hören auf sie. Junge Burschen, die so viel Kraft haben, daß sie nicht wissen, wohin damit, werden Juden töten, wenn es ihnen von den gebildeten Leuten befohlen wird. Die verlassen sich auf deren niedrigste Instinkte.

Offiziell sieht das alles ganz anders aus. Offiziell gibt es jetzt keinen Rassismus. Es gibt Leute, die meinen, der Rassismus werde von offizieller Seite unterstützt. Du hast mich das ja auch gefragt. Nein, das glaube ich nicht. Unsere Zeitungen kritisieren sie. Man verfolgt sie nicht, das ist wahr! Aber noch erlauben sie ihnen nicht, brutal zu sein. Die Juden haben jetzt auch Zugang zu jeder Arbeit, früher war es für Juden äußerst schwierig, wie du weißt, Arbeit zu bekommen, die Arbeit zu wechseln, eine höhere Ausbildung zu bekommen. Juden dürfen jetzt auch wieder ihre besonderen Zirkel bilden, hebräische

Sprachschulen, es gibt ein neues Auswanderungsgesetz speziell für Juden. Das ist alles neu. Das ist jetzt staatliche Politik. Mag sein, daß das alles so ist, weil nur noch sehr wenige Juden hier geblieben sind. Die Mehrheit ist schon gegangen. Vielleicht sind es noch 3000 aktive Juden mit 150 000 passiven rundherum, Verwandten und Freunden, die aber eher russisch als jüdisch empfinden, so wie ich.

Wenn ich gehe, dann aus drei Gründen: erstens aus Angst vor Pogromen, zweitens wegen der elenden ökonomischen Lage. Ich habe schreckliche Angst, krank zu werden. Ich glaube, wenn ich krank werde, sterbe ich am nächsten Tag. Es gibt keine Arzneien, keine guten Ärzte, absolut keine Ausrüstung. Wenn ich zum Zahnarzt gehe, habe ich Angst, daß ich AIDS oder so was bekomme, wenn er mir eine Spritze gibt. Einwegspritzen gibt es hier nicht! Sie benutzen sie für alle. Sie infizieren die Leute. Der dritte Grund, du wirst lachen, sagt sie und lacht selbst wie ein kleines Mädchen: Ich bin ein bißchen abenteuerlustig. Ich möchte etwas verändern. Neue Eindrücke sammeln. Neue Leute sehen.

Auf der einen Seite ist alles sehr vertraut hier. Es ist mein Land. Hier wurde ich geboren. Mein ganzes Leben habe ich hier verbracht. Ich habe sehr viel für dieses Land gearbeitet. Ernsthaft, ich liebe dieses Land. Um die Wahrheit zu sagen, ich möchte es eigentlich nicht verlassen. Auf der anderen Seite gehen mehr und mehr Freunde. Wenn ich diese Flucht, diesen totalen Exodus sehe, dann möchte ich nicht die letzte sein.

Es sind übrigens nicht nur jüdische, sondern auch viele russische Freunde, die gehen wollen. Die Gründe sind dieselben. Die Menschen sind satt und müde von der Knappheit, von den Mißverständnissen und der Unsicherheit hier. Es gibt keine Hoffnung zum Besseren!

Ira, Wladimir

Wenig später treffe ich Ira und Wladimir, beide um 25. Wladimir ist Computerspezialist. Er sei zwar dem Paß nach jüdisch, erklärt er, aber eigentlich sei er Kosmopolit. Ira ist professionelle Musikerin, Barock. Was ihre Nation betreffe, wie sie sich ausdrückt, so sei sie ebenfalls nicht typisch jüdisch, wahrscheinlich schon, weil sie eine außerordentlich günstige Karriere gemacht habe. Sie sei im Gegensatz zu Wladimir nach dem Paß nicht jüdisch, sondern russisch. Eigentlich spiele das aber auch keine Rolle. Es gebe ein Dossier. Wenn sie eine Arbeit haben wolle, dann wüßten alle Bescheid.

Der Nationalismus in der UdSSR, erklärt Ira, nicht nur der russische, nicht nur der jüdische, sei heute tatsächlich sehr stark. Das komme von der sehr schlechten ökonomischen Lage.

Wladimir erklärt, er habe mit »Pamjat«-Angehörigen gesprochen. Er könne über sie sagen, sie seien unkultivierte, ungebildete Leute. Sie seien keineswegs verrückt, sie glaubten nur einfach alles, was man ihnen erzähle. Sie sind *seri ludi*, schließt er, graue Leute, ohne Bildung, mit wenig Wissen.

Auf meine Frage, ob die Bewegung ihrem Eindruck nach wachse, bestätigt Wladimir: O ja, unbedingt! Aber die Wurzeln lägen nicht nur in der Gegenwart. Vor der Revolution habe es die sogenannten schwarzen Hundertschaften gegeben. Auch die deutsche Propaganda in den besetzten Gebieten habe ihre Saat zurückgelassen. Viele Leute seien nach dem Rückzug der deutschen Truppen im Land geblieben. Es gab breite antisemitische Strömungen, versichert er. Zweifellos, ergänzt er nach kurzem Nachdenken, gebe es wachsende nationalistische Stimmungen, auch in der jüdischen Bevölkerung. 1989 sei auch eine Gesellschaft für jüdische Kultur in Leningrad gegründet worden. Daneben gebe es, wie mir ja Bela sicher schon erzählt habe, neuerdings jüdische Zirkel für das Studium der hebräischen Sprache, der jüdischen Geschichte, für jüdische Musik, Folklore, alles mögliche. Früher seien jüdische Zirkel verboten gewesen. Jetzt entwickelten sie sich überall.

Nachdem früher alles verboten gewesen sei, sei jetzt, besonders auf kulturellem Gebiet, alles erlaubt.

In Riga hätten sie sogar einen jüdischen Sportklub gegründet, lacht Wladimir. Nachdem jüdisches Leben, jüdische Kultur jetzt offiziell nicht mehr unterdrückt werde, sähen die Menschen eine Möglichkeit, ihr Leben zu verbessern. Einige im Land, andere wollten auswandern, denn niemand könne sicher sein, daß es sich um eine wirkliche Verbesserung handelt.

Das sei alles natürlich eine gute Entwicklung, meint Ira, besonders, daß die Juden jetzt die Möglichkeit hätten, das Land zu verlassen. Und sie tun es, setzt sie hinzu. Die Russen können das nicht.

— Könnte es sein, frage ich, daß die neuen offiziellen Möglichkeiten der Juden, insbesondere die der Auswanderung, einer der Gründe für die aktuellen Gefühle gegen sie sind?

Ira und Wladimir kommen in eine erregte Debatte miteinander. Wenn ich vor ein paar Jahren sagte, daß ich auswandern will, erklärt Wladimir schließlich an mich gewendet, dann hieß es: Er ist ein Feind. Wenn es jetzt jemand sagt, heißt es: Oh, du hast es gut!

Er spricht von seinem Bekanntenkreis, widerspricht Ira heftig. Bedaure, nein, insistiert Wladimir bestimmt. Ich habe nicht nur über, ich habe mit »Pamjat«-Anhängern gesprochen. Ich kenne deren Ansichten. Die Auswanderung ist nur ein Grund unter vielen. Sie sagen, daß sie die Juden hassen, weil sie die Feinde der traditionellen russischen Kultur seien, weil sie das Land ruinierten. Juden werden einfach für alles verantwortlich gemacht.

Ich glaube, daß sie darüber nicht sprechen, aber sie fühlen es, sagt Ira. Ich kenne doch ihre Art. Schließlich haben wir alle die gleiche Vergangenheit. Wir waren Pioniere. Wir waren Komsomolzen. Wir haben die gleiche Geschichte. Woher nehmen die Juden sich jetzt das Recht, anders zu sein? Das fragen sie sich. Sie sagen es nicht, aber sie fühlen es.

— Wie kommen sie dahin, wenn doch alle den gleichen Weg

hatten, frage ich. Was sind die »Pamjat«-Anhänger für Menschen?

Die Mehrheit von ihnen sind junge Leute, nicht von Instituten, nicht von Schulen, sondern von den technischen Sonderschulen für zukünftige Arbeiter, erläutert Wladimir. Die Mehrheit hat keine Hochschulbildung. Aber die Führer sind Idealisten, Humanisten. Ich kenne einige Kritiker, Schriftsteller, talentierte sogar. Interessant ist: Auch sie sind ohne Bildung, eher gläubig in ihrem Antisemitismus. Sie sind Regisseure, Moderatoren, Intellektuelle, Leute, die Juden bei ihrer Arbeit getroffen haben. Das Gespräch ging vielleicht über zerstörte Kirchen oder ähnliches. Man muß sich erinnern, daß der Ursprung von »Pamjat« ja im Protest gegen den Abriß und für die Erhaltung von historischen Gebäuden im alten russischen Stil entstand. Die meisten »Pamjat«-Führer sind sehr religiöse Menschen. Die Erziehung ist vielleicht auch nicht der entscheidende Punkt, wirft Ira ein.

– Welchen Einfluß haben die »Pamjat«-Gruppen? Ich war auf einer OFT-Veranstaltung. Da sprach ein »Pamjat«-Vertreter.

Es gibt viele Strömungen im »Pamjat«. Das reicht von Verfechtern einer Erneuerung der russischen Kultur bis zu denen, die lieber die Juden verprügeln möchten. Es gibt nur wenige Mitglieder, aber viele, die die Bewegung unterstützen. Es ist leicht, Angst zu haben. Diese Angst kann nach einem Besuch eines »Pamjat«-Treffens auftreten. Tausend oder zweitausend solcher Leute – das ist genug! Die Voraussetzungen zu Pogromen, zu Mißhandlungen usw. bestehen. Zweifellos! Das kann den Juden als sehr gefährlich erscheinen. In Wirklichkeit ist es nicht gefährlich...

...und vielleicht auch nicht nur für Juden, unterbricht Ira ihn. Ich glaube, es ist nicht so ernst. Natürlich gibt es den Nationalismus. Aber das ist normal. Das ist überall so.

Unruhe gibt es nicht nur in bezug auf die Juden, bekräftigt Wladimir. Das hat mit den Wandlungen unserer Gesellschaft im Zuge der Perestroika zu tun, und nicht nur in unserer

Gesellschaft, sondern in der ganzen Welt. Die Mehrheit der »Pamjats« sind Stalinisten. Sie mögen diese Situation nicht, und sie machen Gorbatschow, Chruschtschow auch und einige Journalisten, Schriftsteller und andere Intellektuelle verantwortlich für diese Situation.

Bevor ich noch nachfragen kann, wie sie einerseits einen wachsenden Nationalismus in der sowjetischen Gesellschaft, einschließlich der jüdischen Bevölkerungskreise, als Krisenerscheinung konstatieren, dies andererseits aber als normal erklären können, wird das Gespräch unterbrochen. Ira muß zur Aufführung. Wladimir und Naoum haben eine Verabredung mit Freunden für das an diesem Abend stattfindende Tora-Fest bei der jüdischen Synagoge getroffen. Ob ich mitkommen wolle, fragen sie mich. Natürlich will ich.

Unterwegs kommen Wladimir und ich auf die Rolle der Armee zu sprechen. Die Armee sei zu allem bereit, prophezeit er finster. Er habe selbst dienen müssen und wisse Bescheid. Ein schweres Problem sei das System der »Sklaven« und »Onkel«, das bedeute, der Ein- und Zweijährigen, in der sowjetischen Armee. Die »Zweijährigen« könnten »Sklaven« praktisch zu allem zwingen. Die »Sklaven« hielten sich dafür im nächsten Jahr schadlos, wenn sie selber die Zweijährigen seien. Du hast doch bestimmt schon diese Szenen auf der Straße gesehen, wo ein Trupp junger Soldaten irgendwas schuftet und daneben lungern sie mit ihren Zigaretten und quatschen, erläutert er mir. Wenn du etwas über die Armee wissen willst, dann frag nach den »Onkeln«. Sie sind die eigentliche Gefahr. Tiflis war keine Ausnahme. Tiflis ist jederzeit und überall möglich. Die »Sklaven« machen alles.

Im Bereich der Synagoge haben sich Zigtausende von Menschen in festlicher Stimmung und Kleidung versammelt. Rund um die Synagoge herrscht atemberaubendes Gedränge, das sich am Eingang zu einem gefährlichen Geschiebe verdichtet. Auch die Synagoge ist brechend voll. Es wird Wein gereicht. Eine Köstlichkeit, die alle anzieht, nicht nur wegen des Tora-Rituals. Endlich mal guter, roter Wein! Wladimir macht mich auf ein paar Schrifttafeln aufmerksam, die für die Judenschule, für diverse kulturelle Veranstaltungen werben. Früher war das verboten, sagt er. Die neue Freiheit ist spürbar, die neuen Ängste nicht. Man feiert. Auf der Straße, selbst im engsten Gedränge wird getanzt. *Hawaná gila, hawaná gila.* Die Gesichter sind erhitzt trotz der Kälte. Man ist unter sich.

TV

Im Abendprogramm läuft eine ausführliche sachliche Sendung über unterschiedliche konservative Organisationen, von OFT über »Pamjat«-Gruppierungen, bis hin zur »Christlichen Demokratischen Partei«. Man singt arbeitertümelnde und nationalistische Lieder. Grauslige Unkultur kommt da im Namen einer russischen Kulturrevolution daher.

Es folgt eine Sendung über Jugend und Komsomol: Die Komsomolbürokraten bemühen sich zu zeigen, daß der Komsomol noch nicht tot ist. Aber die Aufmachung der Sendung, vor allem die Spots zwischen den einzelnen Interviews, Filmen usw., spiegeln ein gebrochenes Bewußtsein: Maschinenmenschen, die in abgehacktem Gleichschritt vom Ende eines Förderbandes in einen Riesenfleischwolf fallen, aus dem sie als Mus wieder hervorquellen. Menschenähnliche Gestalten, die — sich windend wie ausgesetzte Embryos — im Weltraum verschwinden. Explosionsfelder. Das große zynische Grauen. Jugendkultur!

Sonntag, 29. 10. »FGA« — Stalins Schatten

Georgi bot mir heute an, mir *Prigorodi*, Vororte, zu zeigen, Provinz. FGA heißt der Ort 50 Kilometer nordöstlich von Leningrad wohin wir dann per Vorortbahn fuhren: Was für eine Tristesse! Eine Ansammlung verrottender Neubauten, roh, ohne Zentrum, achtlos hingesetzt, wie verstreute Bohrspäne am Boden vor einer Fräsmaschine. Ein schmuddeliges Kofje. Eine Sorte Brot beim Zentralbäcker. Wenige Auslagen im Zentralladen. Kein Fleisch. Eine Sorte Fischkonserven. Kein Obst. Unansehnliches, angefaultes Gemüse. Massenweise kleine, weiße Legebatterie-Eier. Andere Läden sind nahezu leer oder wie die »Konfetterie« vernagelt. Aber selbst hier draußen *Otscheritzi*, Schlangen. Heute gibt's Milch, raunt uns eine alte Frau aus der Schlange zu.

Hier wird aus der ganzen Umgebung eingekauft, erklärt mir Georgi. FGA ist immerhin noch Distriktknotenpunkt. Auf den Dörfern gibt es fast überhaupt nichts. In der Bahn sprechen wir über die Zeitung »Rabotschi« und über die Notwendigkeit, den eigenen Forderungen eventuell durch Streik Nachdruck zu verleihen. Eine ältere Frau, die auf der Bank gegenüber sitzt und schon von Anfang an zuhört, mischt sich ein: Streik bringe nichts. Notwendig sei, daß die Menschen ihre Arbeit mehr liebten, daß sie bessere Arbeit machten. Im Nu beteiligen sich alle Umsitzenden an dem Gespräch, das vom Warenmangel zur Krise, vom unerträglichen Alltag zu den am Fenster vorbeiziehenden Bauruinen und Schrottplätzen springt. Da unser Leben! Da unsere schönen Datschas! Da unsere neuen Fabriken! Das da steht seit drei Jahren so, das hier seit fünf, das dort seit zehn. Es endet schließlich bei der kategorischen Feststellung der älteren Frau, bei Stalin sei alles besser gewesen.

Von einem Pädagogikstudenten erfahren wir, daß inzwischen eine neue Geschichte der KPSSR erschienen sei, aber in den Instituten sei sie nicht zu finden, in den Schulen erst recht nicht. Ja, die Geschichtsbücher seien eingezogen worden. Geschichtsunterricht finde, außer in Presse und Fernsehen, nicht statt. Zwar gäbe es mehr Freiheit an den Schulen, keinen Uniformzwang mehr, aber von einer Reform des Erziehungs- und Ausbildungswesens könne nicht die Rede sein. Alles Worte! Die Wirklichkeit des Schulunterrichts sei dieselbe wie eh und je, Grund: Die Lehrer hätten wegen der schlechten Bezahlung kein Interesse. Die wenigen, die sich verändern wollten, gingen zu den neugegründeten Lernkooperativen.

Stroika statt Perestroika

Montag, 30. 10. – Meeting

6.00 Uhr abends, Dunkelheit, Eiseskälte. Auf dem weiten Platz vor dem »Sport- und Konzert-Komplex zum Gedenken Lenins« weit im Süden der Stadt am »Park Pobedi« versammeln sich nach und nach an die tausend Menschen unter Parolen wie »Freiheit heißt Parteienvielzahl«, »Freiheit für die Gefangenen«, »Demokratie ist Pressefreiheit«. Das Meeting wurde zuvor durch Mund-zu-Mund-Propaganda, bei Veranstaltungen, an der Uni, durch Stellwände, Klebezettel angekündigt. Es ist das typische sowjetische Publikum wie überall, eine Mischung durch alle sozialen Schichten und Altersstufen, Männer und Frauen in etwa gleichem Verhältnis. Einem der im engeren Kreis der diversen Megaphonträger Herumstehenden entlocke ich halb auf englisch, halb auf russisch, worum es auf dem Meeting geht. Es handelt sich hier, erklärt er mir, in mein Mikrofon, das ich vor Kälte kaum halten kann, um ein Meeting für die politischen Gefangenen in der UdSSR. Seit unserer Oktoberrevolution sind viele Menschen in den Gefängnissen umgekommen, viele starben durch den Terrorismus unserer Regierung. Jetzt müssen wir einen Rechtsstaat schaffen, der auf Gesetze, nicht auf Terror aufgebaut ist.

Mehr mag er mir nicht erzählen. Der Recorder ist ihm offenbar nicht geheuer. Ich schaue mich um. Wen kann ich befragen? Eine energische, aktive Frau in meinem Alter fällt mir auf. Wie sich herausstellt, Ekaterina Podoltsewa, führendes Mitglied der »Demokratischen Union« in Leningrad.

Heute ist der 30. Oktober, antwortet sie, sich die Hände warm schlagend, auf meine Frage, was denn hier los sei. Das ist der Tag der politischen Gefangenen in der UdSSR. Seit dem 30. Oktober 1972, an dem Juri Galanskow im Gefängnis starb, ist dies ein traditioneller Tag der demokratischen Bewegung bei uns. Seit 1974, als es im Frauengefängnis von Moldawien eine Demonstration gegen das System der politischen Gefangenen gab, findet an diesem Tag auch diese Demonstration statt, allerdings nicht regelmäßig. Manchmal war das nicht möglich.

Heute sprechen wir über politische Gefangene in unserem Land und darüber, was nötig ist, damit sich die schon seit zweiundsiebzig Jahren in unserem Land andauernde Tragödie nicht wiederholen kann.

In Leningrad sei im Sommer '89, nach einer vorangegangenen allsowjetischen Konferenz der oppositionellen Gruppen, ein Rat von demokratischen Organisationen gegründet worden. Fast alle darin zusammengeschlossenen Organisationen seien die Initiatoren dieses Treffens. Sie zählt sie mir auf: »Friedenswacht«, »Demokratische Union«, »christlich-demokratisches Corps«, »unabhängige Gewerkschaft Gerechtigkeit«, »Volksfront der Petersburger Bezirke«, »Memorial« und »Volksfront« Leningrads. Das seien fast alle demokratischen Organisationen der Stadt.

Wir sprechen heute über die Menschen, erklärt sie weiter, die noch in Lagern, die noch in psychiatrischen Kliniken sind, über die, die zwar nicht verhaftet, aber zu Hause festgesetzt sind und über die es schwarze Listen gibt. Es wird auch über die Unterdrückung gesprochen, die es gegen die demokratische Bewegung in unserer Stadt und in anderen Städten der Republik gibt, wie man dagegen angehen und die demokratische Bewegung gegen die Gefahr der Restauration stärken kann.

In der Eiseskälte mühsam mit den Megaphonen kämpfend – während sich die OFT in gut geheizten Sälen versammelt –, sprechen Redner und Rednerinnen der verschiedenen Gruppen, u. a. auch der Deputierte des Allunionskongresses, Iwanow, aus Moskau. Er wird mit großem Beifall empfangen. Während seiner Rede herrscht größte Konzentration bei den Versammelten, so daß er sich sogar mit dem schwachen Megaphon verständlich machen kann. Gleichzeitig entsteht im Kreis der Veranstalter hektische Unruhe. Erst später erfahre ich von Sergei Wolotschajew, einem Mitglied der »Demokrati-

schen Union«, den Grund der Unruhe: Iwanow habe nichts
zum Thema gesagt, sondern die Veranstaltung zur Selbstdar-
stellung benutzt, habe nicht einmal konkret über die Ergebnisse der Korruptionskommission, sondern allgemein zur ökonomischen und ökologischen Entwicklung gesprochen. Als er,
Sergei, versucht habe, Iwanow den Appell der Mutter eines
politischen Gefangenen von heute, Michail Kasatschkows, zu
überreichen, damit der ihn den Versammelten vortrage, habe
Iwanow sogar erklärt, daß er mit dem Thema der politischen
Gefangenen nichts zu tun haben wolle.

Die Veranstaltung dauert bis 21.30 Uhr. Auf dem Rückweg
ist man versorgt mit diversen Kleinzeitungen, die hier zur Zeit
am Markt sind. Ich habe mich mit der energischen Ekaterina
Podoltseva für ein Gespräch verabredet. Vielleicht erfahre ich
jetzt mehr. Schließlich gilt die »Demokratische Union« selbst
in der Opposition als extremistisch.

Marek

Wir sprechen über seine Arbeit, seinen neuen Auftrag. Er soll
wieder einmal einen der großen Baukomplexe mit den bekannten Reliefs und Statuen des sozialistischen Realismus versehen.
Wir sprechen über die unterschiedlichen Auffassungen von
Bildhauer-, Maler-, Künstlerarbeit bei uns und in der Sowjetunion: In der UdSSR der quasi verbeamtete, bzw. verrentete
Angestellte im Kunstbetrieb des sozialistischen Realismus, im
Westen die den Marktgesetzen und der Konkurrenz unterwor-
fenen freien Künstler. Marek zeigt mir seine aktuellen Ent-
deckungen aus der BRD: Jörg Plicka (Steinfurth), Ben Sieben-
rock (Kiel), Gerda Stelzer (Oldenburg), Walter Arno (Langen-
hagen) und Francisco Bacon (Spanien), Bildhauer und
Hersteller angewandter Kunst. Ich finde sie nicht sehr aufre-
gend. Für Marek sind sie eine Entdeckung.

Unvermeidlich landen wir beim Thema Perestroika. Ja, die
Bedingungen für die Arbeit der Künstler hätten sich verschlechtert und verschlechterten sich rapide weiter durch

Perestroika. Durch die Einführung des Prinzips der »eigenen Rechnungsführung« schmölzen die Fonds. Sei früher gesagt worden: Was glauben Sie, wieviel Rubel Sie für den oder den Auftrag brauchen? Zweitausend? Das reicht nicht? Sechstausend? Dann habe man eben sechstausend bekommen. Jetzt werde gerechnet. Schlechte Zeiten für Kunst!

Bei euch gibt es Sponsoren, bei uns nicht. Das gelte natürlich vor allem für angewandte Kunst wie Architektur oder Bildhauerei oder an die Sprache gebundene wie Theater- oder Liedkunst, nur zum Teil für Malerei und Musik, die auch außer Landes Käufer finden könnten.

Überhaupt: Schlechte Zeiten! Immer schlechter! Mit der Abwertung des Rubels sei für ihn der Traum vom Aufenthalt im Westen ausgeträumt. Was solle er mit zweihundert Rubel anfangen, dem Betrag, den man bisher habe mitnehmen dürfen? Das seien ja mal eben sechzig Mark. Und selbst wenn der Betrag auf zweitausend erhöht würde: wer könne denn zweitausend Rubel mal eben für eine Westreise von ein paar Wochen aufbringen? Nein, das sei das Ende. Marek bringt mich nach Haus. Bei der Gelegenheit erzählte ich von dem Meeting, insbesondere dem Auftritt Iwanows.

Ja, das sei doch der Vorsitzende der Untersuchungskommission der Allunionskonferenz gegen Korruption, die auch gegen Ligatschow ermittele. Ein ganz guter Mann. Aber irgendwie spiele er auf den Gefühlen der demokratischen Bewegung. Schließlich sei er nach wie vor Mitglied in der KPSSR. Wer in der Partei ist, so Marek, ist ein Scheißbürokrat, entweder ein Karrierist oder ein idealistischer Dummkopf. Wer jetzt Mitglied bleibe, könne kein *xaroschi tschelowjek*, kein guter Typ sein, genausowenig wie Mitglieder der Nazipartei gute Leute hätten sein können. Wer Mitglied war, habe Bescheid gewußt – oder sei blöd gewesen. Im übrigen, Marek kommt bei dieser Kritik mächtig in Fahrt, sei Stalin wahrscheinlich noch schlimmer als Hitler gewesen. Er habe doch millionenfach mehr Menschen umbringen lassen als Hitler. Mein Einwand, Stalin, nicht Hitler, sei das Opfer imperialistischer Aggression,

Stalin habe auch keine systematische Judenvernichtung betrieben, kann seinen Zorn nicht im geringsten besänftigen. Schau dir doch die Massengräber an, die jetzt überall entdeckt werden, zürnt er. Denk an die Liquidierung der Bauern, die gewaltsamen Umsiedlungsaktionen. Er war ein Verbrecher! Im Bewußtsein, vor unbewältigten Fragen zu stehen, trennen wir uns.

Demokratische Union

Das Treffen mit Ekaterina Podoltsewa soll in ihrer Wohnung stattfinden. Ein Büro haben wir nicht, hatte sie zur Erklärung hinzugefügt. Ich finde sie in der Nähe der Metrostation »Elektrosilo«, im südlichen Teil der Stadt, der schon nicht mehr in meinem Falk-Plan verzeichnet ist. Dort bewohnt sie mit ihrer Tochter zweieinhalb Zimmer. Ekaterina ist eigentlich Mathematikerin. Sie hat ihren Beruf aufgegeben, um sich ganz der politischen Arbeit widmen zu können.

Ekaterina führt das Gespräch, sehr selbstbewußt unterstützt von ihrer Tochter, die gleichzeitig dolmetscht, kommentiert, mit ihrer Mutter diskutiert, sich die interessantesten neuen Vokabeln ins Heft schreibt und Schularbeiten macht. Im Verlauf des Gesprächs, das gegen Schluß unmerklich eine kleine Versammlung wird, kommen noch Sergei Wolotschajew, ehemaliger politischer Gefangener, und eine mir unbekannte weitere Aktivistin der »Demokratischen Union« hinzu.

Ekaterina geht bereitwillig, wenn auch anfangs zurückhaltend auf meine Fragen ein. Nach der Hälfte des Gesprächs erinnern wir uns, daß wir uns aus Moskau kennen, wo wir uns bei einem Wohnungs-Meeting begegnet sind, zu dem mich Nikolai Chramow mitgenommen hatte. Großes Hallo!

Die »Demokratische Union«, berichtet Ekaterina, wurde 1988 als Allunions-Organisation gegründet. Die Gründungsversammlung fand in Moskau statt. Vertreter von etwa dreißig Städten waren anwesend. Gründungskonsens war unsere Ansicht, daß in unserem Land ein totalitäres System existiert.

Unser Hauptziel ist die Herstellung der Demokratie in unserem Land durch gewaltfreien Widerstand. Für die Demokratie gibt es drei Bedingungen: demokratische Gesetze, demokratische Institutionen, bürgerliche Gesellschaft. (Mit dem Begriff »bürgerliche Gesellschaft« haben wir Übersetzungsprobleme. Ekaterina sagt *graschdanski obschestwo*, in der englischen Übersetzung *civil society*. Das bedeutet eher zivilisiert-rechtsstaatlich im Gegensatz zu militaristisch-diktatorisch. Wenn Ekaterina von »bürgerlicher Gesellschaft« spricht, ist dies alles gemeint.)

Wir glauben, fährt Ekaterina fort, daß die dritte Bedingung, also eine bürgerliche Gesellschaft, das ist, was heute geschaffen werden muß. Ohne sie wird es keine Demokratie geben.

Ich will wissen, wie die »Demokratische Union« zu ihrer Gründungszeit zur Perestroika gestanden hat. Immerhin ist sie 1988 die erste Gruppe gewesen, die einen Anspruch auf Anerkennung als oppositionelle Partei erklärt hat.

Perestroika, antwortet Ekaterina, begann aus objektiven Gründen. Die Perestroika, die von oben eingeleitet wurde, ist der Umbau dieses totalitären System, das zu dessen Erneuerung führt. Ich glaube, daß Gorbatschow sehr genau war, als er sagte, daß er über Demokratisierung spricht und nicht über Demokratie. Es ist wohl besser, unser Verständnis von Perestroika durch einige Beispiele zu konkretisieren. Nehmen wir unsere Rechtssituation und die neuen Gesetze, die während dieser neuen Periode angenommen wurden: Vor Perestroika hatten wir keine Gesetze über Meetings, Demonstrationen usw. Damals wurden Leute festgenommen, für Jahre verurteilt, alles ohne Gesetz. Im Sommer 1988 wurde ein neues Versammlungsgesetz beschlossen. Seitdem gibt es für die Organisation nicht erlaubter Meetings und Demonstrationen Strafen bis zu einem halben Jahr. Das ist natürlich kein demokratisches, sondern ein totalitäres Gesetz. Heute müssen wir Meetings und Demonstrationen anmelden. Unsere Autoritäten können die Anmeldung zulassen oder verbieten, wie es ihnen paßt. Wer sich dann an einem verbotenen Meeting beteiligt, kriegt 14 Tage bis zu einem halben Jahr Gefängnis oder bis zu 2000 Rubel Geldstrafe. Es gibt also inzwischen eine genauere Bestimmung der Beziehung zwischen Autoritäten und Bevölkerung im Rahmen totalitärer Gesetze. Das bloße Vorhandensein von Gesetzen heiß noch nicht, daß sie demokratisch sind. Perestroika führt zur Legitimation des bestehenden Systems.

Nicht nur dieses Gesetz, alle Gesetze, die während Gorbatschows Amtszeit angenommen wurden, sind so. Nehmen wir noch das Gesetz über Kritik an Autoritäten. Das ist auch so eine Kuriosität unseres Systems. Wenn es um die Taten einfacher Leute geht, kann man ein Gericht anrufen. Wenn es um Offizielle geht, kann man nichts machen. Die Menschen sind nicht gleich vor dem Gesetz.

– Ob es denn gar nichts Gutes an der Perestroika gegeben habe, wende ich ein.

Doch, schon. Man könne jetzt immerhin versuchen, oppositionelle Strukturen aufzubauen und den Kampf um die bürgerliche Gesellschaft beginnen. Unglücklicherweise habe sich aber nicht nur die politische, ökonomische und ökologische, sondern vor allem die Krise des Bewußtseins der Bevölkerung vertieft. Man könne die Wirtschaft ändern. Man könne die ökologische Situation ändern. Man könne das politische System auswechseln. Aber man müsse Menschen haben, die das wollten. Es wollen sich aber, fährt Ekaterina nach einer kleinen Pause fort, nicht viele Leute in unserem Land für einen solchen Wechsel aktiv einsetzen. Wir haben eine sehr passive psychologische Struktur in der Bevölkerung. Es ist eine Schande, das sagen zu müssen, aber ich denke, daß die meisten unserer Leute, gleich ob Mitglieder der Nomenklatura oder einfache Menschen, eine Psyche von Sklaven haben. Ich glaube, 72 Jahre bolschewistischer Herrschaft war eine zu lange Zeit. Sie haben das Selbstbewußtsein der Menschen eingeebnet, zerstört. Inzwischen reproduziert sich das System selbst. Man kann es an unserem Erziehungswesen sehen, einem der wichtigsten Teile unserer ideologischen Reproduktionsmaschine. Es ist ein Mechanismus zur Gesinnungskontrolle der Kinder. Es deformiert das Bewußtsein der Kinder, so daß sie sich für nichts interessieren. Sie nehmen die Situationen um sich herum nicht wahr. Sie werden passiv. Sie werden für jede Frage bestraft, die nicht vorher von ihren Lehrern vorgedacht wurde. Auch die Unterrichts- und Erziehungsmethoden, das ganze Bildungswesen, wirken in diese Richtung.

Es ist ein Teufelskreis! Man braucht Leute, die unsere Kinder anders erziehen. Aber diese Leute sind Mitglieder unserer Gesellschaft. Es ist unmöglich. Die Polen, die Ungarn, die Menschen in den baltischen Republiken haben eine andere Situation. Sie haben keine 72, sondern bloß 40 Jahre unter einem totalitären System gelebt, und sie wurden hineingepreßt. Bei uns gibt es Illusionen. Es wurde ja nicht nur alles von oben verordnet. So wird das System heute auch von den Menschen selbst getragen. Sie denken nicht darüber nach. Manche denken heute sogar, sie seien oppositionell, in Wirklichkeit sind sie es nicht. In der Stalinzeit war es nötig, Leute zu töten. Jetzt ist es nicht nötig. Das ist es.

Mir kommen all die Gespräche in den Sinn, in denen hiervon schon die Rede war: Unter hiesigen Intellektuellen, sage ich, könne man hören, diese Bewußtseinslage der Bevölkerung sei ein genetisches Problem, weil immer die Besten getötet worden seien.

Ekaterina zögert mit der Antwort, macht eine abwägende Handbewegung: Es liege ein Teil Wahrheit darin, sagt sie vorsichtig. Es stimme einfach, daß viele intelligente Leute getötet worden seien, die aktivsten Bauern, die gebildetsten Arbeiter. Natürlich nicht alle! Aber die, die übriggeblieben seien, seien derart eingeschüchtert, daß sie vor allem Angst hätten. Es gebe keine Traditionen, denn die Menschen, die die Traditionen weitergeben könnten, seien getötet worden. Es heiße, sie hätten ein großes Land. Sie hätten viele Menschen. Aber nur ein kleiner Prozentsatz ihrer Gesellschaft sei fähig, sich zu behaupten.

– Kommen wir zur »Demokratischen Union« zurück, sage ich. Was für Menschen organisieren sich darin?

Die »Demokratische Union« ist eine kleine Organisation,

antwortet sie geschäftsmäßig. In ihr gibt es Studenten, Arbeiter, Intelligentia, keine Bauern. In der Gesamtorganisation sind etwa 20 Prozent Arbeiter, soweit ich weiß. In Leningrad ist es ähnlich. Es sind mehr als sonst in oppositionellen Gruppen. Das liegt vermutlich am Charakter unserer Organisation. Die »DU« ist eine Partei für Leute, die offen reden wollen. Mag sein, daß ein bestimmter Teil der Arbeiterschaft dafür eher zu gewinnen ist.

Wir haben Gruppen in 30 Großstädten und Städten. Die größten Gruppen gibt es in Leningrad und in Moskau. In Moskau haben wir ungefähr 110 Mitglieder und 100 Kandidaten. Hier ist es ähnlich. In anderen Städten sind es 20 bis 30 Mitglieder. Es ist ziemlich schwierig, Mitglied der »Demokratischen Union« zu sein, faßt Ekaterina zusammen. Mitglieder bekämen sofort Druck seitens der Autoritäten. Das sei im Moment nicht so brutal wie in den ersten Jahren, aber es bringe Schwierigkeiten am Arbeitsplatz, am Wohnort, soziale Kontrolle usw. Es sei paradox: Die Kontrolle komme von den Kollegen, die ihrerseits unter der Kontrolle litten! In Leningrad laufe auch eine Anklage gegen die »Demokratische Union« wegen antisowjetischer Propaganda. Mehr als hundert Personen seien vom KGB verhört worden. Aber ihrem Programm und ihren Prinzipien entsprechend würden von ihnen vor Offiziellen keine Aussagen über die politischen Vorstellungen der Union gemacht.

Wir meinen, so Ekaterina, niemand hat das Recht, andere zu fragen, warum er dies oder jenes macht oder sagt. Wir sprechen über unsere Ziele öffentlich bei Meetings, bei Demonstrationen, aber nicht vor dem KGB. Wir meinen, es ist notwendig, die Mentalität der Bevölkerung zu ändern, dieses verinnerlichte Gefühl, illegal zu sein, dieses Flüstern. Es muß Schluß sein mit den ewigen Lügen! In unserem Programm haben wir einen Satz, der sich auf Solschenyzin bezieht: Ohne Lüge leben! Schluß mit den unterschiedlichen Wahrheiten für unterschiedliche Leute! Wir propagieren das im Sinne Ghandis. Unser Motto ist gewaltfreier Widerstand.

– Das Stichwort »unterschiedliche Wahrheiten« bringt uns zum Programm der »Demokratischen Union«. Kommen wir also zur Frage des Eigentums, sage ich.

Ja, diese Frage, stöhnt Ekaterina, wir wollen die Gleichberechtigung unterschiedlicher Eigentumsformen, einschließlich Privateigentum. Wir wollen eine multisektorale Ökonomie, deren Teile in freier Konkurrenz zueinander stehen. Es ist klar, daß die Unterschiede zwischen arm und reich abgebaut werden müssen. Aber für die Menschen ist das Interesse, gut zu arbeiten, lebensnotwendig. Bei uns will niemand arbeiten. Kein Wunder! Es macht keinen Unterschied, ob du gut oder schlecht arbeitest. Nichts hängt von dir ab. In 72 Jahren hat sich eine Mentalität von Parasiten herausgebildet.

So reagieren die Menschen jetzt auch auf Perestroika: Was hat sie mir gebracht? Aber warum sollte Perestroika ihnen etwas bringen? Warum setzen sie sich nicht für ihre eigenen Interessen ein? Wir halten Perestroika für eine schlechte Entwicklung. Wir fordern Stroika, nicht Perestroika, Bauen nicht Umbauen.

– Und was ist mit der Kommunistischen Partei?

Ich denke, wir haben in unserer Gesellschaft heute keine Partei. Die Kommunistische Partei ist schon seit 1917 keine Partei mehr, sondern eine Struktur, auf der das autoritäre System beruht. Wenn die Kommunisten heute von einer Verlagerung der Macht an die Sowjets und an andere gesellschaftliche Kräfte sprechen, dann sprechen sie von einem anderen System oder sie lügen. Die bestehenden Strukturen aufzuspalten ist unmöglich, ohne das herrschende System zu ersetzen. Um eine normale Gesellschaft zu haben, ist ein Mehrparteiensystem notwendig. Das Mehrparteiensystem ist nur die andere Seite der multisektoralen Ökonomie. Auch hierfür ist die bürgerliche Gesellschaft Voraussetzung.

Wenn wir über die Veränderung des herrschenden Systems sprechen, dann ist für uns allerdings klar, daß wir nicht die Stelle der Kommunistischen Partei einnehmen wollen. Wir denken, daß dieser Platz nicht existieren darf. Das System muß gerade in diesem Punkt geändert werden. Jeder, der sich auf diesem Platz befindet, wird dasselbe tun, besser oder schlechter, aber dasselbe. Hinzu kommt, daß es eine wesentliche Herrschaftstaktik der Perestroika-Kräfte ist, Basisprotesten durch Reformen von oben bis hin zur Gründung neuer Organisationen durch Parteimitglieder zuvorzukommen. Deshalb gibt es einen großen Teil der »Demokratischen Union«, der sich an den bevorstehenden Wahlen nicht beteiligen, sondern für aktiven Boykott agitieren wird. Mit der Wahl werden nur Illusionen in den erreichten Stand der Demokratisierung geschaffen. Das werden wir auf keinen Fall unterstützen. Das gilt übrigens auch für die Diskussion um die Regionalreform. Wir halten es für unmöglich, eine gute Wirtschaft an einem Ort unseres Landes zu entwickeln, ohne insgesamt von den totalitären zu demokratischen Strukturen überzugehen. Wir werden uns an dieser Diskussion nicht beteiligen.

— Was ist denn der »erreichte Stand« nach fünf Jahren Perestroika aus der Sicht der »Demokratischen Union«?

Ich glaube, Gorbatschow ist ein recht schlauer Mann. Er hat Erfolg mit der Perestroika. Wir sind jetzt in der zweiten Phase der Perestroika, die zur Legitimation des herrschenden Systems führt. Gorbatschow mausert sich zum Herrscher unseres Landes, zwei Jahre, drei Jahre, mag sein, bis zu seinem Tod. Seine Erfolge sind für den Export bestimmt. Er macht das System attraktiver für den Westen. Ich denke, Gorbatschow macht das alles, um Geld vom Westen zu bekommen. Es ist traurig, aber es ist so.

— In anderen Gesprächen wurde mir ein anderes Modell von Perestroika angeboten, halte ich ihr entgegen. Danach war die erste Phase die der Analyse. Die zweite die der Demokratisierung und Politisierung. In der dritten Phase, seit die ökonomische Krise sich zuspitzt, müßten alle, die im Perestroika-Prozeß aktiv waren, jetzt zurück in die Ökonomie gehen, weil Perestroika nur erfolgreich sein könne, wenn sie ökonomisch erfolgreich verlaufe.

Unserer Meinung nach haben in unserem Land alle Probleme politische Gründe, nämlich das totalitäre System. Es ist unmöglich, die Ökonomie zu verändern, ohne tiefe Veränderungen im politischen System. Natürlich will unsere Nomenklatura solche Änderungen nicht, denn wenn sie eine normale Ökonomie zulassen, dann werden sie nichts mehr haben.

– Zur Zeit sieht man den Rubel stürzen, man führt Gespräche über die leeren Geschäfte, man sieht Tichonow im Fernsehen Vorschläge zur ökonomischen Gesundung machen. Alle reden von der ökonomischen Krise. Was ist angesichts dieser Lage das Wichtigste, was in nächster Zeit getan werden muß?

Notwendig, um die Krise zu überwinden, mindestens abzumildern, ist eine verfassunggebende Versammlung, Regierung und Parlament, die vom Volk gewählt werden. Aber wir wissen natürlich, daß das unmöglich ist. Die Inflation wird steigen. Die Leute werden in Panik geraten. Die Kriminalität wird wachsen. Unsere Regierung wird gebeten werden, den Notstand auszurufen. Gorbatschow wird Diktator sein, aber nicht durch Umsturz, sondern durch legale Ermächtigung. Die Leute werden ihm sogar noch dankbar sein, daß er die Ordnung wieder herstellt, und der Westen wird ihm Kredite geben.

– Leute von der »Volksfront« erwarten, die Kommunistische Partei werde sich in einen linken und einen rechten Flügel spalten. Was halten Sie von dieser Vorstellung?

Was soll man dazu sagen! Selbst wenn das geschieht, wird es zu einer Situation führen wie in Ost-Deutschland vor den letzten Ereignissen. Sie hatten mehrere Parteien. Aber sie hatten das totalitäre System. Was ist das Mehrparteiensystem in der BRD? Es ist das Dach für die ökonomische Basis. Was ist es in der DDR? Eine Dekoration! Bevor wir keine multisektorale Ökonomie haben, werden mehrere Parteien auch bei uns nur Dekoration sein. Wir sehen natürlich, daß es in der Kommunistischen Partei Entwicklungen gibt. Aber Gorbatschow wechselt nur verhaßte Kandidaten aus, um sie durch schlauere, energischere zu ersetzen.

– Glauben Sie, daß Gorbatschow seinen Weg zwischen

OFT auf der rechten und der Jelzin-Gruppe auf der anderen Seite machen kann?

Ligatschow und Jelzin sind zwei Flügel seines Körpers. Er sitzt als Zentrist dazwischen. Er ist der Vater. Im übrigen ist es sehr schwierig, den Standpunkt der Jelzin-Leute herauszufinden. Sie haben von ihrem neuen »Bulletin« nur 10 000 gedruckt. Das reicht nicht für unser Land. Sie dürften sich aber von anderen informellen Gruppen nicht unterscheiden.

– Haben sie reelle Chancen, die Entwicklung zu beschleunigen?

Da muß ich vielleicht etwas erklären: Man spricht so schnell von einer Opposition innerhalb und der außerhalb des Parlaments. Es ist bei uns aber sehr schwierig, eine innerparlamentarische und außerparlamentarische Opposition zu definieren. Man spricht wohl zutreffender, wie wir es tun, von Systemgegnern, auch nicht von Systemopposition, sondern von Systemopponenten. Sie sind Opponenten Gorbatschows. Sie agieren auf hohem Niveau. Sie helfen Gorbatschow, seine Politik zu intensivieren. Das ist nicht nur seine Schlauheit. Er ist schlau. Aber es gibt, wie wir sagen, ein Platzgesetz. Es ist der Platz, der sich hier auswirkt.

– Und die OFT. Was kommt da herauf?

Das kommt von oben. Das ist eine Inspiration der Autoritäten. Sie reden von der Diktatur des Proletariats, über den starken Mann.

Hier wird Ekaterina von neuen Besuchern in Anspruch genommen. Sergei Wolotschajew, der schon die ganze Zeit zugehört hat, übernimmt den Faden. Die Autoritäten, setzt er fort, hielten es für gut, gesetzliche Informelle selbst zu erschaffen. Ich möchte sie als fünfte Kolonne bezeichnen. Es ist ja unübersehbar, daß sich die Lage im Land zuspitzt. Da werden Kräfte von innen und von außen gebraucht: Außen, das ist die Armee, innen, das ist die OFT. Die Armee kann die demokratische Bewegung militärisch zerschlagen. Die OFT ist der Ansatz zu einer faschistischen Massenbewegung, die die demokratische Bewegung in Schach halten soll. Gemeinsames Handeln dagegen ist notwendig, auch wenn die Gruppen sehr unterschiedlich sind. Die Union demokratischer Gruppen in Leningrad, die inzwischen zwölf Gruppen verbindet, ist ein Schritt in die richtige Richtung. Ihre erste gemeinsame Aktion war das Meeting zum Tag der politischen Gefangenen von vorgestern. Im Lauf des letzten Jahres haben sich einige Aktivisten herausgeschält. Der Kreis ist allerdings sehr klein. Man sieht überall dieselben Leute. Die Menschen wollen über die Situation nicht nachdenken. Es kommen nur wenige Leute hinzu.

– Soll das heißen, es gibt nach dem Boom vor zwei Jahren jetzt eine politische Stagnation?

Ja, so ist es! Zur Begründung kann ich nur meine Sicht der Dinge nennen. Die Leute glauben Gorbatschow nicht. Sie denken dies, aber tun etwas anderes. Sie leben und kehren sich um nichts, was sie in Schwierigkeiten bringen könnte. Sie haben Angst, nicht konkret, aber sie wissen nicht, was sie erwartet. Ich kenne sogar eine ganze Menge ehemaliger Gefangene, die sich nicht aktiv an dem beteiligen, was man Perestroika nennt. Sie glauben einfach nicht daran.

Als ich Verblüffung und Unglauben äußere, daß die politische Bewegung schon zwei Jahre nach ihrer Entstehung wieder abflaue, klinkt Ekaterina Podoltsewa sich wieder ein. Ja, sagt sie, jedes Wort betonend, Sie denken an eine Explosion der Massenaktivitäten. Wir sprechen dagegen über die Explosion des Bürgerkriegs. Wir haben Angst vor Verbrechern, die ihre Gewehre nehmen. Früher gab es hier revolutionäre Kämpfe. Heute, glaube ich, ist hier ein revolutionärer Bürgerkrieg unmöglich. Es wird nur die Kriminalität anwachsen, irgend etwas Grauenhaftes wird geschehen. Ich glaube, daß Gorbatschow auf 15 braune Republiken zusteuert. Schauen Sie sich die Propaganda an. Schauen Sie sich die Lage in den Republiken an. Gorbatschow wird einen eigenen Weg der baltischen Länder nicht zulassen.

Ekaterina schweigt. Schweigen erfaßt auch die kleine Versammlung, die sich inzwischen um uns herum gebildet hat. Nach einiger Zeit schalte ich meinen Recorder ab und beginne meine Utensilien einzusammeln. Übrigens, setzt Ekaterina noch einmal nach, sei es in der UdSSR heute sehr schwer zu sagen, was rechts und was links sei. Sie selbst argumentiere von links und halte den Kapitalismus keineswegs für die bessere Alternative. Sie wisse um die Brutalität der Arbeit, die sozialen Ungerechtigkeiten, die Ausbeutung der »Dritten Welt«. Das alles sei ja keine Erfindung sowjetischer Propaganda, auch wenn man es nicht mehr hören könne. Auch die parlamentarische Demokratie habe viele Mängel. Aber in der »Demokratischen Union« gebe es auch Rechte. Die meisten Mitglieder seien sogar vermutlich in meinem Sinne rechts, wenn sie die Abschaffung des sowjetischen Systems und die Schaffung einer Demokratie nach westlichem Muster forderten. Der gemeinsame Punkt sei unter den gegebenen Bedingungen in der UdSSR heute eben allein die Systemopposition. Erst in Zukunft könne sich eine Differenzierung ergeben, wenn die Menschen Erfahrungen mit dem Kapitalismus gemacht hätten. Schon jetzt habe sie das Gefühl, daß einige Mitglieder der Union nach ihrem ersten konkreten Kontakt mit dem Westen verunsichert seien und eher als links geltende Kritiken vorbrächten. Solche Erfahrungen könnten aber erst in der politischen Praxis entstehen.

Das, schließt sie, ist unser Hauptproblem. Die Menschen sind total entpolitisiert und ohne Kenntnisse. Wir müssen bei Null anfangen und die Menschen nehmen, wie sie kommen. Darin liegt natürlich auch eine große Gefahr.

Sergei

Wenige Tage später erzählt mir Sergei Wolotschojew seine Geschichte: 1964 in Charkow/Ukraine geboren, war er bis vor kurzem einer der etwa 300 heute bekannten politischen Gefangenen. Der gegen ihn erhobene Vorwurf: Provokation und Staatsverleumdung. Zur Zeit lebt er unter unbefristeter Bewährung als Arbeitsloser in einer eigenen kleinen Etagenwohnung in Leningrad.

Anfang 1983, beginnt er, erhielt ich meine Einberufung zur Armee. Im Juli 1983 wurde ich zum ersten Mal verhaftet. Der Grund: Ich hatte 1980 als 16jähriger einen Brief an Präsident Carter geschrieben, in dem ich die Verhältnisse bei uns schilderte und ihm meinen Traum mitteilte, Amerika sehen zu dürfen. Der Brief fiel in die Hände des KGB. Leute des KGB kamen in die Schule. Ich wurde über meine Ansichten zu Afghanistan, zu Polen usw. ins Kreuzverhör genommen. Die KGB-Leute wollten wissen, ob ich »Radio Amerika«, »Deutsche Welle« und den »Freiheitssender« hörte. Ich sagte, ja. Dann wollten sie wissen, was ich lieber höre, die sowjetischen Nachrichten oder die ausländischen Sender. Ich sagte, lieber die ausländischen. Ergebnis: Ich wurde ohne geschriebene Anklage und ohne Prozeß wegen Spionage in eine psychiatrische Anstalt in Kiew gebracht. Dort verbrachte ich etwa zwei Monate unter ständiger Beobachtung und Befragung durch den KGB. Ich wurde auch mit Tranquilizern narkotisiert, so daß ich die Kontrolle über mich verlor.

Meine Eltern, Vater ist Ingenieur bei der Eisenbahn, Mutter arbeitet im Büro der örtlichen Verkehrsbetriebe, machten einen Skandal. Das führte dazu, daß ich im September '83 aus der Anstalt entlassen und in ein Lager einer Militärbasis bei Kiew überführt wurde, wo ich unter ständiger Beobachtung blieb.

Im Januar '85 wurde ich zum zweiten Mal inhaftiert. Die Beschuldigung wurde jetzt von bloßer Spionage auf Zusammenarbeit mit ausländischen Geheimdiensten wie CIA, BND und anderen erweitert. Es tauchten drei Zeugen aus meiner Armee-Einheit auf, die gegen mich aussagten. Tatsächlich hatte ich auch in der Kaserne gesagt, daß das Leben im Westen besser sei und daß ich auswandern möchte.

Im Mai '85 kam es dann zum Prozeß. Ich erhielt fünf Jahre Arbeitslager in »Lager 35«. Das ist in Mordovige im Ural. Dort wurden ungefähr hundert Leute gefangengehalten. In anderen Lagern des Uralgebiets sind es ungefähr hundertfünfzig pro Lager. Aus dem Lager schickte ich Eingaben an die verschiedensten Institutionen, Organisationen und Persönlichkeiten des Landes wie etwa an das Oberste Gericht, den Obersten Sowjet, die Moskauer KGB-Leitung und auch an Gorbatschow. Sie blieben alle ohne direkte Antwort.

Im Mai 1988 wurde ich im Zuge der ersten von Gorbatschow verfügten Amnestie für politische Gefangene entlassen. Im September 1988 erhielt ich die Vorladung vom belorussischen KGB, zu einer Wiederaufnahme des Prozesses in Minsk zu erscheinen. Dieser Prozeß ging im März 1989 mit dem Ergebnis zu Ende, die Anklage sei eine Provokation gewesen. Alle vom örtlichen KGB erhobenen Beschuldigungen wurden zurückgewiesen, das Material an das Oberste Gericht in Moskau geschickt, wo endgültig über meine Rehabilitation entschieden werden soll. Bis dahin lebe ich unter Bewährung. Das wurde mir allerdings nicht vom Gericht in Minsk mitgeteilt. Um das zu erfahren, mußte ich persönlich nach Moskau zum Obersten Gericht fahren. Das Gericht in Minsk hatte mir lediglich mitgeteilt, daß die Anklage zurückgewiesen worden sei, aber nicht, wann, ob und unter welchen Bedingungen ich rehabilitiert werden kann.

Was jetzt geschehen wird, ist eine offene Frage. Es kann sein, daß ich rehabilitiert werde. Das kann bald sein, das kann dauern. Niemand weiß es. So sind unsere Verhältnisse. Letztlich hängt die Entscheidung von den unwägbaren politischen Ereignissen ab. Klare Rechte gibt es zwar auf dem Papier, aber noch nicht in unserer Wirklichkeit, auch nicht nach fünf Jahren Perestroika.

– Und wie war es nach deiner Entlassung, frage ich.

Zuerst war ich zu Hause. Aber es war eine schlimme Zeit. Auch nach der Entlassung wurde ich, und mit mir die ganze Familie, vom KGB terrorisiert. Nachts kamen sie zu Verhören, nur nachts! Seit ich in Leningrad wohne, das ist seit Anfang '89, sind sie bisher nur zweimal aufgetaucht: Das erste Mal im April. Ich kam aus Tallin mit dem Zug. Da griffen sie mich, um Taschenkontrolle zu machen. Sie wollten wissen, ob ich gefährliches Material aus Tallin mitgebracht hätte. Weiter geschah allerdings nichts. Gegen unsere Vorbereitungen zum 23. August machten sie Großeinsatz. Zum 23. August hatten verschiedene informelle Gruppen Proteste und Meetings anläßlich des 40. Jahrestag des Molotow-Ribbentrop-Paktes (Hitler-Stalin-Pakt) und für die Autonomie der baltischen Republiken wie überhaupt der einzelnen nationalen Republiken angekündigt. Bei mir erschienen die KGB-Leute, als wir hier ein Meeting zur Vorbereitung in meiner Wohnung abhielten. Sie schlugen die Tür ein, durchwühlten alles nach Papieren, nahmen Flugblätter mit, ließen die Leute und mich aber unbehelligt. Seitdem habe ich nichts wieder gehört – weder vom KGB, noch vom Gericht. Aber sie können jederzeit wieder auftauchen.

– Warst du zu dem Zeitpunkt der Razzia schon Mitglied der »Demokratischen Union«?

Nein, ich bin dort eben erst eingetreten, gerade vor einem Monat. Ich mache in der »Union« die Arbeit zu politischen Gefangenen. Das ist ein wichtiger Teil der Arbeit der »Union«.

– Wie viele politische Gefangene gibt es zur Zeit in der UdSSR?

Uns sind 300 bekannt, die in Lagern, in der Psychiatrie oder auch im Gefängnis einsitzen. Aber es gibt viele, die wir nicht kennen. Es gibt keine Listen, keine offiziellen Informationen. Keine Stellen, die man befragen kann.

– Dann besteht eure Arbeit also hauptsächlich darin, die Informationen zusammenzutragen?

Ja, wir machen Untersuchungen. Wir befragen Lagerinsassen, die entlassen werden, nach ihren Mitgefangenen. Ebenso Leute, die aus der Psychiatrie kommen und aus dem Gefängnis. So erstellen wir Listen. Es ist mühsame Kleinarbeit. Eine Zeitung, in der wir unsere Listen veröffentlichen können, haben wir nicht. Wir haben unsere Schreibmaschinen, bestenfalls mal Rank Xerox. In Moskau, so Sergei, gebe es eine größere Gruppe, die »Moskau-Helsinki-Gruppe«, darin solche Leute wie Larissa Bogaras, Sergei Gowalow, Andreij Sacharow. Ihre Verlautbarungen hätten natürlich einiges Gewicht. Aber auch sie hätten keine eigene Zeitung. Die Leningrader Gruppe »Helsinki-Wien 89« umfasse 10 bis 15 Leute. Sie stammen aus allen Schichten, nur nicht aus bäuerlichen. Gruppen wie die »Radikale Partei«, die ich ja bei Nicolai Chramov kennengelernt hätte, verschiedene anarchistische Gruppen bildeten eine weiteres Umfeld dieser Arbeit. Die Zusammenarbeit zwischen der Moskauer und der Leningrader Gruppe sei aber nicht sehr gut. Die Möglichkeiten der Arbeit innerhalb der UdSSR seien eben sehr schwer und wenig entwickelt. Man sei auf das westliche Ausland angewiesen. Er zählt mir die Kontakte auf: »International Association of Human Rights«, Frankfurt; »International Human Rights Law Group«; State Department/Washington; »amnesty international«/USA; »Commission of Security and Cooperation in Europe«; »Union of Councils of Sovjiet Jews«/USA/Raby Liebermann und »Action for Sowjet Jewrey«/USA/Judy Patkin. Eine stattliche Liste!

— Ob der Allunionskongreß eine neue Plattform für diese Fragen geschaffen habe?

Nein. Ich hätte ja mitbekommen, wie der Deputierte Iwanow, Vorsitzender des Anti-Korruptionsausschusses, es abgelehnt habe, zur Frage der Gefangenen zu sprechen. Iwanow habe Angst. Als Teil des Breschnew-Clans sei er selbst in den Korruptionsfilz verstrickt. Er sei ein Konjunkturschick, der auf der demokratischen Bewegung zu schwimmen versuche.

Ich verlasse Sergei mit dem Gefühl, einen Blick in einen tiefen Abgrund getan zu haben. Sergei ist es auch, der es mir in geduldiger sprachlicher Kleinarbeit ermöglicht, eine Skizze der politischen Differenzierung, auch unionsweit anzufertigen.

Hauptlinien der Polarisierung
Sergeis politische Skizze der Leningrader Szene

Aktionen in Leningrad

5/88: Protestkonferenz am Kasanski Sabor gegen die Parteikonferenz der KPSSR, Polizeieinsätze, vorübergehende Festnahmen. Initiator: »Demokratische Union«.

6/88: Protestkundgebung anläßlich des Jahrestages der Deportation baltischer Einwohner aus den baltischen Republiken nach Sibirien im Jahre 1949. Polizeieinsatz. Vorübergehende Festnahmen. Initiator: »Demokratische Union«.

13. 10. 88: Kundgebungen zum Tag der politischen Gefangenen. Polizeieinsätze. Festnahmen. Initiator: »Demokratische Union«.

7. 11. 88: Protestkundgebung anläßlich der Feierlichkeiten zum 71. Jahrestag der Oktoberrevolution. Polizeieinsätze. Festnahmen. Initiator: »Demokratische Union«.

12/88: Kundgebung zum Internationalen Tag der Menschenrechte. Polizeieinsätze. Festnahmen. Initiator: »Demokratische Union«.

3/89: Sympathiekundgebung anläßlich der Februarrevolution von 1917 als »progressiver Revolution« und der bevorstehenden Wahlen zum Allunionskongreß. Polizeieinsatz. Festnahmen. Initiator: »Demokratische Union«.

Ende März/Anfang April 89: Demonstration der Miliz, also der Polizei, auf dem Dworzovaja Ploschtschad, dem Schloßplatz vor der Erimitage, gegen schlechte soziale Bedingungen und gegen das »Verheizen« der einfachen Polizisten bei Einsätzen gegen Demonstranten. Von da ab hält sich die Leningrader Polizeiführung etwas zurück.

6/89: Protestkundgebung gegen die Massaker in der VR China. Initiatoren: »Demokratische Union« und »Gruppe internationale Menschenrechte«.

23. 8. 89: Protestkundgebung zum Gedenken an den Ribbentrop-Molotow-Pakt (Hitler-Stalin-Pakt), insbesondere gegen die damit verbundene Annexion der baltischen Republiken. Initiator »Demokratische Union«.

13. 10. 89: Kundgebung zum Tag der Gefangenen. Initiator: »Demo-

kratische Front« (die seit Juli 89 bestehende Vereinigung aller demokratischen Organisationen in Leningrad).

Teilnehmerzahl, wie Sergei sarkastisch meint, zwischen 30 und 300,
meist eher an der unteren Grenze. Bei einer Stadt mit sieben Millionen Einwohnern sind das nicht gerade ermutigende Zahlen.

Zeitplan der Entstehung von Gruppen am Beispiel Leningrad:

1987
- »Perestroika-Klub«,
- »Friedenswacht«,
- »Organisation für Emigrationsfreiheit«

1988
Neu kommen dazu:
- »Demokratische Union«, mit allunionsweitem Parteianspruch in
  offener Konfrontation zum Führungsanspruch der Partei,
- »Christlich demokratische Organisation der Gerechtigkeit«, reli-
  giös, samaritär,
- »Freunde der Perestroika«, Vorläufer der »Volksfront«,
- »Christlich Demokratische Union« (wie CDU),
- Wahlbündnis zur Deputiertenwahl für den Parteikongreß, all-
  unionsweit auf lokaler Basis.

1989
Neu kommen dazu:
- Wahlbündnisse, jetzt zur Wahl des Allunionskongresses im Früh-
  jahr und Sommer,
- »Memorial«, im Januar '89 in Leningrad, davor im Dezember '88
  in Moskau als Allunionsgründung,
- »Volksfront«, in Leningrad im April '89 nach vorheriger allunioni-
  scher Gründung Anfang '89 in Moskau. Die »Volksfront« ersetzt
  die »Freunde der Perestroika«.
- Anarcho-Syndikalisten (Assa), (April),
- »Gewerkschaft der Gerechtigkeit«, ein alternativer Gewerkschafts-
  ansatz, (Sommer),
- »Republikanische Partei der Gerechtigkeit und Freiheit«, (Juli),
- »Demokratische Front«, darin: »Demokratische Union«, »Memo-
  rial«, »Christliche Union«, »Narodni Front«, »Gewerkschaft der
  Gerechtigkeit«, »Friedenswacht«, »Republikanische Partei«,
  »ASSA«. Die Gründung erfolgte im Juli '89. Der erste gemeinsame
  Auftritt war zum Tag des Gefangenen am 13. 10. 89.

– »Parteiklub«, (August),
– Wahlbündnisse zur Kommunalwahl im März 1990

Diesen Organisationen des demokratischen Spektrums steht die im Sommer '89 erfolgte allunionsweite Gründung der »Vereinigten Arbeiterfront« (OFT), die sich seit '87 entwickelnden »Pamjat«-Gruppen und neuerdings in den nationalen Republiken entstehenden »Nationalen Errettungsfronten« auf der Rechten entgegen.

Leningrad ist nur ein Beispiel

Die Vielzahl der Gruppen verwirrt, zumal sie, zumindest in Leningrad, nach meinen bisherigen Erfahrungen ebenso nach Sergeis Schilderung ein kreuz und quer miteinander verknüpftes Chaos und eine einzige, personell eng miteinander verflochtene Szene bilden, als deren Kern neben »Demokratischer Union« und »Volksfront« immer wieder die Parteiopposition, neuerdings als »Parteiklub« fester organisiert, in Erscheinung tritt. Ganz abgesehen davon, daß sich die Zahl der Gruppen und der von ihnen herausgegebenen halblegalen, als Broschüren und Zeitschriften, zum größeren Teil aber als Schreibmaschinen- oder Xerox-Kopien verbreiteten Veröffentlichungen ständig vergrößert.

Dies gilt nicht nur für Leningrad: Über 500 unterschiedliche Publikationen soll es nach Aussage einer meiner Gesprächspartner beim Gründungskongreß der alternativen Wissenschafts-Assoziation inzwischen in der ganzen Union geben. Möglich, daß man auf eine solche Zahl kommt, wenn man alle kleinen und kleinsten Samisdat-Kopien wie etwa den »Rabotschi« in Leningrad und die vielen regionalen Veröffentlichungen mit einbezieht. Vor allem die baltischen Republiken versorgen inzwischen offenbar auch Leningrad und Moskau in großen Mengen mit bedrucktem Papier. Ich selbst habe auf Leningrader Büchertischen, in Metrostationen und bei Meetings rund 25 verschiedene Zeitungen, davon fast die Hälfte baltischen Ursprungs, kaufen können. Wenn ich davon ausgehe, daß mir viele Zeitungen allein schon deswegen entgangen sind, weil die begrenzten Auflagen immer sofort vergriffen sind, dann halte ich eine Zahl von 100 Veröffentlichungen, die man als Zeitung ansehen kann, für realistisch.

Es bedarf jedenfalls eines sehr genauen Hinsehens, um in diesem Chaos die Grundströmungen zu erkennen, deren Ansätze mir Boris Kagarlitzky nach der Wahl zum Allunionskongreß im Sommer '89 in Moskau als absehbare unionsweite Entwicklung skizzierte, nämlich:

– Erstens die Liberalen um Jelzin, Popow usw., die sich seit Sommer '89 in der »überregionalen Abgeordnetengruppe« im Allunionskongreß gefunden haben. Mitglieder dieser Gruppe fordern eine schnellere Umsetzung der Perestroika, das heißt »mehr Markt«, Zulassung von Privateigentum, Aufhebung des Paragraphen 6 der Verfassung. Mit einem seit Oktober erscheinenden eigenen »Bulletin«, dem »demokratischen Abgeordneten«, sind sie in weiten Teilen der liberalen, nach Europa orientierten Intelligenz Meinungsführer. Seit August geben sie das »Bulletin« der »Der Abgeordnete« heraus.

– Zweitens die Vorstellungen der unter dem Namen »Volksfront« zusammengefaßten unterschiedlichen systemoppositionellen Bewegungen, die mehr basis- und bewegungsorientiert sind. Ihre Forderungen sind so diffus wie ihre Zusammensetzung. Forderung nach Markt und Mehrparteiensystem scheinen jedoch Grundkonsens. Die Spitze dieser Bewegung bilden, wie es scheint, die baltischen »Volksfronten«, die den »Volksfront«-Gruppen in anderen Republiken, aber auch den großen Städten der russischen Sowjetrepublik trotz der an sich unvergleichlichen Voraussetzungen, die die baltischen Bewegungen auf der Grundlage der Autonomiebestrebungen haben, zur Zeit als Leitstern dienen. Ihre Leningrader Zeitung ist das Samisdat-Blättchen »Severo Sapad«, neuerdings auch »Positii«, eine Gemeinschaftsproduktion der baltischen, Leningrader und Moskauer »Volksfront«.

– Drittens die, auch in der demokratischen Bewegung bemerkenswerterweise als extremistisch geltende »Demokratische Union«, deren aktuelles Ziel unter dem Motto »Stroika statt Perestroika« die konsequente Verwirklichung eines bürgerlichen Rechtsstaates ist. Die »Demokratische Union« bewegt sich offenbar in einem nach »rechts« wie »links« gleichermaßen schillernden Umfeld pazifistischer und bürgerrechtlicher Organisationen wie der Gruppe »Memorial« und »Gruppe Helsinki Moskau« bis hinein in anarchistische Kreise. Die »Demokratische Union« hat keine eigene Zeitung. Sie beschränkten sich bisher auf unregelmäßige Flugblatt- oder zu Kleinbroschüren geheftete Xerox-Veröffentlichungen zu einzelnen Themen. Ihre Mitglieder schreiben auch in Kleinzeitungen wie »Tag für Tag« der »Radikalen Partei«, der anarchosyndikalistischen »Gesellschaft« oder, soweit es politische Gefangene betrifft, in ausländischen Organen.

– Viertens die sich in »Parteiklubs« an der Basis der KPdSU neuerdings formierende Parteiopposition, die sich die Selbstreinigung der Partei bis hin zur Forderung nach einem Mehrparteien-System zum Ziel gesetzt hat. Sie haben noch keine eigene Zeitung, sondern diskutieren soeben, ob sie sich überhaupt mit einer »Plattform« an die Öffentlichkeit wenden sollen.

– Fünftens die sich selbst als sozialistisch bezeichnenden Gruppen um Boris Kagarlitzky, samt Ansätzen gewerkschaftlicher Opposition, die ebenfalls »mehr Markt«, aber unter dem Stichwort des »munizipalen Eigentums« zugleich Erneuerung des sozialistischen Eigentums propagieren. Sie verständigen sich über theoretische Monatsheftchen.

– Auf einem Treffen im September '89 schlossen sich bei einem unionsweiten Treffen in Leningrad zudem 25 von insgesamt mehr als 70 bei dieser Gelegenheit vertretenen Organisationen zu einem Bündnis gegen die Gefahr einer Rechtsentwicklung im Lande zusammen. Zur kommenden Kommunalwahl wird es gemeinsame demokratische Listen geben, die zum Teil mit dem Bündnis identisch sind, zum Teil davon abweichen. Ganz vorn stehen auch bei ihnen die Forderungen, darin den »Volksfronten« der baltischen Republiken folgend, nach Abschaffung des Paragraphen 6 der Verfassung, der die führende Rolle der KPdSU festschreibt, nach Zulassung von Privateigentum, Dezentralisierung und Novellierung einer rechtsstaatlichen Verfaßtheit der UdSSR. Informationen über die Aktivitäten der »demokratischen Front« erscheinen in unregelmäßigen Abständen als Kleinbroschüren in sehr kleiner Auflage in der Szene.

Unüberschaubar ist das Geflecht der Ein-Punkt-Bewegungen, besonders in den Republiken, in denen sich politischer Protest zu ökologischen Fragen, zur Lage der Frauen, der Bauern usw. artikuliert. Ihre politische Differenzierung wird sich entlang der genannten Grundströmungen entwickeln. Die bevorstehenden Kommunalwahlen, das heißt, die Wahl der Republik-, Stadt- und Bezirks-, bzw. Dorfsowjets sind der Punkt, auf den sich die politischen Anstrengungen zur Zeit konzentrieren. Es ist absehbar, daß erneut Wahlbündnisse gebildet werden, sowohl auf der systemoppositionellen wie auch auf der konservativen Seite. Nur die »DU« und ihr Umfeld treten für einen Wahlboykott ein.

Prasdniki

Sonntag, 5. 11.

Prasdniki, die Feiertage zum 72. Jahrestag der Oktoberrevolution kündigen sich an. Georgi bringt mir einen knallroten Apfel vom Markt mit. *Budit prasdnik*, das Fest kommt, lacht er, alles wird rot! Die »Degustation«, in die mich Lena abends führt, entpuppt sich als Weinprobierstube: großer Keller, Fässer, Trinkraum, anschließende Bar, alles sehr geräumig, menschenleer, geradezu öde. Ungefähr 20 Menschen versammeln sich nach Einlaß per Eintrittskarte um die U-förmige Probiertheke, vor jeder Person ein Tablett mit einer Tafel Schokolade und ein paar Nüssen. Am Kopf des U's nimmt eine ondulierte Dame Platz, vor sich die Flaschen des Probierweins, und redet und redet: Woher die Weine stammten, wie schnell und wie warm sie zu trinken seien, was man dazu essen müsse und dergleichen. Die Leute hören kaum zu. Die Dame ist ärgerlich. Man sei schließlich zum Probieren gekommen! Zu komisch! Eine Abmahnung wie in der Schule. Dabei ist offensichtlich, worum es geht: Nach der Degustation ist Einkauf möglich. Es gibt alles: verschiedene Weine, mehrere Sorten Wodka, Liköre. Mengenbeschränkungen für den Einkauf gibt es dagegen nicht. Nur die Probierweine erweisen sich, typisch, sagt Lena, als nicht zu erwerben.

Absurd! In den Straßen stehen Schlangen vor den Alkoholläden. Wegen der kommenden *prasdniki*, immerhin Montag und Dienstag, für manchen vielleicht auch noch Mittwoch, sind sie besonders lang. Hier drinnen kaufen zwanzig Leute ein. Voll im Bewußtsein der Absurdität dieser Situation kaufe ich auch. Später frage ich Lena, wie sie an die Karten gekommen sei. Leicht war es nicht, antwortet sie lächelnd. So ist das bei uns, sagt Mila, man sagt nichts. Man hat eben *blat*.

Frauen

Meine Klage, ich könne keine Ansätze einer feministischen Frauenpolitik finden, beantwortet Lena mit dem Hinweis, die Frauen hätten keine Zeit dazu, sie müßten sich um den Alltag kümmern. Mila bestätigt.

Dienstag, 7. 11.: Revolutionstag

Die Stadt im Prahlglanz. Rote Gratulationen zum Jahrestag der Revolution allerorten. Von früheren Jahren unterscheidet sich der ganze pompöse Aufwand nur durch die Tatsache, daß die Teilnahme an den Umzügen seit dem letzten Jahr nicht mehr obligatorisch ist.

An der Metro Puschinskaja sammeln sich morgens ab 8.00 Uhr bis zum Abmarsch gegen 9.30 zwischen 5000 und 6000 Menschen zu einer alternativen Demonstration, zu der das Bündnis der »Demokratischen Front« aufgerufen hat. Letztes Jahr waren es fünfzig, erzählt Juri. Die Stimmung ist gelöst. Man erlebt einen Erfolg. Von den Leningrader Deputierten des Allunionskongresses erscheinen drei auf dem Platz. Sie werden leutselig begrüßt. Sie sind, das ist deutlich zu spüren, die Helden der Szene, Iwanow und andere, die ich nicht kenne, jüngere Leute.

Auf dem Platz werden Zeitungen verkauft, »Positii«, »Servero sapad« und andere. Neu ist ein Bericht vom Gründungstreffen der »übernationalen demokratischen Front« im September in Leningrad '89. Auch Handzettel aller Art gibt es. Es bilden sich sofort Schlangen, im Nu sind die jeweils wenigen Exemplare ausverkauft. Es herrscht nach wie vor ein ungeheurer Informationshunger.

Spruchbänder mit unterschiedlichen Losungen werden entrollt, als Plakate aufgestellt, an Stangen geheftet. »Keine Zivilisation ohne Informationsfreiheit!«, »Glasnost – Nicht Freiheit der Worte!«, »Die Macht dem Volk«, »Wir brauchen keine Worte, für uns leuchtet die Partei!«, »Wir sind keine Fische,

Fische schweigen«, Forderungen nach »sauberen Flüssen« und nach Abriß des Dammes, der die Bucht von Leningrad gegen das Hochwasser aus der Ostsee schützen soll, in der Folge aber den biologischen Austausch zwischen Meer und Neva verhindert. Einer hat einen Gorbatschow als Hampelmann gebastelt. Er kann sich des begeisterten Andrangs kaum erwehren. Eine Gruppe schart sich um die Faust mit der roten Rose, das Zeichen der »Sozialistischen Internationale«, andere tragen ein Schild »Europa — wir gehen einen anderen Weg«. Als der Zug sich in Bewegung setzt, ist er übersät mit roten, gelben vielen grünen Spruchbändern und Schildern. Hin und wieder werden auch Parolen skandiert. Juri macht mich besonders auf ein Schild »Njet 6« aufmerksam, das mehrmals im Zug auftaucht. Eine Parole der »Volksfront«, sagt er stolz. Gemeint ist der Paragraph 6 der Verfassung, der der Kommunistischen Partei die Alleinherrschaft sichert. Der Paragraph ist übrigens erst in der Breschnew-Zeit eingefügt worden, fügt er hinzu. Klar, gebe ich zurück. Vorher war er nicht nötig. Rundum fröhliches Lachen.

Der Marsch geht sehr gesittet vonstatten. Die Polizei hält sich zurück. Das war nicht immer so. Man weiß auch nicht, ob es so bleibt, erläutert Juri. Schau, unsere Armee! Beeindruckend! Was für schöne Uniformen, spottet er. Aber Konfrontationen, selbst Pöbeleien mit der Miliz, den Soldaten, den anderen Zügen, die aus allen Stadtteilen sternförmig zum Schloßplatz ziehen, gibt es nicht. Einzige Unterbrechung: Unterwegs zieht ein offizieller Zug am anderen Ufer eines Kanals an uns vorbei, kenntlich vor allem durch Trauben von Luftballons, kaum Parolen. Wir müssen warten. Niemand regt sich auf. Schlangestehen hat man gelernt! Man vertreibt sich die Zeit damit, eine Zigarette zu rauchen, zum Gegenzug rüberzupfeifen, zu rasseln und zu skandieren. Die Stimmung bleibt friedlich. Juri deutet auf farbige Spruchbänder am anderen Ufer. Leute von uns, sagt er. Viele Sympathisanten der »Volksfront«, die das demokratische Bündnis unterstützten, seien mit ihren Betriebsgruppen aus Tradition beim offiziellen

Zug, obwohl sie die Deputierten der »Volksfront« gewählt hätten. Aber Deputierte seien nur in unserem Block. Als wir am Zug nach vorn laufen, sehen wir sie. Sie marschieren an der Spitze, von einem Ordnerkordon umgeben, der ihnen und der Presse den Weg freihält.

Auch die Auseinandersetzung mit den Rechten bleibt zivil. Die Träger zweier Spruchbänder der OFT werden über Megaphon herausgebeten, nicht etwa herausgeholt, wie wir das so kennen. Ich zeige meine Verwunderung. Das sei nicht immer so, wird mir gesagt. Es habe schon Rangeleien mit »Pamjat«-Leuten gegeben. Da sei gleich die Miliz eingeschritten.

Als wir uns, langsam schiebend, dem Platz vor der Erimitage nähern, die Straßenführungen zunehmend nur noch durch Uniformen, Standarten und rotes Tuch zu erahnen sind und vom Platz ein immer lauter werdendes, im Minutentakt gebrülltes, blechernes »Hurrrrrrah!!« herüberschallt, begreife ich erst richtig, worum es gehen soll: den Vorbeimarsch an der zentralen Tribüne, aber alternativ! Während die offiziellen Gruppen bei ihrem Einbiegen auf den Platz namentlich aufgerufen und mit donnerndem »Hurrrrrrah«Gebrüll zugleich begrüßt und entlassen werden, erwacht der alternative Block, obwohl auf einer zweiten, weiter von der Tribüne entfernten Linie über den Platz dirigiert, zu plötzlichem Leben. *Wlast narody! Wlast narody!*, »Die Macht dem Volk! Die Macht dem Volk!«, *Swabody! Swabody!*, »Freiheit!«, »Freiheit!«, »Das Land den Bauern!«, »Die Betriebe an die Arbeiter!«, »Macht für die Sowjets!« skandieren und trommeln die 5000 unüberhörbar. Die Militärkapelle spielt einen Marsch gegen die Störer. Immer wenn der Zug zum Skandieren ansetzt, setzt die Kapelle die Instrumente an. Aber sonst geschieht nichts. Juri ist sichtlich begeistert. Vor zwei Jahren, sagt er, wäre das noch nicht möglich gewesen. Die über dem Platz auf Hebeplattformen schwebenden Fernsehteams machen während dieser Szenen Pause.

Nach fünf Minuten zieht man weiter zum alternativen Meeting, wo die Deputierten und einige Vertreter des demokratischen Bündnisses sprechen sollen. Auf dem Weg dahin kommen Juri und ich ins Gespräch mit einem *Towaritsch*, Genossen, der die ganze Zeit in der Reihe neben uns ging. Er erweist sich als jemand, der soeben sein Parteibuch zurückgegeben hat. Die Partei sei reformunfähig. In ihr zu bleiben sei verschleuderte Kraft.

Dreitausend Leute, informiert uns Juri daraufhin, hätten im ersten Halbjahr '89 die Leningrader Parteisektion verlassen. Früher habe die Partei noch um jeden einzelnen, der die Partei verließ, ziemlichen Wirbel veranstaltet, die Leute nach ihren Gründen gefragt, versucht, sie umzustimmen. Inzwischen sei man froh, wenn nicht zuviel Aufsehen entstehe. Die Leitung des Komsomol in Leningrad sei übrigens auch aufgelöst worden. Ein guter Anfang, grinst Juri.

Am Abend sind wir zu Gast bei Marek, Sweta, ihren Kindern und Freunden. *Prasdnik* soll sein! Sweta hat all ihre Einkaufs- und Kochkünste entfaltet. Man könnte den Mangel vergessen. Aber die rechte Lockerheit will nicht aufkommen. Der Fernseher läuft: Parade in Moskau! Patriotischer Vorbeimarsch im Stechschritt mit Blickkontakt zur Tribüne! Mir kommen die Nazibilder hoch. Auch wenn ich weiß, daß der heutige Patriotismus der UdSSR zuletzt im Verteidigungskrieg gegen den deutschen Faschismus begründet wurde, selbst wenn nur Verteidigungsbereitschaft demonstriert werden soll, ist diese Verherrlichung des Militarismus nicht zu ertragen. *Ujastna!* Heroischer Kadavergehorsam wird da vor dem ZK-Mausoleum demonstriert. Die Kamera schwimmt in den zackig marschierenden Massen, wiederholt immer dieselben Bilder, schwelgt wollüstig in der Gleichtönigkeit. Heroisierende Ästhetik! Die Parteispitze läßt sich auf dem Kommandostand des Leninmausoleums feiern!

Die Freunde sind halb genervt, halb gefesselt. Sie witzeln und giften. Da, Gorbatschow! Schau ihn dir an, das gefällt ihm! Dort Ligatschow! Was der wohl denkt? Der? Ligatschow denkt nicht, Ligatschow glaubt. Der Smarte da, wer ist das? Den kennst du nicht? Das ist doch unser großes Ohr, Krutschkow, der neue im KGB! So geht es die ganze Tribüne entlang; böse Witze über Perestroika, über leere Läden, über den neuen Streß am Arbeitsplatz. Man erörtert die Chancen, die nach der Änderung des Rubelkurses für Westreisen bleiben. Krisenstimmung! Was für ein *Prasdnik*! Wir wollten doch feiern! Aber der Frust über die Lage, die Angst, was werden wird, ist zu präsent.

Ich bin zum erstenmal wirklich krank von diesem Land! Das »Hurrrrrra!«-Gebrüll vom Schloßplatz und die ununterbrochenen Stechschritt-Kaskaden gehen mir nicht aus dem Kopf. Ich fühle mich einsam, verstehe auch plötzlich kein Wort Russisch mehr. Der Abend ist gelaufen. Der Rückweg ist eiskalt. Wir sind dann früh zu Hause. Wenigstens das.

Morgens versuche ich mich durch langes Schlafen zu erholen. Dann notiere ich mir Beobachtungen zum Thema Militär-Patriotismus in der UdSSR, über die ich nachdenken muß: Da sind die Stechschrittparaden von Kindern, die ich bei meiner Reise als Staatsgast im Sommer entlang den Kriegsdenkmälern von Brest, Minsk, Smolensk bis Moskau gesehen habe, da ist die hohe Präsenz von Uniformierten im Alltag, wie überhaupt die militaristische Zurichtung des Alltags von der Kindererziehung über die Lernmethoden in Schule und Universität bis hin zu Sport und Freizeit. Mir geht auch der Hinweis von Wladimir über das System der »Onkel« und »Sklaven« nicht aus dem Kopf. Ich muß immerzu an die Befürchtungen Nicolai Chramovs vor einer neuen militär-patriotischen rechten Massenbewegung denken, die er aus einer Verbindung von Restauration, dem ungelösten Problem der Afghanistanheimkehrer und einer enttäuschten oder apathischen Mehrheit einer von Grund auf militarisierten Bevölkerung sieht. Er ist mit solchen Vorstellungen isoliert. Das Thema ist offenbar kaum diskutierbar. Da muß ich nur an meine eigenen mißglückten Versuche denken, mit kritischen Leuten über die militärpatriotische Erziehung zu sprechen: Boris Kagarlitzky in Moskau, der dies zum Nebenproblem erklärte, das sich von selbst lösen werde, meine Bekannten und Freunde in Leningrad, die diese Paraden für Alltag halten, den man mitmacht, aber nicht ernst nimmt.

Die letzte Station war das Sozialamt, das ich auf Empfehlung von Anton Stroganow vor ein paar Tagen aufsuchte. Die Jugendpfleger, die angeblich die Erneuerung der Jugendkultur betreiben, verstanden erst gar nicht, wovon ich sprach, als ich sie nach Kritik an der bisherigen militär-patriotischen Pädagogik befragte! Erst Ekatarina Podoltsewa von der »Demokratischen Union« und ihre Freunde wußten, wovon ich spreche.

Nachmittags kommt Lena. Sie bringt »Argumenti i Fakti« mit, zeigt mir darin einige wichtige Artikel, u. a. einen über das Problem der »Onkel« und »Sklaven«, über das wir ein paar Tage zuvor gesprochen hatten. Alle wüßten Bescheid, heißt es auch in dem Artikel, aber niemand wisse, wie man das ändern könne.

Ich erkläre Lena, daß heldischer Patriotismus für mich generell, gleich unter welcher Ideologie, nur die verlogene Vergewaltigung der Individuen zum Nutzen von Ausbeutergewalt sei. Sie versteht mich nicht ganz. Ich bin Patriotin, sagt sie, ich liebe mein Land, meine Leute, du nicht? Zugleich macht sie mir ihren ganzen Abscheu gegen die militär-patriotischen Rituale deutlich, denen sie sich vom Kindergarten über die Pionier- und Komsomolzenlager bis in die studentischen Wehrdienstübungen hinein regelmäßig einmal die Woche für den Fall des Krieges, wie es heißt, hatte unterziehen müssen.

Schließlich bietet sie mir die Vermittlung eines Gespräches mit einem »Woinij«, einem Militär an.

Brennglas: Armeezustände

Gesprächspartner ist Sergei. Von fünf Leuten, die sie gefragt habe, teilt Lena mir mit, sei Sergei als einziger bereit gewesen, mit einem westlichen Journalisten zu sprechen. Mit Lena ist auch Inessa gekommen, ebenfalls Assistentin der Finanzwirtschaftslehre. Sie ist gebürtige Estin.

Sergei, Jahrgang '67, ist Absolvent der Militärakademie, politischer Offizier, der den Dienst im Zuge der 1988 beschlossenen Reduzierung der Armee von 5 Millionen auf 4,5 Millionen Mann quittieren will.

Sergei empfängt uns in der Wohnung seiner Eltern in der Altstadt von Leningrad, wo er ein halbes Zimmerchen bewohnt, vollgehängt mit diversen westlichen Werbeplakaten, insbesondere von Reisebüros.

Ich erkläre Sergei den Grund meines Interesses: Perestroika von unten! Er lacht: Perestroika bei der Armee? Bei der Armee gebe es keine Perestroika! Da könne man sich nur verpissen. Die Gelegenheit sei günstig, erklärt er. Üblicherweise sei es sehr schwer, als Offizier die Armee zu verlassen. Aber die Reduzierung mache es möglich.

Das erste, wonach ich Sergei frage, ist natürlich das System der »Onkel« und »Sklaven«. Er bestätigt, was mir vorher schon Wladimir und Lena berichtet haben: Das System der »Onkel« und »Sklaven« ist die Grundstruktur der sowjetischen Armeehierarchie, die Abfolge von Rekruten und Einjährigen. Die Rekruten würden Sklaven genannt, die Einjährigen Onkel. Sie seien die Herren. Im nächsten Jahr rücke der Sklave zum Onkel auf, der sich seinerseits seinen Sklaven halte und sich an ihm für die Erniedrigungen des ersten Jahres schadlos halten könne. So reproduziere sich das System Jahr für Jahr. Das sei, so Sergei, physische und psychische Vergewaltigung, die Kadavergehorsam produzieren solle. Ja, jeder wisse es. Alle haßten oder fürchteten es, aber keiner wisse, was man dagegen tun könne.

Um das Problem richtig verstehen zu können, müsse ich mir einige Besonderheiten des sowjetischen Militärdienstes vor Augen führen: – Alle jungen Leute müssen unterschiedslos vom achtzehnten bis zum zwanzigsten Lebensjahr ihren Dienst ableisten, bis auf die Kinder der Nomenklatura, versteht sich; für die Frauen gibt es einen entsprechenden Sanitätsdienst.

Die Wehrpflichtigen kommen nach einem vierwöchigen

Grunddrill zum Arbeitsdienst. Eine Spezialaus- oder Fortbildung gibt es nicht.

Soldaten verschiedener Nationalitäten werden rücksichtslos in den Kasernen gemeinsam untergebracht. Häufig können die Rekruten und einfachen Mannschaften nicht miteinander reden, weil viele außer ihrer Heimatsprache keine andere Sprache, auch kein Russisch, gelernt haben, manchmal selbst in ihrer Landessprache nicht lesen und schreiben können.

Es gibt ein Spezialgesetz, wonach diensttaugliche, verurteilte Verbrecher im Alter von 18 bis 28 Jahren ihre Strafzeit beim Militär abbüßen müssen. Sie bilden eine eigene soziale Gruppe innerhalb der Personalstruktur der Armee.

Die Offiziere dieser gemischten Einheiten sind durchweg Russen, die ihrerseits die Sprachen ihrer jeweiligen Mannschaften nicht verstehen können.

Die Rekruten, erzählt Sergei, werden in der Regel in den ersten Tagen, genauer Nächten, systematisch zusammengeschlagen. Die Schlägertrupps setzen sich aus Zweijährigen unter Führung der Verbrecher zusammen. Jeder, der zum Militär einberufen wird, weiß, daß ihm das in den ersten Tagen bevorsteht. Eltern fürchten die Erniedrigung und die körperlichen Schäden für ihre Kinder. Seit Jahren werden diese Zustände kritisiert, aber geändert hat sich bisher, auch seit Gorbatschow, nichts.

Warum das so ist? Dafür gibt es einen ganzes Bündel von Gründen, die historisch gewachsen sind, so wie alle anderen gesellschaftlichen Zustände in der UdSSR auch. Überhaupt stehen die Zustände in der Armee nur stellvertretend für die ganze übrige Gesellschaft, sozusagen als unter einem Brennglas vergrößerte Wirklichkeit.

Zum einen gibt es in der sowjetischen Gesellschaft eine sehr widersprüchliche Tradition in der Haltung der Menschen gegenüber Verbrechern. Sie hat ihre Wurzeln in der Stalinzeit. Gefangene sind hoch angesehen, ja werden von der Bevölkerung in einer Art Widerständlerromantik sogar geliebt. Die ganze Kultur der *blatnije pjesni*, der »Gaunerlieder« (*blat* heißt außer Beziehung auch Gilde, Vetternwirtschaft), die ihre Wurzeln in den Gulags und Gefangenenlagern Stalins hatte, ist als Untergrundkultur gegen die herrschenden Verhältnisse für Millionen Menschen zum heimlichen Traum vom Ausbruch geworden. Das macht es unmöglich, frontal gegen die Verbrecher vorzugehen.

Zum zweiten sind die jungen Leute seit Jahrzehnten auf dieses Militärwesen als gegebene Wirklichkeit, an der man nichts ändern kann, eingestellt. Man fühlt sich selber als Teil einer Maschine. Der Mensch zählt nicht. Warum soll das denn gerade beim Militär anders sein als in der übrigen Gesellschaft?

Die Offiziere können offiziell nichts davon wissen. Die Prügeleien geschehen nachts, auf den Latrinen. Morgens kommen die Rekruten mit zerschlagenen Gesichtern zum Appell, aber wenn sie gefragt werden, dann will keiner etwas sagen. Klar hat es schon Anzeigen von ganz Mutigen gegeben. Es sind auch Verfahren gegen einzelne der Schläger eingeleitet worden, aber dann sind die anderen doppelt schlimm über die Rekruten hergefallen. Man kommt an die Gesellschaft nicht heran. Die einzige Genugtuung für die Rekruten besteht darin, im zweiten Jahr selber »Onkel« zu sein. Natürlich reproduziert sich das System des Kadavergehorsams auf diese Weise von Jahr zu Jahr.

Selbstverständlich gibt es auch ein paar Maßnahmen seit Beginn der Perestroika:

Die baltischen Republiken haben eine Forderung auf Dienst nach Nationalitäten vorgebracht, das heißt, daß Rekruten nach Nationalität eingesetzt werden, die baltischen Rekruten zum Beispiel im Baltikum und nicht in Kasachstan und die Kasachen nicht im Estland eingesetzt würden. Dafür sind baltische Frauenorganisationen auf die Straße gegangen.

Es gibt inzwischen einen Gesetzentwurf, der die Dienstverpflichtungen von Verbrechern aufheben soll.

Seit Juli '89 ist Beschluß, daß Studenten nicht mehr einberufen werden – nachdem unter den Studenten eine Bewegung gegen die Einberufung immer entschlossenere Formen angenommen hatte und selbst die drastischen Strafen von drei

Jahren Gefängnis gegen Kriegsdienstverweigerer keine Wirkung mehr gezeigt hatten.

Zum selben Zeitraum ist die Reduzierung beschlossen worden. Das soll man aber nicht zu hoch bewerten. Solche Reduzierungen hatte es auch schon unter Chruschtschow und unter Breschnew gegeben. Das änderte nichts, zumal ja gleichzeitig die Sondertruppen aufgebaut worden sind und die Reservisten durch regelmäßige Wehrdienstübungen einsatzbereit gehalten werden.

Es gibt auch einige Diskussionen über notwendige Veränderungen:

So gibt es im unteren Offizierskörper eine Mehrheit für die Liquidierung der politischen Abteilung, das heißt, der speziellen Parteiorganisationen in den verschiedenen Abteilungen, den ganzen Politkommissars-Strang in der Armee.

Es gibt starke Kräfte, die sich für die Liquidierung der sogenannten Bauabteilung als autonomer Wirtschaftsteil des Militärs und dessen Überführung in die zivile Wirtschaft aussprechen. Bei einer Truppenstärke von jetzt 4,5 Millionen Mann handelt es sich dabei immerhin um einen Wirtschaftskomplex, in dem zwei Millionen Menschen beschäftigt sind und die dort als Soldaten unter Sklavenbedingungen nahezu unbezahlte Arbeit, sieben bis höchstenfalls fünf Rubel per Monat, einmal alle zwei Wochen Ausgang, unter größtenteils unsäglichen Bedingungen verrichten müssen.

Überhaupt macht man sich Gedanken über eine bitter notwendige Rationalisierung und Effektivierung der Armee im allgemeinen und darüber hinaus eine Professionalisierung des mittleren Kaders im besonderen. Die gesamte Debatte wird aber da zu bloßem Gerede, wo es um das Konkrete geht, um das Geld! Es gibt kein Geld, und im übrigen soll ja gerade an Militärausgaben noch gespart werden. Unter diesen Umständen will natürlich niemand mehr die militärische Laufbahn einschlagen. Der Militärberuf ist, selbst bei 150 bis 255 Rubel im Monat für mittlere und bis zu 320 für höhere Offiziere, für niemanden attraktiv – außer für Bauern. Für sie ist der Militärdienst selbst unter diesen Bedingungen immer noch attraktiver als das elende Leben auf dem Lande, ganz abgesehen von den Karriereaussichten.

So speist sich das Offizierskorps also schon seit längerem aus dem konservativen Teil der Bevölkerung. Die Reduktion führt zudem dazu, daß die beweglichen und unzufriedeneren Teile des mittleren Armeekaders entweder die Gelegenheit ergreifen, selbst zu kündigen, wie ich ja auch, oder gegen ihren Willen aussortiert werden. Im übrigen sträubt sich das Offizierskorps schon deswegen gegen weitere Rationalisierungen, weil sie höllische Angst vor dem normalen Leben haben. Sie sind nicht nur in einem Staat im Staate, sondern auch in einer Sonderwirtschaft, einer ganz und gar gesonderten und gesicherten Welt aufgewachsen, die sich selbst kontrolliert und versorgt. Sie haben nichts anderes gelernt, als zu befehlen. Zwar kann die Mehrzahl der Entlassenen immer noch in den Armeebetrieben Arbeit finden. Die Arbeitslosigkeit ist also nicht das Problem. Ein großes Problem aber sind die Wohnungen! In der Dienstzeit haben die Militärangehörigen, viele mit den Familien, in Dienstwohnungen gelebt. Jetzt liegen sie auf der Straße, denn es ist schier unmöglich, Wohnungen zu finden. Daran zerbrechen die Familien. Aus all dem ergibt sich, daß es zwar einzelne Liberalisierungen beim Militär gibt, sich aber im Grunde gar nichts geändert hat und darüber hinaus die konservative Grundstimmung anwächst. Die Losung des Militärs: »Perestroika in der Armee, das ist mehr Disziplin und Einzelkommando«, sagt ja wohl alles.

Tiflis war typisch, schließt Sergei. In Tiflis ist der Soldat nur Automat mit Stock gewesen! So etwas kann sich jederzeit an jedem beliebigen Ort wiederholen. Da ist der Aufbau der Spezialtruppe vielleicht noch das kleinere Übel zur Eindämmung von Konflikten. Mit der Armee ist das jedenfalls nicht machbar. Die Armee, so Sergei schließlich mit scharfem Zynismus, ist eher eine Gefahr dafür, daß eindämmbare Konflikte unkontrolliert eskalieren. Für Berg-Karabach beispielsweise ist das ja schon absehbar.

Daß ich es trotz aller Kritik mit einem enttäuschten Offizier, nicht mit einem wehrunwilligen Rekruten zu tun habe, wird deutlich, als Sergei über das Problem der Afghanistan-Heimkehrer spricht. Mit scharfen Worten weist er Sacharows Anklage zurück, der von den Verbrechen sowjetischer Offiziere in Afghanistan gesprochen hatte. Nicht die Offiziere, so Sergei, die seien ausgebildet, nein, Teile der unqualifizierten Mannschaften hätten unkontrollierbar gewütet. Es sei ein großes Unrecht, die Offiziere dafür verantwortlich zu machen.

Ich bin einigermaßen verblüfft über diese Sicht. Als Sergei dann auch noch den Aufbau von Wehrsportgruppen durch ehemalige Afghanistan-Kämpfer für problemlos hält und als ihr gutes Recht auf Eingliederung bezeichnet, beenden wir das Gespräch. Eine Diskussion wäre sinnlos.

Nach dem Gespräch entwickelte sich ein bezeichnender Konflikt zwischen Lena und mir: Als Sergei die Gefahren der Erneuerung der militär-patriotischen Gesinnung und Erziehung unter anderem durch die Afghanistan-Veteranen leugnete, hatte ich eingeworfen, daß selbst kritische Leute, die eine demokratische Entwicklung wollten, diesem Denken noch voll verhaftet seien. Andreij hatte das nicht verstanden, Lena auch nicht. Das war zwar auch Ergebnis meiner Sprachschwierigkeiten. Aber Inessa, die Baltin, hatte sofort verstanden, mindestens erraten, was ich meinte, und auf die Demonstrationen estnischer Frauenorganisationen hingewiesen, die Sergei schon erwähnt hatte. Als ich Lena daran erinnerte, daß selbst sie doch bei aller Kritik des Militarismus erklärt habe, eine Patriotin zu sein, wurde sie böse. Nun müßten Andreij und Inessa glauben, sie sei eine Militaristin, erklärt sie mir später. Sie kenne Andreij und Inessa zwar, aber doch nicht so gut, daß man alles voneinander wisse.

Ich beginne zu begreifen: Man kennt sich, man vertraut sich soweit, daß man einen Ausländer bis nach Tallin lotst. Das ist neu. Das ist gut. Aber man hält sich weiter bedeckt. Wenn das mißlingt, ist sofort wieder das Mißtrauen da, das immer noch in dieser Gesellschaft herrscht, in der das Handeln der Individuen nicht durch Belohnung, sondern durch Propaganda und Bestrafung motiviert wurde. In unserer Gesellschaft vertraut niemand niemandem, erklärt mir Lena. Auch jetzt noch nicht. Alle haben auch Angst, daß der KGB wieder zur Macht kommt wie früher.

Am Ende dieser Gespräche ist mir klar, daß siebzig Jahre UdSSR, also vier Generationen, den Militarismus und Patriotismus des Zarenreichs und der bürgerlichen Gesellschaften nicht gebrochen, sondern, als Spiegelbild der Entfremdung in der Produktion, ins Extrem bis zum militär-patriotischen Weltbild gesteigert haben. Auch fünf Jahre nach Beginn der Perestroika ist dieses Weltbild noch vorherrschend. Es wird durch die bisherigen Liberalisierungsmaßnahmen, selbst durch die Mehrheit der demokratischen Bewegung bisher nicht in Frage gestellt.

Tagesnachrichten

Presse: »Smjena« feiert *Prasdnik* mit der Schlagzeile »Humanismus ohne Gewalt« und wettert gegen die OFT. Auf denselben Seiten verbreitet sie faschistoide Dumpfheiten gegen Malewitsch und die, die ihn jetzt populär machen wollten, sowie knallharte Propaganda für Stalin, zu dessen Zeit es alles, aber keine Bezugsscheine gegeben habe. Man übt Pluralismus!

TV: Nina Andrejewa verkündet zur besten Sendezeit im Fernsehen, daß die Entwicklung auf Entscheidungen zusteuere. Es gebe inzwischen 150 000 (neue) Millionäre, die zum Kampf um die Macht entschlossen seien. Ihnen müsse die vereinigte Arbeiterklasse entgegentreten, die Revolution verteidigen und die Diktatur des Proletariats erneuern.

Schachmatt

Wenige Tage nach den Feierlichkeiten treffen Lena und ich in einem kleinen Kofje irgendwo in der Stadt zwei junge Burschen. Sie sitzen uns gegenüber am Tisch, mit dem Verschlingen von Saft und Piroggen beschäftigt. *Prosti Ludi* sagt Lena, Arbeiter. Du wolltest doch normale Leute befragen. Da sind sie. Da ich mich scheue, übernimmt sie den Part. Was Perestroika für sie bedeute, fragt sie ohne Umschweife die beiden.

Die schauen sich an, als ob wir nicht ganz in Ordnung seien. Perestroika, brummelt der eine schließlich langsam, was ist das? Das gab's mal. Das ist doch erledigt. Pause. Dann, nach kurzem, verstohlenem Blickwechsel mit seinem Kumpel, stößt er hervor: *Gorbatschow, eta Durak!*, Gorbatschow ist ein Narr. Schon stehen sie auf und suchen den Ausgang.

Zu Hause glaube ich mich zu erinnern, daß er sogar *Durenj* brummelte, was soviel wie Einfaltspinsel, Niete, Kaffer bedeutet. Aber Lena hatte mir den von ihm gebrauchten Ausdruck nicht wiederholen wollen. Es sei so ein schlechtes Wort. Erst nach einigem Zieren hatte sie sich überhaupt darauf eingelassen, mir die freundlichere Variante *durak*, Narr, im Wörterbuch aufzuschlagen. Sie hätten damit sagen wollen, Gorbatschow sei schachmatt, von ihm erwarteten sie nichts mehr, hatte sie sich bemüht, mir zu erklären.

Tatsächlich, notiere ich mir dazu in mein Tagebuch, mir scheint, Perestroika dreht sich im Kreis. Ich fürchte, nicht nur mir, sondern der ganzen sowjetischen Gesellschaft wird schwindelig werden, wenn die Entwicklung nicht greifbarer, wenn die Fragen der Macht und des Eigentums, also der zentralisierten Alleinverfügung der Partei über das Volkseigentum, nicht gelöst werden, so oder so, von oben oder von unten, und zwar bald und in der Praxis. Ein Gespräch im Institut für Geschichte der Wissenschaft, von dem ich Antwort auf meine vielen offenen Fragen erhofft hatte, war jedenfalls der *pik*, der Gipfel aller bisherigen Gespräche. Aber es war nicht der *pik kommunismo*, der Gipfel des Kommunismus, auch nicht der der Erneuerung des Sozialismus, sondern der Gipfel der, bleibt letztlich nur zu hoffen: produktiven Verwirrung. Nichts Genaues weiß niemand. Man befindet sich in einer Zone der Instabilität, ließen mich die Wissenschaftler wissen. Wer die Gesellschaft zerstören wolle, könne das jetzt tun. Alle strampeln irgendwie vor sich hin, wollen sich vom Erbe der Vergangenheit befreien, aber niemand weiß wie.

Auf also nach Tallin! Dort, so erzählten mir alle, sollen die Leute leben, die das tun, wovon die anderen bisher lediglich träumen: Estland, Avantgarde der Perestroika!

Notiz

Ich will eigentlich arbeiten. Aber ich bin müde, erschöpft, habe keinerlei Verlangen nach irgendwelchen weiteren Worten über Perestroika. Ich möchte nachdenken, habe Sehnsucht nach zu Haus, ja, tatsächlich: zu Haus! Hier, unter der allgegenwärtigen Last des toten Systems, der verlorenen Utopie fühle ich mich so grenzenlos fremd, fremder noch, als ich je im ungeliebten Kapitalismus war. Aber es ist gut, das zu durchleben. Es ist gut zu wissen, wohin die Ideologisierung und Pädagogisierung der Gesellschaft führt. Es ist ein Irrweg der Geschichte! Dies bewiesen zu haben ist letztlich, von heute aus betrachtet, das Verdienst der sowjetischen Revolution und ihrer Geschichte. Das ist quälend paradox, aber so ist es. Ohne Demokratie kein Sozialismus, das kann zukünftig als Gesetz gelten, welches durch historisches Leiden des sowjetischen Volkes und vieler anderer in diesen Prozeß hineingezogener Völker gehärtet wurde, nicht minder gehärtet als zuvor der Beweis, daß Kapitalismus ohne Demokratie zum Faschismus führt. Das heißt noch lange nicht, daß Stalinismus und Faschismus dasselbe waren. Es heißt aber sehr wohl, daß beide zusammen als zwei Seiten eines historischen Prozesses bewiesen haben, daß die Alternative zur jetzigen Industriegesellschaft, nennen wir es weiterhin Sozialismus, nicht anders als demokratisch pluralistisch sein kann.

Tallin: Die Opposition

Nachts, 23.50 Uhr: Aufbruch nach Tallin: Wie dunkel ist dieser Bahnhof! Wie rumpelt dieser Zug! Als ob wir durchs vorige Jahrhundert führen. Dabei bewegen wir uns auf einer der besten Strecken der UdSSR! Aber mit dem Tee, den die Wagenbetreuerin vorne auf offenem Herd heißmacht und auf Verlangen verteilt, kommt fast romantische Stimmung im Waggon auf. Die Nacht vergeht schnell.

Morgens in Tallin: Schöne alte Stadt. Ganz andere Atmosphäre. Auch wenn der sowjetische Firnis unübersehbar ist, ist er doch Firnis. Das alte Tallin ist noch zu erkennen, das neue schon wieder. Es gibt Cafés, in die man sich setzen kann, offene Geschäfte, die durch Beschilderung und Auslagen als solche kenntlich sind. Alles wirkt lockerer, »europäisch«, sagen die Leningrader, die sich nicht scheuen, vierzehn Rubel für Fahrtkosten und zwei unbequeme Nächte in Kauf zu nehmen, um hier einzukaufen oder, wenn es junge Leute sind, ein Wochenende in einem Talliner Hotel zu verbringen.

Sulev Maälteesemes, stellvertretender Direktor des Instituts für Wirtschaft der Akademie der Wissenschaften Estlands, als Doktorand früher längere Zeit in Frankfurt, ein sehr freundlicher, großer blonder Mann, holt uns vom Zug ab und führt uns in die Räume der Akademie.

Die Zauberformel »Journalist aus Hamburg, auf der Suche nach Perestroika von unten« hat mir nun, durch Lenas Vermittlung, auch hier in Tallin die Türen geöffnet. Hier hoffe ich zu erfahren, warum die sowjetische Systemopposition die baltische, speziell auch die estnische Bewegung als Avantgarde der Perestroika begreift und was es bedeutet, wenn die Esten die Initialen ihres Umbruchkonzepts zu der Kombination I. M. E. zusammengestellt haben, was in ihrer Sprache soviel heißt wie: Wunder.

In Tallin bestätigt sich nicht nur, was Perestroika, sondern noch mehr, was auch kritische Avantgarde der Perestroika in letzter Konsequenz heißt: erklärte Rückkehr zu kapitalistischen Produktionsmethoden als Ausgangspunkt für jede weitere Entwicklung. Perestroika ist nichts anderes als der Prozeß der schrittweisen Liquidation des bisherigen zentralistischen Staatssozialismus. Eine darüber hinausführende Perspektive ist bisher nicht das Thema.

In drei Gesprächen kommt diese Wahrheit kompakt auf den Tisch: Sulev Maälteesemes skizziert die Reformpläne der estnischen Perestroika: 1. Zulassung von Privateigentum an Produktionsmitteln, 2. Mehrparteiensystem, 3. Dezentralisierung, 4. rechtsstaatliche Verfassung nach dem Muster westlicher Demokratien. Seine Ausführungen sind auch nach der inzwischen erfolgten Anerkennung der Selbstbewirtschaftung der baltischen Staaten durch den Obersten Sowjet, wie auch der neuesten Beschlüsse der Allunionskongresse in Sachen Paragraph 6, Präsidialverfassung und Privateigentum nach wie vor aktuell, denn sie gestatten einen tiefen Einblick in den Zustand der Ruine, die abgetragen werden soll, und in die Denkweise der Neuerer und deren Grenzen.

Das gilt auch für Sulev Maälteesemes' Assistenten Arvo Kuddo. Er beantwortet uns unsere Fragen nach Hintergründen und prinzipiellen, auch theoretischen Konsequenzen, insbesondere der Neubewertung von Marx.

Peet Kast, Mitglied der Programmkommission der estnischen »Volksfront« erläutert das neue Selbstgefühl einer zwar immer noch nicht legalisierten, aber faktisch agierenden Opposition und ihr Programm der schrittweisen Entwicklung eines unabhängigen estnischen Staates. Avantgarde, begreife ich, das heißt Avantgarde für beide Seiten: Impulsgeber und ermutigendes Beispiel für die Kräfte der Selbstbestimmung in der gesamten UdSSR auf der einen, provozierender Unruhestifter in den Augen der konservativen Zentrale zum andern. Hier liegt Zunder: exemplarischer Sieg oder exemplarische Zähmung, kontrollierter demokratischer Prozeß oder bürgerkriegsähnliche, militärische oder gar faschistische Eskalation.

Dieser Winter wird entscheiden, lautet die übereinstimmende Meinung.

Sulev Maälteesemes

Sulev Maälteesemes steigt ohne Umschweife ein. Seine Ausführungen sind, auch wo sie einem linken Westler zunächst die Seele verdunkeln können, eine Erholung nach den vielen Halbheiten der letzten Wochen. Unsere Situation, beginnt Sulev Maälteesemes, ist deswegen interessant, weil hier die Idee der Selbstbewirtschaftung entstand. Vor zwei Jahren wurde in einer estnischen Zeitung ein erster Entwurf veröffentlicht. Ein Jahr später hatten wir eine Konzeption für die Selbstbewirtschaftung Estlands. Am 18. Mai 1989 wurde ein Gesetz im Obersten Sowjet Estlands über die »Grundlagen der Selbstbewirtschaftung Estlands« beschlossen. Im Oktober '88 hatten wir eine gemeinsame Konferenz mit Kieler Wissenschaftlern, ebenso in diesem Jahr, wo diese Dinge gemeinsam durchgearbeitet wurden.

Zur Zeit beschäftigen wir uns mit der Ausarbeitung verschiedener Gesetze. Noch in diesem Jahr sind an die 100 Gesetze vorgesehen. Das ist vielleicht ein bißchen unrealistisch. Wir haben bisher nur ein Gesetz geschafft. Das war in der vorigen Woche das Gesetz über die örtliche Selbstverwaltung. Ich war selbst einer der Autoren. Andere Gesetze sind jetzt in verschiedenen Stadien, und deswegen ist die Situation kompliziert. Wir spüren sehr stark, daß die Moskauer Ministerien und Zentralbehörden dagegen sind. Wir konnten auch nicht hoffen, daß sie nicht dagegen sind, denn das bedeutet ja, daß sie ihre Macht verlieren. Aber daß es so kompliziert werden wird, das wußten wir auch nicht. Ende Juli dieses Jahres haben wir in Moskau eine Verordnung vorgelegt. Unter Punkt drei heißt es da, daß die Unionsgesetze, die unsere Selbstbewirtschaftung einschränken, bei uns keine Gültigkeit haben. Deswegen arbeiten wir sehr viele solcher Gesetze aus, um die allunionischen Gesetze hier einzuschränken. Aber tatsächlich sehen wir, daß unsere Gesetze keine Kraft haben.

Nehmen wir das Beispiel der Verkehrssteuern: Die Transportsteuer ist früher in das Budget des örtlichen Sowjets gegangen. Seit letztem Jahr soll dieses Geld ins allunionische Budget gehen. Es ist dort für die Reparaturen der Straßen in Rußland vorgesehen. Wir haben hier in Estland in diesem Sommer ein Gesetz im Obersten Sowjet beschlossen, daß dieses Geld nicht dorthin gehen darf, sondern wie vor anderthalb Jahren in das Budget unseres Obersten Sowjets. Zwei Monate später kam aus Moskau ein Brief: Wir werden Ihrem Budget 20 Millionen Rubel entnehmen, weil Sie dies spezielle Geld nicht zahlen wollen. Das heißt, wir haben einen moralischen Sieg errungen, aber keinen materiellen. Zwar gehen die Verkehrssteuern jetzt tatsächlich ins Budget des estländischen Sowjets, aber für ganz Estland hat das keine Bedeutung, weil diese 20 Millionen weggenommen werden.

Weil wir gerade von diesem Budgetsystem sprechen: Wir sind ganz und gar gegen das gemeinsame Budgetsystem in der Sowjetunion. Es bedeutet einfach, daß man von oben alles regulieren kann. In Moskau kann man bestimmen, wieviel Geld eine Republik, ein Bezirk, ein Kreis hat. Wir meinen, daß unser Budgetsystem völlig anders aufgebaut sein muß: von unten nach oben. Das ist eine der Antworten auf Ihre Frage, was Perestroika von unten bedeutet.

Wir sehen heute ganz deutlich: Das Budgetsystem muß von unten her aufgebaut sein. Das gilt auch für die Republik. Heute besteht zwischen Moskau und dem Allunionsbudget ein Ein-Kanal-Zahlungssystem. Bisher wurde aus allen Republiken über verschiedene Kanäle bezahlt. Alle Betriebe haben direkt bezahlt. Wenn es so läuft, wissen wir zum Beispiel überhaupt nicht, wie die Zahlungsbilanz der Republik ist, weil soviel Kapital zentralisiert wird, ohne daß wir darüber Angaben haben, wieviel Kapital aus Estland hinausfließt. Wie es zurückkommt, wissen wir im allgemeinen. Diese Resultate sehen wir. Das sind die soziale Infrastruktur und anderes. Aber wieviel Geld vom Territorium der Republik durch Zentralisierung abgezogen wird, das wissen wir nicht. Wir wissen einfach nicht, wieviel Steuern und Abgaben die Fabrik xyz bezahlt. Wir können diese Angaben von einzelnen Betrieben bekommen, aber die estländische Statistik hat keine allgemeinen Angaben, was nach Moskau fließt. Rückmeldungen darüber haben wir überhaupt nicht.

Jetzt wird sich die Situation ein wenig bessern, weil das Ein-Kanal-System eingeführt wird. Estland wird seinen Anteil gesammelt an das Allunionsbudget bezahlen. Allerdings haben wir Allunionsbetriebe, die sowieso in ihren jeweiligen ministeriellen Zentralfonds bezahlen. Wieviel Geld diesen Weg geht, wissen wir ohnehin nicht, aber wir können jetzt sagen, daß wir ab nächstem Jahr wissen, wieviel Geld von Estland nach Moskau fließt. Das ist ein Teil dieser Zahlungsbilanzreform.

Wir wollen auch in Estland dieses Budgetsystem von Grund auf verändern. Auch in der Republik selbst war es so, daß der Republiksowjet bestimmt hat, wieviel Geld dieser Bezirk, oder jener Dorfsowjet im nächsten Jahr hat. Das Budgetsystem soll jetzt auch in der Republik von oben nach unten gehen. Im nächsten Jahr werden Steuern ins Budget des örtlichen Sowjets gehen und ein Teil direkt ins Budget der Republik. Ja, über die Proportionen wird man diskutieren müssen. Wir sind es natürlich bisher gewohnt, daß das ganze Geld zentralisiert wird. Andererseits hat es auch bei dem bisherigen System auf unterster Ebene immer einige Gelder gegeben, die direkt bei dem Dorfsowjet geblieben sind. Das waren allerdings bisher sehr kleine Beträge. Sehr klein! Sogar diese Verkehrssteuern waren nicht sehr hoch. Das war eher ein moralisches, als ein materielles Problem. Aber, Sulev Maälteesemes lacht, auch diesen Kampf haben wir nicht gewonnen!

Jetzt ist beabsichtigt, fährt er fort, daß die Dorfsowjets das Recht bekommen, umfangreichere Steuerquellen abzuschöpfen. Ein paar Zahlen machen das vielleicht klarer: Bisher beträgt das durchschnittliche Budget eines örtlichen Sowjets etwa 10 000 bis 15 000 Rubel. Das reicht gerade für den Lohn der dort tätigen zwei, drei Mitarbeiter und ein bißchen Wäschepulver oder so. Für die soziale Infrastruktur reicht das überhaupt nicht. Diese Summen für die lokale Infrastruktur sind aus dem republikanischen oder sogar aus dem Allunionsbudget gekommen. Unsere Rechnungen sehen vor, daß die Dorfsowjets in Zukunft 800 000 bis eine Million oder größere Dorfsowjets sogar 1,5 Millionen Rubel im Budget haben. Das ist ca. 1000 mal mehr als bisher. Und dann sind sie völlig selbstverantwortlich für die Fragen der sozialen Infrastruktur, und sie können auch selbst sagen, was sie machen wollen.

Bisher war es so, daß zum Beispiel das Ministerium für Bildung seine Zentralfonds hatte. Das Ministerium bestimmte dann, dort oder dort wird eine Schule gebraucht. Im Ministerium für Gesundheit wurde gesagt, dort wird eine Poliklinik gebraucht, dort wird ein Krankenhaus gebaut. Jetzt macht das alles die örtliche Selbstverwaltung. In diesem Jahr wird die Schule gebaut, im nächsten Jahr das Krankenhaus, nicht zentralisiert, sondern von der örtlichen Selbstverwaltung selber entschieden. So ist es in unserem Gesetz zu den »Grundlagen der örtlichen Selbstverwaltung« vorgesehen, das vor einigen Tagen, am 11. November, beschlossen wurde.

Wir wollen von den in der ganzen Sowjetunion geltenden Strukturen von Rayon und Dorfsowjet zurückgehen auf die Namen, wie sie früher in der estnischen Republik galten, also Gemeinden und Kreise, und dann kommt die Republik. All die Fragen, die auf unterster Ebene gelöst werden können, sollen dort auch tatsächlich gelöst werden, ganz im Gegensatz zu der bisherigen Praxis. In Moskau wurde gesagt, daß in diesem Rayon oder in diesem Bezirk, sagen wir, ein Zaun gebaut werden soll. Er wurde dann zehn Jahre gebaut und gebaut und gebaut. Es dauerte so lange, wenn er überhaupt gebaut wurde, weil das Ministerium die Investitionen für die ganze Sowjetunion zu verwalten hatte.

In Moskau versteht man das nicht, bzw. man ist prinzipiell dagegen. Man sagt, wir wollten keine wirtschaftlichen Beziehungen zwischen Estland und den anderen Sowjetrepubliken. Die Moskauer Behörden interpretieren das so, und sehr viele Wissenschaftler stellen das auch so dar. Dabei ist das unmöglich! Es ist sehr naiv, sich vorzustellen, daß wir ohne wirtschaftliche Beziehungen zu den anderen Sowjetrepubliken weiterleben können. An eine völlige wirtschaftliche Abkoppelung ist überhaupt nicht gedacht. Wir wollen nur, daß wir in Estland selbst bestimmen können, welche Wirtschaftszweige und in welchem Umfang wir sie entwickeln wollen.

Wir wollen selbstverständlich noch engere Beziehungen mit anderen Republiken. Bisher kann man ja im Gegenteil von Wirtschaftsbeziehungen zwischen den Republiken gar nicht reden! Man sagt bei uns, in der Sowjetunion gebe es einen territorialen Wirtschaftskomplex. So etwas gibt es ganz und gar nicht! Wir müssen sogar sagen, daß man diesen Staat nicht die Union der sozialistischen Sowjetrepubliken, sondern die Union der sowjetischen sozialistischen Ministerien nennen muß! Deswegen haben wir keinen wirtschaftlichen Komplex der Republiken. Wir haben nur einen Komplex der Interessen der verschiedenen Ministerien, der von Moskau ausgeht, und das auch noch mit völlig verschiedenen Richtungen. Bisher war die Regulation unserer Wirtschaft so, daß in Moskau eine Dame oder ein Herr im Planausschuß sitzt, der sagt, daß eine Tonne Erdöl von Tiumen nach Estland, eine Tonne Fleisch von Estland in die Ukraine, eine Tonne Zement von der Ukraine nach Zentralasien verfrachtet werden soll. Das nennen wir dann wirtschaftliche Beziehungen. Wenn wir jetzt selbst entscheiden wollen, dann sagt man in Moskau, das seien keine wirtschaftlichen Beziehungen.

Es stimmt, daß auch Gorbatschow der wirtschaftlichen Rechnungsführung zentrale Bedeutung für sein Programm der Perestroika eingeräumt hat. Aber es gibt heute verschiedene Konzeptionen zur wirtschaftlichen Rechnungsführung in der Sowjetunion. Als unsere Vorstellungen vor zwei Jahren veröffentlicht wurden, waren fast alle in Moskau dagegen. Jetzt sagten Gorbatschow und auch alle anderen: Es gibt keine andere Alternative der wirtschaftlichen Rechnungsführung. Aber ihr Modell sieht völlig anders aus als unser Modell. Dieses sogenannte Maslukow-Projekt wurde im März in den zentralen

Zeitungen, in »Prawda« und »Iswestia«, publiziert. Maslukow ist der Vorsitzende von GOSPLAN, des zentralen Planausschusses. Jetzt spricht man darüber sehr wenig, weil sehr viele dagegen waren. Dieses Projekt war das neue Modell der Zentralisierung. Sie haben gesagt, es sei eine radikale Reform für die regionale wirtschaftliche Rechnungsführung. Das war es ganz und gar nicht. Jetzt wird in Moskau ein neues Projekt vorbereitet. Es wurde in der »ökonomitschiska gazietta« Nr. 43 in diesem Jahr veröffentlicht.

Das neue Projekt stützt sich in vielem bereits auf das, was wir entwickelt haben. Vieles ist anders als im Maslukow-Projekt. Man könnte vielleicht sagen, das ist jetzt ein Maslukow-Abalkin-Projekt. Abalkin ist stellvertretender Vorsitzender des Ministerrats in Moskau und Direktor des Wirtschaftsinstituts der Akademie der Wissenschaften in Moskau. Obwohl dieses Projekt schon progressiver ist als das im März, sind wir dagegen. Zu viele Sachen sind wie immer überzentralisiert. Wir haben unser Gesetz, das wir am 18. Mai beschlossen haben, und wir wollen unsere wirtschaftliche Rechnungsführung nur auf der Basis dieses Gesetzes.

Andererseits ist in dem Entwurf einiges vorgesehen, das wir durchaus begrüßen. Zum Beispiel wird die Vielfältigkeit der Eigentumsformen gefordert. Das ist auch ein Hauptprinzip unserer Konzeption. Wir haben in unserer Konzeption vier Hauptprinzipien: die Vielfältigkeit der Eigentumsformen, die Dezentralisierung in der Republik, die Öffentlichkeit der wirtschaftlichen Beziehungen in der Sowjetunion und mit dem Ausland und schließlich viertens die Freiheit der Unternehmung. Das heißt, daß Betriebe bei uns im allgemeinen den Ministerien nicht mehr unterstellt werden. Sie werden fast frei arbeiten.

Alle diese Prinzipien sind damit verbunden, daß wir die Marktwirtschaft einführen wollen. Ja, das schließt auch die Einführung eines Arbeitsmarktes ein, auf dem sich Kapital als Käufer und Arbeitskraft als Verkäufer gegenüberstehen, wie es das in der Sowjetunion vorher nicht gegeben hat. Was es da bisher gab, kann man nicht Arbeitsmarkt nennen. Hier gibt es einen Unterschied zwischen dem Moskauer Projekt und unserer Konzeption. Sie sprechen von Vielfältigkeit der Eigentumsformen, aber nicht von Privateigentum. In Estland sehen wir vor, daß wir Privateigentum haben. Wir nennen es in unserer Konzeption bisher das Kleinprivateigentum. Wir wissen aber nicht, wo die Grenze liegt — hier lacht Sulev Maälteesemes wieder —, wo das kleine Eigentum aufhört und das große anfängt. Besonders in der Landwirtschaft wird es Privateigentum geben, so daß Bauern fünf bis zehn Mitarbeiter in ihrem Betrieb haben werden.

Nein, Grenzen haben wir bisher nicht definiert, außer der des Kleineigentums. Im übrigen ist vorgesehen, daß in Estland die soziale Gerechtigkeit gewahrt werden soll. Aber das ist auch sehr problematisch. Wie können wir die soziale Gerechtigkeit garantieren, wenn ein Privatbetrieb fünf oder zehn Mitarbeiter hat?

In den Kreisen um Gorbatschow sträubt man sich bisher gegen diese Entwicklung. Allerdings konnte man in Moskau vor einem Jahr überhaupt nicht über Privateigentum sprechen. Dann wurde man aus dem Zimmer gewiesen. Jetzt ist ja auch in dem Moskauer Projekt eigentlich schon von Privateigentum die Rede. Es heißt nur: »Wir sehen bäuerliches Eigentum an Grund und Boden vor«. Mit anderem Namen ist es also schon gesagt. Es dauert vielleicht noch einige Monate, vielleicht dauert es noch ein Jahr, und wir sprechen in der Sowjetunion über Privateigentum. In Estland sind die Leute psychologisch vorbereitet. Aber in Rußland ist es anders. Bis 1940 hatten wir eine andere Gesellschaft. Das wissen Sie ja.

Ja, die Schaffung des Marktes ist einer der Kerne unseres Konzepts. Wie sollen wir ohne Privateigentum und ohne Hilfe von Privateigentümern weiterkommen, wenn wir zum Beispiel ausländisches Kapital nach Estland hereinbekommen wollen? Selbstverständlich geht es auch um das Wecken von Initiative. Gorbatschows Versprechen, Arbeit müsse sich wieder lohnen und der Arbeiter solle Herr im eigenen Haus sein, ist leider nur eine Losung. Wenn man die gegebenen Eigentumsformen nicht radikal verändert, kann kein Arbeiter Herr im eigenen Haus sein, und keiner will besser arbeiten. Nur mit Forderungen nach anderen Eigentumsformen etwas zu ändern, ist nach meiner Meinung unmöglich. Solange die Organisation der Betriebe bleibt, wie sie ist, haben alle Losungen, daß ein Arbeiter mehr bekommt, wenn er mehr arbeitet, keine Bedeutung.

Wir in Estland sehen vor, daß im allgemeinen staatliche Betriebe liquidiert werden. Nur die Bodenschätze, das Meer u. ä. bleiben in staatlichem Besitz, obwohl es auch hier Diskussionen gibt. Bisher waren Boden und Bodenschätze Allunionseigentum. Am 16. November des vorigen Jahres, in der sogenannten Souveränitätsdeklaration Estlands, wurde zum erstenmal erklärt, daß Boden und Bodenschätze Eigentum der Republik sind. Am Anfang waren in Moskau alle dagegen. Jetzt gibt es neue Projekte, daß Bodenschätze allunionisch-republikanisches Eigentum sein sollen. Keiner weiß, was das bedeutet! Wenn man bedenkt, daß es in der Sowjetunion 15 Republiken als souveräne Staaten gibt und 20 autonome Republiken selbständige Staaten nach der Verfassung sind und dann noch die Sowjetunion als Ganzes dazukommt, dann bedeutet das, daß jeder Liter Erdöl und jedes Kilogramm Phosphorit, das wir in Estland haben, sechsunddreißig Herren hat!

Um es klar zu beantworten: Unser Konzept beinhaltet die Wiedereinführung kapitalistischer Grundprinzipien, jedenfalls teilweise. Das ist meine Meinung. Sehr viele meinen, das sei nicht damit verbunden. Es ist ja auch nicht mehr *der* Kapitalismus, den Marx kritisiert hat. Wir müssen sehen, daß sich auch der Kapitalismus weiterentwickelt hat. Wenn man sich die Prinzipien anschaut, die heute in Schweden oder auch in der Bundesrepublik gelten, dann kann ich sagen, daß wir diese Prinzipien teilweise auch in Estland einführen müssen. Wenn man uns aber in letzter Zeit immer wieder gefragt hat, welches Modell wir benutzt haben, als wir das Konzept ausarbeiteten, können wir darauf nicht antworten. Es gibt ja erstens in der

UdSSR sehr verschiedene Staaten, und zweitens haben wir das ungarische Modell, Schweden, Finnland, die Bundesrepublik Deutschland, also verschiedene solche Staaten als Beispiele. Man muß ja damit rechnen, daß Finnland zum Beispiel seine Besonderheiten hat. Es kann niemals so sein, daß etwa nur das schwedische oder nur das ungarische Modell übernommen wird. Wir wollten das Positive von diesen Staaten übernehmen. Ob das gelungen ist oder nicht, ist auch eine Frage.

Bis vor zwei Jahren war es unmöglich, in der Sowjetunion über die Marktwirtschaft zu sprechen. Jetzt spricht man von sozialistischer Marktwirtschaft. Was bedeutet »sozialistische Marktwirtschaft«? Man sagt, das sei eine planmäßig regulierbare Wirtschaft oder so. Aber was ist das? Das ist wieder eine zentrale Leitung für die Marktwirtschaft. Das geht auch nicht. Es ist ein großes Problem, einerseits das zentrale Planungssystem zu behalten und andererseits Marktwirtschaft zu bekommen. Diese beiden Seiten sind widersprüchlich. Selbstverständlich auch im Kapitalismus. Wenn man noch dazunimmt, daß Estland ein Teil der Sowjetunion ist und dann ein Teil des zentralen Planungssystems erhalten bleiben soll, wie kann denn das funktionieren!

Die Entwicklung der letzten zwei Jahre hat natürlich die sozialen Unterschiede bei uns und auch in der Union vergrößert. Das hat Nina Andrejewa in ihren Fernsehreden durchaus richtig gesagt. Das ist zunächst verbunden mit den Kooperativen und den Kleinbetrieben. Wir haben ja in der Sowjetunion mehrere Zahlungsmittel. Das wissen Sie vielleicht nicht: Der Zahlungsverkehr zwischen den Betrieben funktioniert bargeldlos über Bankausgleich. Die Kooperativen und Kleinbetriebe dagegen können sich Mittel, die sie von Betrieben bekommen, als Bargeld von der Bank auszahlen lassen. Das fördert die Inflation. Das ist ein Grund, warum wir jetzt so viel Geld auf dem Markt haben. Es kommt auch vor, daß jemand im Ausland günstig einen Personalcomputer gekauft hat und den hier einem staatlichen Betrieb verkauft, aber vermittels einer Kooperative. Anders geht es nicht. Dieser Betrieb zahlt ihm dann dreißig-, vierzig-, fünfzigtausend Rubel. Die Kooperative nimmt zehn bis zwanzig Prozent für sich. Das ist nur für die Vermittlung. Sie hat keine materielle Produktion gemacht. Das sind zehntausend Rubel für die Vermittlerfunktion zwischen Käufer und Verkäufer.

Es ist wohl nicht zu bezweifeln, daß die gegenwärtige soziale Differenzierung zu größerer sozialer Ungerechtigkeit führt. Andererseits möchte ich noch einmal betonen, daß wir soziale Gerechtigkeit wollen. Das ist ein Prinzip in unserem Konzept. Ich weiß allerdings auch nicht, ob es soziale Gerechtigkeit ist, wenn wir dem Arbeiter das bezahlen, was er tatsächlich geleistet hat. Gegenwärtig ist es ja so, daß die Arbeiter, die nicht arbeiten wollen, 100 bis 150 Rubel bekommen, die, die sich wirklich anstrengen, bringen es mal eben auf 200 oder 300. In unserem Institut bekommen alle 300 Rubel. Das ist vom Dienstgrad nicht von den Resultaten abhängig. Die können wir bisher nur sehr wenig materiell stimulieren. Wenn wir also in Zukunft ein System haben, in dem, wer gut arbeitet, 2000 Rubel, wer dagegen nicht arbeitet, 100 Rubel bekommt, dann ist das zwar einerseits eine soziale Ungerechtigkeit, andererseits aber auch soziale Gerechtigkeit. Die Höhe der Löhne soll bei uns auch in Zukunft staatlich reguliert werden. Aber wie das funktionieren wird, ist offen. Es gibt da ziemliche Widersprüche.

Was hier in Estland durchgekämpft wird, hat natürlich Auswirkungen auf die ganze Union. In der Frage der örtlichen Selbstverwaltung ist in Moskau fast niemand dagegen. Die Dezentralisierung ist allgemeines Konzept. Sie haben ja sicher gesehen, daß auch in Leningrad zur Zeit Konzepte der Regionalisierung breit diskutiert werden. Ich bin einverstanden mit diesen Projekten in den Städten. Es wird jetzt auch ein Allunionsgesetz über die örtliche Selbstverwaltung vorbereitet. Dort ist vorgesehen, daß diese Funktionen auch in der Sowjetunion dezentralisiert werden. In Moskau sind weder die Wissenschaftler, noch die Praktiker dagegen, daß wir bis auf die Rayonebene oder Dorfsowjetebene dezentralisieren. Mein Problem ist, daß sie nicht hören wollen, daß eine Republik eine Selbständigkeit hat. Sie wollen Dezentralisierung bis auf Rayonebene, aber die Republiken sollen bleiben, wie sie sind. Und dies, obwohl sogar in der Grundverfassung der Sowjetunion gesagt wird, daß die Republiken souveräne Staaten sind.

Die Konflikte mit Moskau können gefährlich werden. Wenn man bedenkt, daß wir einen Rechtsstaat aufbauen wollen, darf das nicht so laufen. Wir kämpfen für den Rechtsstaat und für die Demokratie. Vielleicht geht das viel zu schnell für die Sowjetunion, aber wir haben ja bereits gesehen, daß sehr viele Dinge, die in anderen Republiken vor zwei Jahren nicht verständlich waren, jetzt völlig verstanden werden. Das betrifft sogar die Fragen, die mit dem Eigentum verbunden sind, mit den Bodenschätzen und dem Boden. Jetzt sagen auch Kasachstan, Aserbeidschan und andere, daß der Boden und die Bodenschätze Nationaleigentum der Republik sind. Das gilt auch für viele andere Dinge. Nehmen wir die regionale wirtschaftliche Rechnungsführung. Vor anderthalb Jahren konnten wir fast keinen finden, der positiv auf diese Fragen reagierte. Jetzt findet man niemanden mehr, der dagegen ist. Die Moskauer Ministerien sind dagegen, aber das ist selbstverständlich. Sie werden ihre Privilegien verlieren. Aber alle Republiken unterstützen uns.

Auf Allunionsebene sind die Beziehungen der estnischen demokratischen Bewegung zu anderen demokratischen Organisationen ziemlich gut. Im Allunionskongreß wurde ja die »überregionale Gruppe« gegründet. Dort sind 400 Deputierte zusammengeschlossen. Ein Teil ist aus Estland. Auch aus Moskau und aus Leningrad sind eine Menge progressiver Abgeordnete dabei. Es ist nur ein Teil der insgesamt 2500 Deputierten, aber ich glaube, daß diese Gruppe sehr wichtig ist. Die »Volksfront« ist nur teilweise dabei. Aber einige unserer Delegierten sind Mitglieder der »Volksfront«, und so kommen diese Beziehungen zustande, obwohl sich die Ziele der »überregionalen Gruppe« und die der »Volksfront« keineswegs völlig decken, aber unsere Positionen werden dort unterstützt. Es gibt keine

Konflikte zwischen unseren Zielen und dieser Moskauer Gruppe. Wenn sie so wollen, kommt Maälteesemes auf meine Eingangsfrage zurück, könnte man die Rolle der estnischen, insgesamt der baltischen Delegierten als Avantgarde der gegenwärtigen Entwicklung bezeichnen.

Arvo Kuddo

Mit den Worten, alles weitere können Sie von meinem Kollegen erfahren, gibt Sulev Maälteesemes uns an Arvo Kuddo weiter. Arvo Kuddo ein jüngerer Mann, vielleicht Jahrgang '50, stellte sich als Demograph und Spezialist für soziale Probleme vor.

Ich denke sofort an Alexandra Dimitriwa, die mir erzählt hatte, daß die estnische Soziologie wesentlich weiter entwickelt sei als in der übrigen UdSSR. Ich denke an Tatjana Saslawskajas Begriff vom »sozialen Preis der Perestroika«. Ich denke an das verunglückte Gespräch mit Oleg Vite und erhoffe mir Auskunft über die klassenmäßige Differenzierung im Prozeß der Perestroika.

– Wie also entwickelt sich die soziale Differenzierung unter den Bedingungen der Perestroika, frage ich.

Arvo Kuddo relativiert als erstes den Begriff »Perestroika«. Wie viele Menschen, so viele Meinungen, meint er schnellzüngig. Dann differenziert er statt des sozialen, den nationalen Prozeß. Er skizziert das estnische Hauptproblem: das Problem der Einwanderer. 25 Prozent, rechnet er uns vor, also 280 000 Menschen, habe Estland durch Auswanderung, Deportation und Verhaftung nach dem 2. Weltkrieg verloren. Nur sechs Jahre nach dem Krieg seien bereits 260 000 Nicht-Estländer ins Land gebracht worden, meist ungelernte Leute, zum Teil aus Gegenden von mehr als 2000 Kilometern Entfernung. Diese Einwanderung halte bis heute an, wobei der Einzugsradius wegen des unterschiedlichen Lebensstandards zwischen den Republiken der Union immer größer werde.

Hinzu komme, was generell kennzeichnend für Einwanderungen sei, daß ein großer Teil der Einwanderer aus Dörfern und aus der Landwirtschaft komme. Sie kämen in die Industrie und in die großen Städte. Und da gäbe es drei psychologische Schocks für sie: neue nationale Strukturen, die Industrie und die großen Städte. Der Prozeß der Anpassung sei hier sehr schwierig. Hier liege die soziale Basis der »Interbewegungen«, »Interfreundschaften« und verschiedener anderer perestroikafeindlicher Bewegungen unter den Nicht-Estländern.

In den mehr als 40 Jahren seit dem Anschluß Estlands an die UdSSR, rechnet Arvo Kuddo weiter, seien ungefähr 520 000 Menschen nach Estland gekommen. Man müsse bedenken: 1945 seien es 450 000 Esten gewesen und die 520 000 seien nur die Netto-Einwanderung. Der gesamte Zu- und Abstrom gehe in die Millionen. Alle anderen sozialen und nationalen Probleme, kommt er auf meine Frage zurück, seien ziemlich die gleichen wie in anderen Regionen der Sowjetunion. Vor allem ähnelten sie sich in den großen Städten wie Moskau oder Leningrad. Im Prinzip seien auch die Einwanderungsprobleme die gleichen. Das Neue in Estland sei nur das regionale Interesse, der nationale Aspekt, den man in anderen Teilen der Union nicht verstehen könne.

Arvo Kuddos Ausführungen bestätigen, worauf mich Lena schon nach dem Gespräch mit Alexandra Dimitriwa hingewiesen hatte: daß das größte Problem der Esten angesichts der enormen Unterschiede im Lebensstandard der verschiedenen sowjetischen Republiken der Schutz ihres relativen Reichtums gegen ungehemmte Einwanderung aus ärmeren Teilen der Union sei.

Auch in der UdSSR gibt es ein »Nord-Süd-Problem«, gibt es das Gefälle zwischen industrialisierten und vor-, halb- oder gar nicht industrialisierten Gebieten! Das ist das Erbe des, in diesem Fall russischen, Imperialismus, das der Zentralstaatssozialismus nur verdecken, aber nicht aufheben konnte. Jetzt bricht dieses Problem mit Gewalt hervor! Die Esten wollen ihre relativ zu anderen Republiken der UdSSR großen Reichtümer lieber im Dachkämmerchen eines »europäischen Hauses« selbst verbrauchen als weiterhin in unstopfbare Löcher des Unionshaushalts stecken. Der Ruf nach Einwanderungsstopp entsprechend dem Muster europäischer Länder liegt in der Luft!

Nach seinen Ausführungen zum Einwandererproblem kommt Arvo Kuddo zügig zur Kritik der aktuellen sowjetischen Gesellschaftswissenschaften und von da weiter zu Lenin und Marx. Zunächst bestätigt er Alexandra Dimitriwas Urteil über den besonderen Entwicklungsstand der estnischen Gesellschaftswissenschaften, indem er ihre Grundaussage, die Wirklichkeit müsse neu vermessen werden, bestreitet. Wir haben alle Informationen in unseren Statistiken, sagt er. Das Problem sei nicht der Mangel an Informationen, sondern wie sie zu erklären und wie sie in praktische Politik umzusetzen seien. Zum Beispiel sprächen sie heute über Armut in der Sowjetunion. Aber sie könnten nichts unternehmen, um diesen Leuten zu helfen. Sie hätten auch früher die Statistiken gekannt und sie veröffentlicht, aber das sei nicht genug. Er glaube sogar, sie hätten heute zu viele Informationen. Die Probleme seien vielmehr theoretischer Natur, es gehe um Fragen der Konzeption des Marxismus.

Wir haben heute begriffen, konstatiert er, daß der Marxismus falsch ist, daß er grundlegend falsch ist, daß er nicht funktioniert und daß er niemals funktionieren wird. Aber diese theoretischen, bzw. ideologischen Ansichten sind unverändert. Wenn wir offen darüber sprechen könnten, daß es in unserem Land auch Privateigentum geben könnte, Bauern Land besitzen könnten, daß es verschiedene Parteien in unserer Gesellschaft geben könnte und ein System des freien Marktes eingeführt werden müßte, dann kämen wir weiter. Aber diese grundlegenden theoretischen Probleme sind nach wie vor nicht gelöst. Deswegen können wir unsere Informationen nicht nutzen und unsere Gesellschaft nicht wirklich ändern.

— Worauf zielt Ihre Kritik, frage ich. Sind es die Analysen von Marx oder Engels, die Ihrer Meinung nach nicht stimmen? Oder deren Interpretation und praktische Umsetzung durch Lenin? Oder die weitere Entwicklung durch Stalin und seine Nachfolger?

Da gibt es verschiedene Aspekte, schränkt er ein. Nehmen wir die ökonomische Konzeption des Sozialismus. Im wirklichen Leben hat es niemals eine solche Konzeption gegeben. Nie hatten wir öffentliches Eigentum in unserem Land. Das Eigentum war auf verschiedene Branchen verteilt. Seine Nutznießer waren die Manager an den Spitzen dieser Branchen in den Ministerien. Es gab niemals Volkseigentum. Als einfacher Staatsbürger konnte ich niemals Einfluß nehmen, um die Nutzung unseres Eigentums effektiver zu gestalten, unsere Ressourcen effektiver zu nutzen usw. Es war eine Art politischer Slogan.

Nehmen wir das Planungssystem. Wenn Planung funktionieren würde, hätten wir niemals derartige Disproportionen in unserer Ökonomie. Aber in Wirklichkeit ist es unmöglich, von einem einzigen Zentrum aus zu planen. Es gibt 26 Millionen unterschiedliche Güter in unserem Land. Es sind so viele Rohstoffe und Ressourcen nötig, um ein Gut zu erzeugen. Es ist physisch unmöglich, das alles zu planen und im wirklichen Leben annähernd gute Pläne zu machen. Das bedeutet auch theoretisch, daß diese Konzeption niemals funktionieren könnte. Als Ergebnis liegen uns einige Rechnungen vor: Die Sowjetunion benutzt heute drei- bis viermal soviel Ressourcen für die Produktion einer Einheit eines gültigen Produkts als irgendein anderes entwickeltes Land in der Welt. Das ist offensichtlich, aber wir können erst heute über diese Frage sprechen. Es bedeutet einfach, daß diese soziale Konzeption ökonomisch niemals funktionieren wird.

— Die reale Situation ist offensichtlich, pflichte ich ihm bei. Ebenso offensichtlich ist, daß da eine geschichtliche Fehlentwicklung stattgefunden hat. Ich möchte aber gern wissen, wie weit Sie mit ihrer Kritik zurückgehen: Breschnew? Stalin? Lenin? Marx? Was wäre die Kritik an Marx?

Heute ist es sehr populär, zu sagen, daß wir Lenins Konzeption des Sozialismus nicht richtig entwickelt hätten, erwidert

Arvo Kuddo ohne Zögern. Aber ich denke, das Gespräch darüber, daß Lenin nicht nur Richtiges getan hat, beginnt bei uns gerade erst. Er machte eine Menge Fehler, und er war auch, sagen wir, ein großer Mörder. Auch Lenins Prinzipien waren nicht sehr korrekt. Er führte die Prinzipien ein, die Stalin später mit Gewalt durchsetzte. Aber man konnte für die baltischen Staaten nicht dieselben Prinzipien anwenden wie für Rußland. Hier und dort herrschten ganz unterschiedliche Bedingungen. Nehmen wir den Kriegskommunismus. Die NEP war dann eine sehr normale Marktökonomie, aber ihre Elemente wurden auch nicht richtig eingeführt. Lenin benutzte einige Marktelemente, aber das war zu der Zeit reine Notwendigkeit.

– Meinen Sie, daß Lenin Karl Marx falsch interpretierte, oder daß Karl Marx eine falsche Sichtweise hatte?

Meiner Meinung nach war die Theorie von Marx nur in einem sehr begrenzten Rahmen der Ökonomie und für einen sehr begrenzten Zeitraum richtig. Zweifellos sind viele seiner Vorstellungen sehr richtig, und wir akzeptieren sie. Aber generell zeigt die tatsächliche Praxis in den kapitalistischen Ländern, daß die Entwicklung sehr anders verlief, als Marx sie erklärte. Seine Theorie ist eine des 19. Jahrhunderts.

Aber auch seine Voraussagen und seine generelle Linie der Entwicklung stimmt mit der Wirklichkeit nicht überein. Die wirkliche Entwicklung des Kapitalismus zeigt uns ein anderes Modell. Ich denke, seine Theorie war korrekt für den Anfang des 19. Jahrhunderts, sagen wir in Großbritannien oder in einigen entwickelteren Ländern jener Zeit und für die Schwerindustrie. Aber es gibt seitdem sehr viele verschiedene Sektoren und sehr viele verschiedene Ebenen der Entwicklung der Wirtschaft in jeder Gesellschaft.

Nehmen wir die estnische Republik: Nur ein Drittel der Bevölkerung waren Lohnarbeiter. Zwei Drittel waren Selbständige oder in Familienbetrieben. Von dem Drittel der Lohnarbeiter arbeitete wiederum nur ein Drittel in der Schwerindustrie. Die meisten arbeiteten in sehr kleinen Betrieben. Das heißt, die Gesetze, die bei uns galten, waren nicht die, die Karl Marx erklärt. Es war eine andere Situation mit anderen Gesetzen. So gibt es unterschiedliche Ebenen in jeder Gesellschaft, auch in den modernen Gesellschaften. Die großen Fabriken sind selbstverständlich wichtig, aber es gibt auch andere Sektoren in diesen Gesellschaften, und da herrschen andere Gesetze.

— Ich verstehe noch nicht ganz: Kritisieren Sie die Marxsche Analyse und Methode grundsätzlich oder nur den historischen Verlauf der sozialistischen Revolution in der UdSSR?

Rußland war zu jener Zeit ein sehr besonderes Land und Gebiet, gibt Arvo Kuddo zu bedenken. Der Großteil der Bevölkerung waren Analphabeten. Die meisten waren in der Landwirtschaft. Sie standen eigentlich noch in feudalen Verhältnissen, und schon begann man in verschiedenen Formen zu kollektivieren. Es gab nur eine sehr kurze Zeit der Unabhängigkeit für die Bauern. Das heißt, sie haben niemals die kapitalistische Arbeitskultur, bzw. -disziplin erlebt. Sie haben niemals für sich selbst gearbeitet. Sie haben immer für irgend jemand gearbeitet. Das bedeutet, daß die nationale Mentalität dieser Menschen ganz anders war.

Die estnische Situation war ein wenig anders, weil in den ersten 20 Jahren kapitalistischer Entwicklung Estlands die Menschen für sich selbst arbeiteten. Sie wußten: so viel sie arbeiteten, so konnten sie leben. Die Diskussion um diese Fragen beginnt heute bei uns. Aber man muß sagen, daß erst sehr wenige Menschen in diesen Fragen frei sprechen. Die meisten Menschen haben Angst. In Wirklichkeit können wir nicht definieren, was Sozialismus ist. Wir geben Erklärungen, indem wir unterschiedliche Slogans benutzen wie Volksmacht, keine Arbeitslosigkeit, es gebe heute keine Ausbeutung, und das sei Sozialismus. Aber in Wirklichkeit haben wir ebenfalls Arbeitslose in unserem Land, nach offiziellen Statistiken zwischen sechs und acht Millionen, die meisten davon in Zentralasien. Es gibt auch Ausbeutung. Es gibt auch all die anderen Elemente, die man auch in anderen Ländern findet.

Ich denke, es gibt einige Verhältnisse und Gesetze, die allen

Gesellschaften eigen sind, das hängt nicht davon ab, ob man sich selbst Sozialismus oder Kapitalismus nennt. Der große Unterschied ist, daß unsere Gesellschaft so unglaublich leistungsunfähig ist. Wir konnten unsere sozialen Ziele nicht verwirklichen. Ich denke an unsere Sozialpolitik. Ich bin dieses Jahr fünf Monate in Schweden gewesen. Ich habe Sozialpolitik kennengelernt. Bei uns gibt es den Witz, daß Lenins Vorstellungen der Sozialpolitik in Schweden verwirklicht worden sind. Heute sind wir ökonomisch viel zu arm dran, um unsere sozialen Ziele zu verwirklichen. Ich weiß, daß in allen Ländern große, sagen wir, Probleme bestehen, bei Ihnen, in Schweden usw. Aber im allgemeinen können wir uns bezüglich der sozialen Sphäre nicht mit kapitalistischen Ländern vergleichen.

Ein sehr wichtiger Punkt ist für uns: Wir konnten das finnische Fernsehen sehen. Wir wissen, daß unser Lebensstandard in den Dreißigern weiter entwickelt war als der Finnlands. Aber heute kann unsere normale Bevölkerung jeden Tag sehen, was in Finnland geschieht, wie sie leben. Da ist es psychologisch sehr schwierig, unseren Leuten die Vorteile des Sozialismus zu erklären. Sie verstehen es nicht. Die russische Bevölkerung hat echten Kapitalismus nie gesehen. Sie haben in der »Prawda« oder »Iswestia« über den Kapitalismus gelesen.

– Ich habe in der Sowjetunion so etwas wie eine doppelte Realität gefunden, sage ich. Da gibt es das offizielle System, getragen von der offiziellen Ideologie, die UdSSR sei das Land des Sozialismus, oder heute unter Gorbatschow, wenigstens der Annäherung an den Sozialismus. Die Organisation der Arbeit entspricht dem: Es gibt keinen freien Markt, auch keinen Arbeitsmarkt. Auf der anderen Seite steht die reale Situation eines Marktes, den es auch in der Sowjetunion gibt, nur heißt er nicht Markt, sondern Schwarzmarkt und ist tabuisiert. Neben der garantierten Arbeit mit niedrigem, aber festem Einkommen hat fast jeder seine Zweitarbeit. Wie werden diese Fragen hier angefaßt?

Die Ökonomie des Marktes ist auch heute noch sehr

begrenzt, erwidert Arvo Kuddo. Offiziell ist er illegal. Es gibt sehr viele Einschränkungen für diesen Sektor unserer Wirtschaft. Der Hauptpunkt ist, daß wir versuchen, die Kapazität dieser Marktwirtschaft zu entwickeln, indem wir unsere Kooperativbewegungen, unsere joint ventures usw. nutzen. Das Problem ist nur, daß für diese Partner ganz andere Bedingungen gelten. Staatsbetriebe können Ressourcen zu sehr niedrigen Preisen kaufen. Sie können auf Vorrat kaufen, was sie brauchen, obwohl es selbst da Knappheiten gibt, natürlich. Aber dieser Schwarzmarktsektor, dieses Gegenstück zur Staatswirtschaft, die Kooperativen, die hier arbeiten, haben diese Möglichkeiten nicht. Dafür haben sie eine gewisse Freiheit bei der Festsetzung von Preisen, in der Bestimmung des Marktes, bei der Bestimmung, was produziert werden soll. Ich will sagen, diese unterschiedlichen Sektoren befinden sich heute in unterschiedlicher Lage. Das ist der Grund, warum eine Konkurrenz zwischen ihnen, nun, sagen wir, ziemlich komisch ist. Der eine kann mit Flexibilität, mit Preisen, mit dem Markt konkurrieren, der andere mit den Kosten der Produktion.

Dazu kommt, daß der Entwicklung der Kooperativen sehr scharfe Grenzen gezogen sind. Sie müssen andere Wege finden, hauptsächlich illegale. Das erklärt, warum sie versuchen, Rohstoffe zu stehlen usw. Ein Problem für uns ist, daß die estländischen Kooperativen ihre Produkte außerhalb des Landes zu verkaufen versuchen, weil der Markt der Sowjetunion entschieden leerer ist als unser eigener und die Preise dort zwei- oder dreimal höher sind. Das Problem ist, daß sie unsere Ressourcen benutzen, die ja auch bei uns knapp sind, und leeres Geld zurückbringen. Die Inflation wächst, weil dieses leere Geld nach Estland kommt.

— Es gibt Forderungen in der demokratischen Bewegung, die Schattenwirtschaft zu legalisieren. Was halten Sie davon?

Man muß einen Unterschied zwischen dem Schwarzmarkt und dem offiziellen Markt zum Beispiel der Kooperativen machen. Der Schwarzmarkt ist hauptsächlich kriminell; ökonomisch gesehen, nutzen sie hauptsächlich gestohlene Ressourcen.

– Sind nicht sehr viele der Leute, die heute auf den Schwarzmarkt abgedrängt werden, potentielle Manager, denen man das
Managen nicht gestattet? Dieser Schwarzmarkt ist doch so
etwas wie eine Schattengesellschaft.

Heute gibt es genügend Möglichkeiten, den Schwarzmarkt
zu legalisieren, widerspricht Arvo Kuddo. Es gibt heute keine
Grenzen. Das Problem ist, daß manche Leute Angst vor Steuern haben. Andere scheuen öffentliches Aufsehen. Das ist auch
ein Grund, warum sie ihre Aktivitäten nicht legalisieren wollen. Also, man kann, wenn man will. Das ist nicht das Problem. Das Problem ist die Ungleichheit der Partner. Das Problem ist, wer die Ressourcen verteilt und wer sie gebraucht.
Unsere Ressourcen werden hauptsächlich durch staatliche
Organisationen verteilt. Auf Grund der Knappheit der Ressourcen haben sie sehr strenge Pläne, wer wieviel und zu welchem Preis bekommt. Sie haben überhaupt keine Flexibilität.

– Es ist also eine Frage der Macht, wenn ich das richtig verstehe?

Ja, die staatlichen Betriebe nutzen die Ressourcen weniger
effektiv, aber sie können sie zu niedrigeren Preisen kaufen.
Kooperativen nutzen sie effektiver, aber sie müssen sie zu hohen Preisen kaufen. Das bedeutet im Ergebnis, daß die Effekti-
vität der staatlichen Betriebe sich von der der Kooperativen
nicht sehr unterscheidet.

– Und wie könnte das Ihrer Meinung nach geändert werden?

Unsere Überlegung ist, daß alle Betriebe gleiche Möglichkeiten haben müssen, Ressourcen zu bekommen, einen Markt zu
schaffen, Preise festzusetzen, Gehälter. Das darf nicht davon
abhängen, ob es sich um Staatseigentum, um Kooperativen,
joint ventures oder Familienbetriebe handelt.

– Wie soll das hergestellt werden?

Das ist wegen der Knappheit aller Ressourcen sehr schwierig:
Arbeitskräfte, Geld, Rohstoffe.

– Im Westen gibt es einen großen Gleichmacher: das Geld.
Ich verstehe. Es wird für Sie interessant sein zu wissen, daß

viele Betriebe ihren Handel bei uns nicht über Geld, sondern landwirtschaftliche Produkte abwickeln. Ein estländischer Betrieb will zum Beispiel Maschinen von den Russen kaufen, aber die russische Fabrik verlangt Fleisch und Milch.

– Tatjana Saslawskaja hat für dieses System des Nicht-Marktes den Begriff der Natural-Beziehungs-Wirtschaft gefunden, den man im sowjetischen Volksmund ja wohl auch einfach *blat*, Beziehungen, nennt. Wie soll dieser Knoten gelöst werden?

Der Punkt ist, es muß in jeder Ökonomie einige Gesetze geben. Diese Gesetze sind objektiv. Aber wir haben heute keine in unserer Ökonomie. Es ist eine Frage an die Politiker, aber sie wollen keine marktwirtschaftlichen Gesetze. Sie ziehen es vor, überhaupt keine Regeln in unserer Wirtschaft zu haben. Deswegen sind die Auseinandersetzungen um die Einführung des Marktsystems derart schwerwiegend. Es geht um Privilegien und Macht. Die Frage der Macht ist der Hauptpunkt. Warum ist die zentrale Presse derart gegen Estland? Weil wir unsere Reform begonnen haben. Wir fordern nicht Milch, Fleisch, Seife und dergleichen. Wir fordern, das System zu ändern. Das ist es, wovor diese Autoritäten solche Angst haben. Wir brauchen sie nicht. Kein freies Unternehmen braucht sie. Das gilt auch für die Kommunistische Partei.

– Die Einführung von Marktprinzipien wird zu weiteren sozialen Differenzierungen führen. Andererseits soll soziale Gerechtigkeit gewährleistet werden, wie Ihr Kollege Sulev Maälteesemes mir heute morgen versicherte. Er konnte mir allerdings nicht sagen, wie. Haben Sie dazu Vorstellungen?

In unserer Gesellschaft gibt es extreme Unterschiede. Es gibt sehr arme und es gibt sehr reiche Leute. Der Punkt ist, daß diese Unterschiede unkontrolliert sind. Reiche werden auf illegale Weise reicher. Es gibt keine ökonomische Kontrolle. Man muß offen sagen, daß unsere soziale Struktur sehr kompliziert und sehr anders ist. Aber es gibt natürlich Mechanismen der Kontrolle wie in jedem beliebigen westlichen Land, das Steuersystem. Allerdings gibt es bei uns keine Profit- oder Einkommenserklärung. Wir wissen nicht, wieviel jeder verdient. Wir haben keine Übersicht, wie Leute das Geld benutzen. Wir haben keine ökonomischen Maßstäbe für die Kontrolle der Profite und Einkommen. Man muß diese Kontrolle zu einer öffentlichen und legalen machen! Aber gegenwärtig besteht große Furcht, über diese Unterschiede offen zu sprechen. Es ist auch psychologisch äußerst schwierig, darüber zu reden. Die armen Leute werden sehr wütend sein, denke ich. Viele sind wirklich sehr arm und arbeiten sehr hart, aber unser System hat ihnen keine Chance gegeben, mehr zu verdienen.

Auch unsere Ärzte, Lehrer usw. sind sehr hart arbeitende Leute. Das ist ein großer Teil unserer Gesellschaft. Auch sie hatten keine Möglichkeit, mehr zu verdienen. Wir müssen auch ihnen legale Möglichkeiten schaffen, mehr zu verdienen, nicht nur den Schwarzmarktbetreibern. Alle Menschen müssen die Möglichkeiten haben, legal mehr Geld zu verdienen, und wir müssen kontrollieren können, daß dieses Geld neu in Umlauf kommt wie in jeder anderen Gesellschaft. Aber auch dafür muß es Grenzen geben.

– Ist die Frage der sozialen Gerechtigkeit ein öffentliches Thema?

Man hat bei uns keine legalen Möglichkeiten, sein Geld zu nutzen. Reiche Leute können es nur auf der Bank deponieren. Aber das ist uninteressant. So versuchen die meisten, ihren Reichtum nicht zu zeigen. Sie können es auch nicht legal als Kapital einsetzen. So müssen sie illegale Wege finden. Teilweise sind sie nahe am Verbrechen. Sie versuchen zum Beispiel, ihre Reichtümer nicht in Form von Geld zu sammeln, sondern Häuser zu kaufen, irgendwelches Eigentum, Autos, usw.

– Wie sieht es denn mit der Arbeiterbevölkerung aus? Wie werden die Fragen dort diskutiert?

Die meisten sowjetischen Menschen haben ziemlich wenig, sagen wir, Ressourcen. Unsere mittlere Anlage bei den Banken liegt bei 1500 Rubel. Das ist eigentlich nichts. Das gilt für Estland so wie für die ganze Sowjetunion. Es heißt, daß die meisten Menschen sehr wenig Geld haben. Ein sehr großer Teil der Bevölkerung hat überhaupt keinerlei Rücklagen. Das bedeutet, unsere Bevölkerung lebt im Durchschnitt nicht sehr gut. Wer immer heute etwas Geld übrig hat, versucht, alles zu kaufen, was nur irgend etwas kostet. Das ist einer der Hauptgründe, warum unsere Geschäfte so leer sind.

Gegenwärtig gibt es eine Art Kampagne in Estland und auch in anderen Republiken der Union. Die Menschen haben Angst vor einer Währungsreform. Es wurde statistisch nachgewiesen, daß ein Rubel nur die Kaufkraft von achtzehn Kopeken hat. Das ist der Grund, warum die Leute versuchen, ihr Geld zu kapitalisieren. Die meisten Menschen leben äußerst ärmlich. Sie haben keine Probleme mit Eigentum, Geld usw. Das Währungsproblem ist das Problem eines sehr kleinen Teils unserer Gesellschaft. Die Mehrheit der Bevölkerung macht sich Gedanken, wie sie den nächsten Tag leben kann. Sie haben nur ihre Probleme mit dem Alltag.

— Was sagen die Leute, wenn sie Gorbatschows Versprechen auf mehr Sozialismus und soziale Gerechtigkeit mit ihrer Wirklichkeit vergleichen?

Da gibt es ebenfalls unterschiedliche Aspekte. Die meisten dieser sozialen Slogans sind nicht gedeckt durch ökonomische Ressourcen. Wir haben hier in Estland auch einige Voraussagen, daß unser Lebensstandard während dieser Reformen absinken wird, denn wir brauchen große Investitionen in unsere Industrie und in unsere Ökonomie im allgemeinen. Wir haben aber wenige Ressourcen, und sie werden weniger sein als früher. Es gibt auch weniger Ressourcen von zentraler Seite.

Ein weiterer wichtiger Aspekt ist natürlich: Neue Ressourcen könnten gewonnen werden, wenn die Menschen dazu gebracht werden können, härter zu arbeiten. Aber ich sehe es so, daß ein sehr großer Teil unserer Bevölkerung verlernt hat, hart zu arbeiten, gut zu arbeiten, qualifiziert usw. Wir müssen den Leuten beibringen, hart zu arbeiten. Das ist eine sehr schwierige Frage. Ich glaube, vielleicht nicht die meisten, aber ein sehr großer Teil unserer Gesellschaft will überhaupt keine

Veränderung. Sie haben ihren Lebensstil und ihre Art zu arbeiten. In Worten unterstützen sie die Perestroika. Psychologisch sind die meisten nicht reif, ihre Art zu arbeiten zu ändern.

– Warum sollten sie! Soweit es um das Interesse der Arbeitenden geht, wäre es ja nicht verkehrt, wenn sie zukünftig weniger hart arbeiten müßten, als das im Kapitalismus üblich ist. Dort arbeiten die Menschen wie die Maschinen. Ich halte es unter Perspektiven einer sozial gerechteren und demokratischeren Gesellschaft, für die ja auch Perestroika stehen soll, nicht für erstrebenswert, so zu arbeiten. Was sagen Sie nun den Menschen, wenn sie sehen, daß sie unter den Bedingungen der Perestroika härter arbeiten sollen, aber schlechter leben?

Unsere Leute wollen mehr haben, aber so arbeiten wie immer. Das ist ein Widerspruch. Sie wollen nicht mehr arbeiten, um mehr zu verdienen. In jeder Gesellschaft gibt es Regeln. Es gibt immer 10 oder 20 Prozent der Arbeitskräfte, die ohne irgendeine Stimulation gut arbeiten. Die machen ihre ehrliche Arbeit. Den anderen Teil von 60 bis 80 Prozent muß man stimulieren, bestrafen, ihre Arbeit irgendwie ökonomisch oder durch Gesetze kontrollieren. Auf Grund der sozialistischen Slogans, wie, die Leute sollen gleichberechtigt sein, der Staat soll der Entwicklung des einzelnen dienen usw., verstehen sie die Notwendigkeit, härter zu arbeiten, nicht. Nach einer so langen Periode unter sozialistischen Bedingungen ist das sehr schwierig zu erklären. Sie haben die Periode der kapitalistischen Disziplin nicht durchlaufen. Sie fühlen nicht, daß sie für sich selbst arbeiten.

– Die Bergarbeiter von Donbaz, von Kuzbaz oder andere arbeiten und leben, soweit ich weiß, unter menschenunwürdigen Bedingungen. Nun ist Perestroika angesagt, und sie sollen noch mehr arbeiten, ohne daß sich ihre Lage zum besseren wendet. Irgend etwas ist da nicht richtig!

Ja, aber ich glaube, es gibt sehr wenige Branchen bei uns, wo die Arbeitsbedingungen menschlich oder normal sind. Nehmen wir unsere Leicht- oder chemische Industrie. Die Arbeitsbedingungen sind hier sehr schlecht. Überall. Die Bergarbeiter arbeiten sehr hart, unter starkem physischem Einsatz, unter sehr schwierigen Bedingungen usw. Aber ihre Durchschnittslöhne liegen bei 800 Rubel im Monat. Das sind größtenteils Garantielöhne. Das ist ein ziemlich hohes Niveau. Aber das gilt nur für sie.

Aber nehmen wir unsere Ärzte. Sie machen hier in der Regel die Arbeit für zwei. Sie haben Durchschnittsgehälter von 200 bis 250 Rubel. Ihre Arbeit ist auch sehr wichtig. Sie arbeiten mit den Menschen. Aber sie bekommen einfach nicht mehr. Oder nehmen wir unsere Landarbeiter. Ihre Arbeitszeit beträgt wegen des Arbeitskräftemangels und anderer Gründe durchschnittlich nicht weniger als zehn, elf Stunden am Tag. Während der Saison gibt es keine Begrenzungen des Arbeitstages. Sie kriegen keine 800 Rubel im Durchschnitt.

Die Bergarbeiter haben einen durchschnittlichen Arbeitstag von sechs Stunden. Sie haben eine Menge Vorteile für den Konsum. Der Grund, warum sie streiken, ist, daß sie tatsächlich ökonomische Macht in den Händen haben. Die Ergebnisse ihrer Arbeit wirken auf andere Branchen ein. Als unsere Ärzte und Lehrer ihre Arbeit einstellten, passierte erst einmal gar nichts. Sie sind kluge Leute und kennen die Bedeutung ihrer Arbeit. Sie wählten also den verfassungsmäßigen Weg, setzten Petitionen, irgendwelche Veröffentlichungen und andere Dinge ein. Die Bergarbeiter dagegen, die wirkliche ökonomische Macht in ihren Händen halten, wissen, daß das ganze Land von ihnen abhängt.

— Geben Sie Gorbatschow recht, wenn er die Bergleute auffordert, nicht mehr zu streiken?

Wir unterstützten sie natürlich. Sie sind ohne jede Frage im Recht. Aber ich glaube, nicht nur sie leben unter schlechten Bedingungen. Und nicht nur sie könnten solche Mittel einsetzen wie den Streik. Nehmen wir an, unsere Landarbeiter würden die Arbeit einstellen, was wäre dann am nächsten Tag? Niemand wird mehr etwas zu essen haben. Unsere Landarbeiter erklärten im letzten Jahr, daß sie auch streiken können, aber sie verstanden die wirkliche Lage im Land. Sie haben es nicht gemacht.

– Befinden Sie sich da nicht in einer Sackgasse? Was Ihr Land braucht, um aus der Krise zu kommen, ist zweifellos Initiative und Zivilcourage, Leute, die für eigene Interessen kämpfen. Da, wo es geschieht, erklärt man aber das Wohl des Ganzen als übergeordnet und geht dagegen an.

Es gibt aber einen Unterschied zwischen den Bergarbeitern und den Arbeitern der anderen Branchen. Wenn man sagen würde, gebt den Bergarbeiter, was sie brauchen, dann müßte das, was sie kriegen, von anderen Branchen genommen werden. Jeder von uns müßte für sie bezahlen. Der letzte Streik kostete drei Billionen Rubel. Dieses Geld kam aus unseren eigenen Taschen. Um zu beginnen, ist der Streik heute nicht der beste Weg. Wir hatten ja auch Streiks hier. Aber unser Glück war, daß die Streiks in den Allunionsbetrieben stattfanden. Sie zogen unsere estländische Wirtschaft nicht sehr in Mitleidenschaft. Aber auch im Verkehrswesen hatten wir einige ernsthafte Vorgänge. Ich glaube, unsere Leute verstehen, daß uns diese Streiks ökonomisch nichts bringen. Um unsere politischen Gefühle auszudrücken, haben wir andere Mittel. Wir haben die parlamentarischen und verfassungsmäßigen Wege. Ich glaube, daß unsere politische Kultur so hoch ist, daß wir diese Wege vorziehen.

– Ich muß gestehen, das glaube ich nicht. Ihre Aussage scheint mir auch im Widerspruch zu der von allen Seiten, auch von Ihnen, festgestellten politischen Passivität der Bevölkerung zu stehen.

Ich glaube, daß wir in Estland unsere Lage sehr gut begriffen haben. Aber wir ziehen einen anderen Weg vor. Wir haben damit begonnen, unser System zu ändern, wie ich dargestellt habe. Wir haben unsere tatsächliche Lage verstanden, nämlich, daß es keine Hilfe von außen geben wird, ebensowenig von innen, denn das System ist ökonomisch falsch und uneffizient. Wir haben begriffen, daß die einzige Möglichkeit, unsere Lebensbedingungen und die der Bergarbeiter, auch unsere im Estland zu ändern, darin besteht, dieses ökonomische System zu ändern. Das wird einige Jahre dauern. Die Bergarbeiter könnten ihr Problem in ein paar Monaten lösen, wenn ihnen die Regierung hilft usw., aber das kann nicht der Weg sein. Laßt uns den langen Weg nehmen. Das dauert vier, fünf oder mehr Jahre. Wir wissen es nicht. Aber es ist der einzig wirksame Weg, um unseren Lebensstandard hier und im Land als Ganzes zu ändern.

Im Büro der »Volksfront«

Am Nachmittag verbringe ich noch ein paar Stunden im Büro der »Volksfront«.

Ich finde es mitten in der Altstadt in einem gepflegten alten Bürgerhaus, hell, geräumig, teilweise im skandinavischen Stil eingerichtet. Ich werde freundlich empfangen und zum Warten eingeladen. Peet Kast, den ich sprechen will, gibt tschechischen Journalisten gerade ein Interview. An einem anderen Tisch hinter einer halbhohen Trennwand findet eine Besprechung statt. An zwei weiteren Schreibtischen arbeiten einzelne Leute. Plakate zur Demonstration gegen den Molotow-Ribbentrop-Pakt am 23. August hängen aus: »Hitler & Stalin – Njet!«, »Selbstbestimmung jetzt!« Im Nebenraum liegen Stapel von Zeitungen, die von hier aus in die russische Republik, nach Leningrad, nach Moskau usw. verschickt werden. Verschiedene Monatsausgaben verschiedener Zeitschriften der estnischen »Volksfront« liegen in zwei Exemplaren aus, russisch und deutsch.

Besucherverkehr. Man bringt Texte, holt Flugblätter und Zeitungen. Es ist 18.00 Uhr. Hier wartet niemand mehr auf die Beseitigung des Paragraphen 6. Hier wird seine Mißachtung praktiziert. Das Monopol der Kommunistischen Partei ist hier bereits sichtbar aufgehoben. Es ist die Atmosphäre eines selbstbewußten Zentrums, Bewegung im Aufbruch.

50 Prozent der Wahlkreise, erklärt Peet Kast selbstbewußt, könnten »Volksfront« und ihre Verbündeten des »Zentrums« bei den kommenden Wahlen kontrollieren. Zentrum, das sei: die »Grüne Bewegung«, die in Estland jetzt recht stark werde,

die »Bauernbewegung«, die für eine Rekultivierung der Landwirtschaft eintrete, die »Frauenorganisationen«, die »Sozialdemokraten«, die »Union der Kollektive« und andere kleinere Kollektive und außerdem Einzelpersonen. Hinter dem wirtschaftlichen Reformprogramm, wie es mir in der Akademie skizziert worden sei, stehe sogar die Mehrheit der estnischen Bevölkerung, einschließlich der Kommunistischen Partei sowie Teilen der nicht-estnischen Bevölkerung. Der Vizepremierminister Estlands, Edgar Sovisor leite das Programm. Er sei als Vater der »Volksfront« auch in deren Leitung. Mit ihm habe die »Volksfront« schon im Juni '89 ihren ersten Vertreter ins Parlament bekommen. Sogar die Kommunistische Partei befürworte das Programm. Nur die Direktoren der Allunionsbetriebe seien dagegen.

Natürlich sei das Wirtschaftsprogramm der »Volksfront« ein wenig radikaler als die Vorstellungen anderer Kräfte. Zum Beispiel in der Frage des Eigentums seien sie freier. Sie seien gegen jegliche Einschränkung irgendeiner Form von Eigentum und für freien Markt. Noch seien die unterschiedlichen Standpunkte zum wirtschaftlichen Reformprogramm aber noch nicht hervorgetreten. Jeder unterstütze das neue Programm. Aber die Leute wüßten eigentlich sehr wenig darüber. Das sei eine Frage der Zukunft. Die Meinungen in wirtschaftlichen Fragen würden sich in der Praxis differenzieren. Er schätze, daß die »Volksfront« ungefähr auf der Linie der Sozialdemokraten argumentiere. Auch die heutigen Führer der Kommunistischen Partei seien übrigens keine Kommunisten. Es werde Zeit, den Namen dieser Partei zu ändern. Tatsächlich sei sie, und zwar in dem Sinne, wie dieses Wort im Westen gebraucht werde, der linke Flügel der Sozialdemokratie, und zwar nicht nur in Estland. Das gelte auch für Gorbatschow.

Mit einer verblüffenden Wortwahl erklärt er mir dann die aktuellen Kräfteverhältnisse: Die Linksradikalen, die Marxisten-Leninisten, bei Ihnen im Westen, lächelt er, würde man sagen, die Rechten, also, um es für alle Seiten verständlich auszudrücken, die Konservativen von »Interfront« und »Vereinigtem Rat der Arbeitskollektive«, die die Reform ablehnen, ohne ein eigenes Programm dagegen setzen zu können, könnten sich auf 15 bis 16 Prozent der Nicht-Estländer stützen. Die Rechtsradikalen, also was im Westen der linke Rand sei, die einfach »Unabhängigkeit jetzt!« ohne Vorbedingungen forderten, so die »Nationale Unabhängigkeits-Partei«, die »Estländische Erben Gesellschaft« und die Christen, könnten mit den Stimmen von 16 Prozent der Estländer und einem Prozent bei den Nicht-Estländern rechnen.

Ernsthaft könnten eigentlich nur die Kommunistische Partei und die »Volksfront« als Organisationen an den Wahlen teilnehmen. Bei der Kommunistischen Partei wisse man aber nicht, wer sie eigentlich unterstütze, sie sei in verschiedene politische Richtungen und Organisationen zerrissen.

Viele Mitglieder der Kommunistischen Partei seien Mitglied in der »Volksfront«. Sogar in der Leitung der »Volksfront« seien vier Mitglieder der Kommunistischen Partei und drei Nicht-Mitglieder. Andererseits seien die meisten Mitglieder der »Interbewegung« ebenfalls in der Partei. Es gebe im übrigen aber auch viele Kandidaten, die von überhaupt keiner Gruppe vorgeschlagen worden seien, sondern von Arbeitskollektiven aus der Bevölkerung selbst. Entsprechend dem in Estland geltenden neuen Wahlgesetz könnten Kandidaten allein durch Unterschriftensammlung nominiert werden. In Tallin habe sich eine Wahlgemeinschaft aller demokratischen Kräfte, eingeschlossen die Radikalen, zusammen mit der »Volksfront« gebildet. Sie nominiere gemeinsame Kandidaten.

Hauptpunkt der Politik der »Volksfront«, die als einzige unter allen Gruppen ein Wahlprogramm veröffentlicht habe, sei die Unabhängigkeit Estlands. Das sei für die Mehrheit der Esten so oder so das Hauptthema. Die Konservativen wollten die Sowjetunion als Zentralstaat erhalten, in dem Moskau diktiert. Die Kommunistische Partei sei auch hierin sehr uneinheitlich, aber mindestens inoffiziell sei ihre Forderung »Unabhängigkeit in der Sowjetunion«. Die Vorstellung einer Konföderation sei ziemlich verbreitet unter den Leuten in Estland.

Das Ziel der Gruppe um die »Volksfront« sei letztlich ein Status von der Art, wie ihn gegenwärtig Finnland gegenüber der Sowjetunion habe. Die Trennung Estlands von der Sowjetunion werde nicht sofort, sondern als Ergebnis einer längeren Entwicklung stattfinden. Die Trennung Estlands von der Sowjetunion brauche vielleicht fünf bis sieben Jahre. Auch solle die Trennung nicht vollständig sein. Auch Finnland hänge ja ökonomisch mit der Sowjetunion zusammen. Aber ein zukünftiges unabhängiges Estland solle seine eigenen Vertreter in den Vereinten Nationen, seine eigene Politik und seine eigenen Beziehungen haben. Der Weg dahin führe jedoch durch die Sowjetunion.

De facto gehört Estland zur Sowjetunion. Das verneinen wir nicht, sagt Peet Kast. Die Entwicklung sei langwierig, und sie müßten Verträge über ihre wirtschaftlichen und politischen Beziehungen mit der Sowjetunion haben. Das Ziel sei, souverän in dem Sinne zu sein, daß die Esten der Übertragung einiger souveräner Rechte für einige Zeit an Moskau zustimmten, aber das Recht hätten, selbst zu entscheiden, ob die Moskauer Entscheidungen bei ihnen Gültigkeit haben sollen. Die Radikalen forderten statt dessen die sofortige Unabhängigkeit. Ihre Basis seien die Städte. Sie wollten keine Rechte abtreten. Sie glaubten, daß man ihnen die Unabhängigkeit einfach so übergebe, weil ihnen diese Rechte zustünden.

Tatsächlich, schließt Peet Kast seine Übersicht, haben wir die Rechte, aber wir glauben nicht, daß man uns lassen wird. Wir meinen also, daß unser Programm realistischer ist. Es ist eine schrittweise Annäherung an die Unabhängigkeit. Ein wesentlicher Schritt wird eine Volksabstimmung sein, in der die Nation zu entscheiden hat, ob sie in der Sowjetunion bleiben will oder nicht. Hauptpunkt ist letztlich die Forderung, den Menschen das Recht zur Selbstbestimmung zu geben. Wir kämpfen dafür, daß wir dieses Recht bekommen. Im Moment haben wir dieses Recht nicht, selbst dann noch nicht, wenn demnächst dem Wirtschaftsprogramm zugestimmt werden sollte. Der Oberste Sowjet Estlands kann entscheiden, daß wir uns trennen, die Konsequenzen wären aber nicht Unabhängigkeit, sondern etwas anderes. Jeder weiß das.

Die Frage ist natürlich, beantwortete er meine letzte Frage, warum wir uns nicht sofort von der Sowjetunion trennen wollen. Die Antwort lautet: Weil wir Angst vor den Konsequenzen haben. Wir glauben nicht, daß die Konsequenz einer sofortigen Loslösung Unabhängigkeit sein wird. Es besteht die Gefahr, daß die konservativen Kräfte in der UdSSR die Macht übernehmen und die Demokratisierung vorbei ist. Diese imperialistische Vorstellung ist in der UdSSR sehr verbreitet, und es ist schwierig für die demokratischen Kräfte in der UdSSR, an der Macht zu bleiben, wenn Teile der UdSSR abgetrennt werden. Das ist der erste Grund. Deswegen halten wir es für unsere Pflicht, unseren Beitrag dazu zu leisten, daß Gorbatschow an der Macht bleiben kann. Kann sein, daß es in der Zukunft nicht Gorbatschow, sondern jemand anders ist, aber auf keinen Fall dürfen es konservative Kräfte sein. Wir müssen also unseren Teil zu dem demokratischen Prozeß in der UdSSR beitragen, zumindest aber vermeiden, den Konservativen Kräften Anlässe zum Gegenschlag zu geben.

Der zweite Grund ist, daß wir nicht genügend vorbereitet sind, um unabhängig zu werden, weder ökonomisch, noch politisch oder militärisch, sogar Polizisten sind heute keine Estländer. Einige Elemente des Staates wären einfach nicht vorhanden, wenn wir jetzt unabhängig würden. Das ist auch ein Produkt der Politik des Stalinismus. Früher durften Estländer keine Polizisten sein. Praktisch bedeutet das, daß die Polizisten bei uns Russen sind, die nicht einmal estländisch sprechen.

Der Winter werde ein sehr harter Winter werden, schließt Peet Kast. Die Bergarbeiterstreiks könnten dazu führen, daß in den Häusern nicht geheizt werden könne, aber Anti-Streikgesetze seien nicht demokratisch. Demokratie ist nicht teilbar, lacht er und zuckt mit den Schultern.

Gorbatschows Seiltanz

Nach Tallin — *wsjo naoborot*, alles umgekehrt

Es gibt also Nägel mit Köpfen — und es gibt auch Kräfte, die die Nägel einzuschlagen gedenken. In Tallin wurde deutlich, worum es im Kern geht und was auch für die Union, ganz wie Sulev Maälteesemes es für frühere Vorgänge beschrieb, inzwischen als Vorgabe für den Parteikongreß der KPdSU im Sommer '90 in Teilen schon auf der Tagesordnung steht: Zulassung von Privateigentum an Produktionsmitteln neben anderen Formen des Eigentums, Aufhebung des Machtmonopols der Kommunistischen Partei. Konsequente Föderalisierung der Union, das heißt mindestens Abschaffung der ministeriellen Supermonopole, wenn nicht gar Neuordnung der nationalen Beziehungen in der Republik und schließlich Anerkennung der Menschenrechte in einer rechtsstaatlichen Verfassung!

Was jetzt noch nicht auf der Tagesordnung steht, wird so oder so in absehbarer Zeit folgen. Das gilt vor allem für die Frage einer neuen Verfassung, die durch die Bereitschaft des ZK-Plenums, auf den Paragraph 6 der alten Verfassung zu verzichten und Privateigentum an Produktionsmitteln zuzulassen noch keineswegs erledigt ist. Das wird unter anderem an dem parallel zu Gorbatschows neuesten Vorschlägen vorgelegten Verlangen des KGB deutlich, mit der Abschaffung des Paragraphen 6 zugleich ein Verbot verfassungsfeindlicher Organisationen zu beschließen. Das wäre ein erneuter Gummiparagraph, der die »führende Rolle« der Partei nur auf eine andere Ebene verlagern würde. Die Auseinandersetzung um eine rechtsstaatliche Verfassung, einschließlich verfassungsmäßiger Notstandsregelungen, hat noch nicht einmal richtig begonnen. Da ist Leuten wie A. Sacharow, der seinen Entwurf einer demokratischen Verfassung quasi als Vermächtnis hinterließ, wie auch der »Demokratischen Union« voll zuzustimmen.

In Tallin wurde mir auch endgültig klar, daß die Dynamik der Perestroika weder nur »von oben«, noch nur »von unten«, sondern nicht zuletzt auch aus der Realität des zerfallenden Vielvölkerstaates gespeist und beschleunigt wird. Für die nationalen Republiken ist wirtschaftliche und politische Selbstbestimmung die zwingende Konsequenz aus der ökonomischen, politischen und geistigen Krise der an ihrer Überzentralisation erstickenden Zentralmacht. Der Kampf der Republiken für Selbstbestimmung über ihre Ressourcen und die Produkte ihrer Arbeit bringt sie zwangsläufig an die Spitze aller oppositionellen Forderungen nach politischer und wirtschaftlicher Selbstbestimmung, selbst da, wo ihre Forderungen und die der anderen oppositionellen Kräfte in Details nicht übereinstimmen.

Auch die Verkehrung der politischen Begriffe, die ich in den Wochen vor Tallin erlebt hatte, fand in Tallin ihre konsequente Vollendung: »links« und »Mler« heißen die Konservativen, auf Restauration bedachten Kräfte der OFT, der »Intergruppen« und der Kommunistischen Partei. Die demokratischen Organisationen sind »rechts«: Die Linksradikalen sind Rechtsradikale, die Rechtsradikalen Linksradikale − alles, wie Peet Kast es nannte, *wsjo noaborot*, genau umgekehrt wie bei uns.

Überhaupt: *wsjo naoborot!* Die Halbheiten des Gesamtprozesses, das Schwanken Gorbatschows auf dem Platz des Zentristen, also des Platzhalters, wie es die »Demokratische Union« nennt, aber auch die Unentschiedenheit der Opposition, die sich nicht in klaren Kontrapositionen zueinander, sondern immer in Verantwortung vor einem diffusen Gemeinwohl definiert, bekommen vor dem Beispiel der baltischen Entwicklung ihren Platz. Begriffe wie »Perestroika von unten« und »Perestroika von oben« verlieren ihre scheinbar klare Bedeutung. Auf der Reise von Leningrad nach Tallin verwandelte sich »unten« auf bemerkenswerte Weise in »oben«. Was aus Leningrader Sicht noch als radikalste Opposition erscheinen konnte, die Talliner Avantgarde der Perestroika, entpuppte sich in Tallin bereits als erneuerte Variante von Herrschaftsdenken: Effektivere Methoden der Ausbeutung durch höhere Leistung für bessere Profite bei größerer ideologischer Akzeptanz durch die Bevölkerung.

Bei aller persönlichen Liebenswürdigkeit meiner Gesprächspartner war doch festzustellen: Ihr Blick geht von oben nach unten. Wir müssen den Leuten beibringen, hart zu arbeiten, sagte Arvo Kuddo. Das ist das Programm! Niemand kann dagegen definieren, was soziale Gerechtigkeit sein soll. Dieses Thema wird in die Zukunft verschoben. Klar ist nur, daß Gleichmacherei in der bisherigen realsozialistischen Gesellschaft nicht Gerechtigkeit war, sondern die real existierende Klassenwirklichkeit verkleistert hat. Aber noch sind die neuen Klassen nicht herausdifferenziert, weder in Tallin, noch in der UdSSR insgesamt, auch wenn sich Ansätze dazu in Form eines neuen Managements, eines aus der Kooperativbewegung neu entstehenden Mittelstands, einer Schicht qualifizierter Arbeiter und auch Bauern im »weißen Kragen« einerseits sowie der Mehrheit einfacher arbeitender Bevölkerung andererseits, einschließlich ihrer weiteren Deklassierung durch Arbeitslosigkeit erkennen lassen: der »soziale Preis der Perestroika«, wie Tatjana Saslawskaja es formulierte.

Noch kann jede Nation, jede soziale Schicht, jede Minderheit, jede Person »Perestroika« mit den eigenen Vorstellungen füllen und mit einem diffusen Gesamtwohl begründen. Anders gesagt: Noch kann »Perestroika« anscheinend alle Interessen befriedigen. Die reale Differenzierung, noch mehr, der Prozeß der Negierung des bisherigen scheinbar klassenlosen Gesamtwohls durch die bewußte Wahrnehmung der real schon immer vorhandenen und der sich durch Perestroika verschärfenden Differenzierungen hat erst begonnen. Noch habe ich in den Trümmerstücken des alten Topos vom »sozialistischen Gemeinwohl« — die Faschisten versuchen sich dem mit dem Begriff der »Volksgemeinschaft« zu nähern — keine neue Alternative von »unten« entdecken können. Selbst die radikalste Alternative, die ich bisher gefunden habe, die »Avantgarde der Perestroika« in Tallin, ist in letzter Konsequenz eher ein Ansatz zu rationellerem Denken von oben als zu neuem Denken von unten, eher ein Schritt zur Intensivierung als zum Abbau der Ausbeutung des Menschen durch den Menschen, auch wenn sie gegenüber dem jetzigen Zustand mit Recht als Befreiung empfunden wird.

TV, 17. 11.: Gorbatschows Beschwörungen

Noch nicht einmal drei Monate Abstand, kaum zu glauben, aber wahr: Gorbatschow beschwor, finsteren Gesichts und mit Drohungen gegen unverantwortliche Provokateure vor der allsowjetischen Studentenversammlung, einberufen durch den Komsomol zur Feier des 72. Jahrestages der Revolution, die »Aktualität des Sozialismus« und die führende Rolle der Kommunistischen Partei! Auch wenn wir heute schlecht leben, hörte man ihn sagen, ist die Idee des Sozialismus doch richtig. Es bedürfe nur einer intensiveren Beschleunigung, Rationalisierung, effektiverer Arbeit, größerer Anstrengungen beim Aufbau der Arbeitskollektive.

Gorbatschows Auftritt richtete sich direkt gegen Sacharow, Jelzin, Afanasjew und andere, die im Allunionskongreß für die Abschaffung des Paragraphen 6 der sowjetischen Verfassung, der Legalisierung der Opposition und für die Zulassung von Privateigentum an Produktionsmitteln eingetreten waren. Forderungen nach nationaler Selbstbestimmung geißelte er als gefährlichen Extremismus.

Es ist soweit, kommentierte Georgi trocken: Jetzt kommt Gorbatschow schon von rechts. Der Hase sitzt sichtbar im Pfeffer, notierte ich mir nach der Sendung. Gorbatschow will die Zentralmacht und deren Verfügung über das Volkseigentum nicht antasten lassen. Er will die Bevölkerung motivieren, aber nicht zur Wahrnehmung eigener Interessen, sondern zur Erneuerung des sozialistischen Gemeinwohls, nach Lage der Dinge heißt das immer noch, der herrschenden Staatsbürokratie. Sein Appell kann nur die alten und neuen Nutznießer des Systems, Konjunkturschiks und Perestroikagewinnler, erreichen. Die Masse der Bevölkerung hat keinen Nutzen von größerem Einsatz bei der Arbeit. Ihnen kündigt der Appell nur weitere unbequeme Störungen des Trotts ohne erkennbaren Gewinn, aber mit sehr wohl erkennbaren Nachteilen an. Gorbatschow lügt, lautet der schlichte Kommentar. Perestroika ist für die Masse der Menschen aus alltäglicher Sicht nicht mehr, sondern weniger Lebensqualität, nicht mehr, sondern weniger Sozialismus. Das treibt den Demagogen der OFT die Anhänger zu.

Man darf bezweifeln, ob sich an dieser zentristischen und im Effekt demagogischen Grundposition Gorbatschows nach seinen neuesten Vorstößen irgend etwas ändern wird, außer daß der Frontverlauf korrigiert ist. Man könnte natürlich sagen: Dies immerhin!

Variationen zur Lage

Nach den Erfahrungen in Tallin und nach Gorbatschows Beschwörungen nahm ich mir vor, keine Gespräche mehr über Perestroika, sondern nur noch über Alternativen zur Perestroika und über Vorstellungen zu den nächsten politischen Schritten zu führen.

Bei einer Versammlung des »Parteiklubs« am Lijtenij Prospekt, wo eine demokratische Plattform zur Mobilisierung der Parteiopposition verabschiedet werden sollte, traf ich viele meiner Gesprächspartnerinnen und -partner, sozusagen zum Abschied, noch einmal wieder: Elena Michailowna, die darauf bestand, mir noch eine Antwort auf meine Fragen zu schulden, Oleg Vite, Viktor Monachow und und und. Auch Anatoly Golow sah ich dort, den Redakteur der »Volksfront«-Zeitung »Severo Sapad«, der bei unserem ersten Zusammentreffen noch so viel Wert darauf gelegt hatte, nicht Parteimitglied zu sein.

Konfrontiert mit meinen Talliner Erfahrungen und Gorbatschows TV-Auftritt skizzierten mir Elena Michailowna und Anatoly Golow ihre Erwartungen für die nächste politische

Runde. Bei einem letzten Treffen gab mir auch Ekaterina Podoltsewa noch ihre abschließende Sicht mit auf die Reise. Drei Menschen, drei Sichtweisen, die auch Gorbatschows neuesten Vorstoß in differenzierterem Licht erscheinen lassen.

Anatoly Golow: Es reicht nicht, abzuschaffen...

Man kann den Wolf nicht füttern und die Lämmer halten, erklärte Anatoly Golow. Gorbatschow wolle es allen recht machen. Aber man könne von den Menschen nicht bessere Arbeit fordern, wenn sie nicht sicher seien, daß ihnen die Ergebnisse ihrer Arbeit nicht wieder weggenommen würden. Jetzt müßten Entscheidungen getroffen werden!

Das erste sei die Zulassung des Privateigentums an Produktionsmitteln. Das dürfe aber nicht nur durch Gesetz von oben, das müsse auch durch Arbeit am Bewußtsein von unten geschehen. Man müsse klar machen, daß es auch in der UdSSR Ausbeutung gebe und daß ihre Grenzen durch klare Verträge zwischen den Eignern der Produktionsstätten und den Arbeitern geregelt werden müßten. Das gelte auch für die Kooperativen, die ja praktisch bereits Privateigentum seien. Die Spannung in der Gesellschaft, so Anatoly, wird solange zunehmen, bis wir das geregelt haben.

Die Veränderungen der Eigentumsverhältnisse und des gesellschaftlichen Bewußtseins in dieser Frage würden dann zur Entstehung neuer Parteien führen. Formal bezeichneten sich einige Gruppen ja schon jetzt als Parteien, zum Beispiel die »Demokratische Union«, aber sie sei keine Partei mit eigenen konstruktiven Vorstellungen, sondern eher eine Gruppe von Leuten, die Gorbatschow hülfen, die Stereotypen zu zerstören.

Er glaube, prognostizierte Anatoly dann, daß die weitere Entwicklung von der kommenden Wahl abhängen werde. Die Frage der Macht könne von oben wie von unten entschieden werden. Wenn Sowjets gewählt würden, die wirkliche Macht ausüben könnten, wenn sie tatsächlich befähigt würden, selbst zu entscheiden, dann könne die führende Rolle der Partei de facto beseitigt werden. Die Partei könne ja nur kommandieren, wenn man sich ihr unterwürfe. Selbstverständlich sei die genannte Perspektive nur eine Hoffnung, aber etwas anderes gebe es nicht. Möglicherweise werde die 2. Sitzungsperiode des Allunionskongresses, die im Dezember beginne, den Paragraphen 6 der Verfassung abschaffen. Wenn aber die Sowjets ihre Verantwortung nicht übernähmen, werde alles sein wie zuvor. Es reiche nicht, etwas abzuschaffen, man müsse das Bewußtsein der Menschen ändern. Wenn die Sowjets auch nach der Wahl so schwach und willfährig sein würden wie vorher, dann, so fürchtet er, werde es zur Diktatur oder zum Bürgerkrieg kommen.

Eine weitere Sache müsse man bedenken, nämlich die Ungleichzeitigkeit der Entwicklung an verschiedenen Orten des Landes. Moskau und Leningrad seien bereit. Skow und Nowgorod nicht. Auf dem Lande sei alles noch viel schlechter. Man fühle sich an den Drachen erinnert, dessen Kopf schon wach, aber dessen Schwanz noch im Schlaf sei. Es sei ein zweiköpfiger Drache, hier die Radikalen, dort die Konservativen, der nach dem Prinzip von Versuch und Irrtum seinen Weg suche, aber einer ziehe den anderen zurück.

Die Wahlen, so Anatolys Erwartungen, würden sehr interessante Ergebnisse bringen. Die Zentristen, der Apparat, würden verlieren, denn irgend jemand müsse für die Vergangenheit verantwortlich gemacht werden. Aber den Radikalen vertraue die Bevölkerung nicht: zu viele Worte, zu wenig Taten! Das gelte auch für die »Volksfront«.

Deswegen hätten vor allem diejenigen Chancen, erklärte er, wie vorher Peet Kast in Tallin, die Spezialisten auf irgendeinem konkreten Gebiet seien und die nicht von allgemeinen Zielen, sondern von konkreten Tagesaufgaben sprächen. Die Leute brauchten konkrete Grundlagen, um Vertrauen zu fassen. Die Mehrheit der Kandidaten werde so sein. Das Wichtigste werde das persönliche Image sein. Das Fernsehen werde den Ausschlag geben. Besser man sehe jemanden einmal, als ihn oft zu hören. Die Mehrheit der Wähler urteile direkt nach ihrem Eindruck auf dem Bildschirm.

Den Radikalen werde die große Autorität helfen, die die »Volksfront« und andere Organisationen bereits hätten. Aber sie würden im Leningrader Bereich nicht zu mehr als 10 Prozent der Stimmen kommen. Es gebe zwei Probleme: das Programm und die Leute. Es gebe viele gute Leute in der »Volksfront«, aber nicht jeder könne auch ein guter Deputierter sein. Sie hätten wenig Leute für die Wahl. Ungefähr 3000 Abgeordnete müßten im Leningrader Distrikt gewählt werden. Es gebe drei Ebenen: die der russischen Republik, der Stadt und der Stadtbezirke. Der ganze Block demokratischer Kräfte werde in der Lage sein, Kandidaten für die 30 Distrikte der Republik, in der Hälfte der Städte, das mache 400 Leute, und ganze 25 Prozent für die Stadtbezirke aufzustellen. Das seien zusammen ungefähr 500 Menschen.

Das zweite Problem sei theoretischer Natur. Es gebe keine Übereinstimmung. Man könne die Demokraten in zwei Gruppen unterteilen: die einen dächten, es müsse ein klares Programm geben, das man jedem in die Hand drücken könne, damit er es unterstützen könne. Das seien die Partisanen des Parteiaufbaus. Die zweite Gruppe schlage vor, die Prinzipien zu definieren, die jeder Kandidat in sein Programm übernehmen könne, das er selbst entsprechend diesen Prinzipien ausarbeite. Das seien die Partisanen der Bewegung. Die beiden Linien könnten sich nicht einigen.

Die Auseinandersetzung mit der OFT werde sehr wichtig, bestätigte mir dann auch Anatoly. Von ihm erfuhr ich auch noch ein paar weitere Neuigkeiten über diesen Verein: Nach der Wahl zum Allunionskongreß, bei dem die Kommunistische Partei ja ziemliche Schlappen hatte hinnehmen müssen, habe der konservative Teil der Partei begriffen, daß es ihm nicht guttue, als Partei zu extrem aufzutreten. So sei die OFT entstanden. Ihre Aufgabe sei klar: Je breiter das Spektrum nach rechts auslege, um so weniger rechts erscheine die Partei. Die OFT habe also die Rolle der Extremisten, die verurteilt, die angegriffen würden, von denen man sich abgrenze. Dafür habe man diese Organisation gegründet.

Selbstverständlich seien ihre Vorstellungen nicht allzu populär, aber die OFT ermögliche der Partei, vermittelte Entscheidungen vorzuschlagen. Vorher habe sie alles im eigenen Namen der Öffentlichkeit vorstellen müssen. Die Organisation sei eine Marionette der Partei. Die eigentliche Auseinandersetzung spiele sich aber zwischen Partei und demokratischer Öffentlichkeit, nicht etwa zwischen Partei und OFT ab, selbst wenn einige Leute in den demokratischen Bewegungen das so sähen. Wichtiger sei schon die Entstehung des »Parteiklubs«. Mit der Gründung der »Parteiklubs« habe die informelle Bewegung jetzt die Partei erreicht. Zwar sei die innerparteiliche Opposition noch nicht bis zur »kritischen Masse« entwickelt, aber man müsse den Prozeß genau beobachten. Das, betonte Anatoly, sei übrigens auch der Grund für seine Anwesenheit bei Treffen des Klubs, obwohl er ja kein Parteimitglied sei, wie ich wisse. Er brauche eben einfach Informationen aus erster Hand.

Elena Michailowna: Selbstreinigung der Partei

Elena Michailowna, von ihrer Tochter, Studentin der Religionswissenschaften, als Dolmetscherin sehr eifrig unterstützt, nannte mir, bei Übereinstimmung mit Anatoly Golow in der Frage des Eigentums, einen etwas anderen Schwerpunkt. Gorbatschow habe Angst vor dem Bürgerkrieg, erklärte sie, deshalb müsse er taktieren. Daher komme jetzt alles darauf an, die demokratische Opposition zu stärken. Soweit es die Partei betreffe, versuchten sie zur Zeit, eine alternative Plattform innerhalb der Partei zu schaffen. Wir setzen uns für die Abschaffung des Paragraphen 6 der Verfassung ein, konkretisierte sie. Wir wollen, daß die Partei die Macht an die Sowjets von sich aus abgibt. Wir wollen, daß die Partei sich für die Schaffung eines Mehrparteiensystems einsetzt.

Wir fordern die Aufhebung solcher Parteiprinzipien wie der

des Demokratischen Zentralismus. Es muß ein normales politisches Leben mit normaler Konkurrenz zwischen den politischen Parteien geben. So hätten sie also die paradoxe Situation herzustellen, die so etwas wie diese Partei nie wieder zuließe.

Innerhalb der Partei gebe es verschiedene Richtungen, die sich sehr voneinander unterschieden: zum einen Nina Andrejewa und ihre Umgebung, dann das Zentrum um Gorbatschow und schließlich die Richtung um Jelzin. 85 Prozent aller Parlamentarier seien in der Partei. Alle wichtigen Wissenschaftler seien Mitglieder der Partei, so daß man sagen könne, daß die Differenzen, die sich im obersten Kongreß zeigten, die Strömungen innerhalb der Partei widerspiegelten. Deshalb halte sie es auch für unmöglich, die Partei zu verlassen. Die Selbstreinigung der Partei, dann der Gesellschaft werde eine sehr harte Arbeit werden. Aber sie könne nur mit der Partei zusammen geschafft werden, nicht allein von außen.

Man müsse alles tun, um einen Bürgerkrieg zu vermeiden. Die Sowjetunion sei ein großes Land. Ein Bürgerkrieg hätte unvorstellbare Auswirkungen. Jetzt sei in Workuta gestreikt worden. Man könne nicht sicher sein, daß diese Streiks nicht durch die Anti-Perestroika-Kräfte provoziert worden seien, um die Situation zu verschärfen. Sie denke an solche Kräfte der offiziellen Gewerkschaften, die der »Vereinigten Arbeiterfront« nahestünden. Nach den Ereignissen in Donbaz müsse man das befürchten. Dort seien die Streiks sehr häufig von Gewerkschaftsführern und Parteiführern eingeleitet worden.

Unsere Hauptschwierigkeit, liegt in dem sehr niedrigen Niveau der Kultur und der politischen Tradition. Die größte Gefahr sind die Aktivitäten solcher Organisationen wie der OFT. Sie können in demagogischer Weise nach wie vor einen dogmatischen Marxismus predigen, indem sie von der historischen Mission der Arbeiterklasse unter den neuen historischen Bedingungen reden und die verbrauchte Idee der Diktatur des Proletariats jetzt als Arbeiterdemokratie an die Leute bringen.

Sie aktualisieren ihre Positionen zum Beispiel durch ihre Forderung, die jetzigen Wahlen von den Betrieben aus durchzuführen. Dies sei deswegen so gefährlich, weil die Arbeiterschaft der UdSSR, auch wenn sie es einmal gewesen sei, heute keineswegs die Avantgarde der Bevölkerung sei. Sie könne keine progressive politische Kraft sein. Kräfte wie die OFT versuchten auch ständig, die Arbeiterklasse gegen die Intelligenz aufzubringen. Das Ergebnis sei, daß die Intelligenz, auch vor dem Hintergrund der früheren Verfolgungen, beginne, das Land zu verlassen. Deshalb sei wahrscheinlich eine der wichtigsten Aufgaben der Perestroika, die Intelligenz aufzufordern, über die Zukunft ihres Landes nachzudenken, es nicht weiterhin zu verlassen oder auch zurückzukommen, hier und jetzt aktiv zu werden, weil sie hier und jetzt gebraucht würden.

Es ist das erste Mal, so Elena Michailowna, daß wir in unserem Land eine so breite Demokratie haben, und das bedeutet auch, daß es nicht nur Freiheiten für die Linke, sondern auch für die Rechte bringt.

Ekaterina Podoltsewa: Front gegen die faschistische Gefahr

Einen Tag danach saß ich noch einmal Ekaterina Podoltsewa gegenüber. Meine Klagen, Gespräche mit der »Volksfront« und anderen hätten, außer in Tallin, bis zum Schluß für mich keine klaren Konturen erkennen lassen, erwiderte sie mit Klagen über den niedrigen Bewußtseinsstand der demokratischen Bewegung, selbst deren aktivster Kader. Das sei das größte Problem. Sie hätten Politik nicht gelernt, sagte sie. Niemand habe gelernt, sich um seine eigenen Dinge zu kümmern. Und jetzt auf einmal breche alles über sie herein. Nur die wenigsten behielten die Übersicht oder gewönnen sie neu.

Die Programme der »Volksfront« seien ein Ausdruck davon: schwammig, unentschieden, ein Sammelsurium von unterschiedlichsten, sich teilweise widersprechenden Absichten. Es fehle die Perspektive. Es fehle eine strategische Einschätzung der Lage. Man sei mit den reformistischen Tagesfragen der Perestroika ausgelastet. Jetzt, wo die Wahlen anstünden, hätten die meisten Aktivisten nichts anderes als Personalfragen für die Wahlen im Kopf.

Ich merkte kritisch an, daß ich den Wahlboykott der »Demokratischen Union« angesichts der drohenden Offensive einer vereinigten Rechten aber auch nicht für besonders sinnvoll hielte. Ob denn nicht eine gemeinsame Front auf allen Ebenen der Politik vom Einsatz für politische Gefangene über Demonstrationen bis zur Wahlbeteiligung notwendig sei.

Mit einem Parlament sei noch nichts getan, erwiderte sie. Im Gegenteil, die Wahl neuer Volksvertreter auch auf kommunaler Ebene würde die Menschen nur in falscher Ruhe wiegen. Es ginge um mehr als einen parlamentarischen Zuckerguß. Das ganze System, die ganzen ökonomischen und ideologischen Grundstrukturen müßten umgewälzt werden. Es reiche nicht einmal, wie viele meinten, nur nach der Zulassung von Privateigentum zu schreien. Das sei unvermeidlich, ebenso wie die Beseitigung des Einparteienmonopols, aber man müsse auch über die Frage der sozialen Gerechtigkeit nachdenken. Das bisherige System sei nicht gerecht. Der Kapitalismus sei allerdings auch nicht gerecht. Über diese Frage dächten aber die wenigsten nach, auch in der »Demokratischen Union« nicht.

Nicht Perestroika, sondern Stroika, das bedeute, erst einmal die politischen Grundlagen für einen bürgerlichen Rechtsstaat aufzubauen. Das wiederum heiße, zunächst vor allem anderen um das politische Bewußtsein, die Politisierung der Menschen zu kämpfen. Die Mehrheit der Menschen in der UdSSR, vor allem im Stammland der CSSR sei aber entpolitisiert, apathisch, lethargisch. 70 Jahre Kommandokommunismus hätten tiefe Spuren in der Mentalität des Volkes hinterlassen. Es gebe keinerlei politische Kultur, die diesen Namen verdient hätte. Es wäre sicher fruchtbar, wenn sich Organisationen wie die »Volksfront«, die »Demokratische Union«, »Memorial« und andere zusammensetzten, um eine gemeinsame Politik gegen die drohende Gefahr einer faschistischen Lösung der Krise zu entwickeln. Aber dies geschehe so gut wie gar nicht, obwohl der Kreis der Aktivisten in Leningrad überschaubar klein sei, man sich aus dem Komsomol, aus der Universität, aus langen Jahren politischer Aktivität in und an der Partei kenne.

Das gelte auch für die neu entstehende systemkritische Presse. Zwar wachse die Zahl der Blätter ständig, aber man diskutiere nicht miteinander, sondern die Blätter erschienen in chaotischem Wildwuchs nebeneinander.

Schließlich sprach ich Ekaterina auf das Fehlen einer emanzipatorisch orientierten Frauenorganisation an.

Ich könnte mich eine aktive Feministin nennen, lachte sie. Aber es stimmt. Gruppen emanzipatorisch aktiver Frauen im Sinne eures westlichen Verständnisses gibt es bei uns nicht. Objektiv ist die Stellung der Frauen in unserer Gesellschaft stark. Die Frauen führen die Haushalte. Sie versorgen die Kinder. Die meisten sind berufstätig, haben dadurch eine starke Stellung in der Öffentlichkeit. Dennoch stehen sie unter den Männern, ordnen sich selbst unter, akzeptieren freiwillig diese feudal-patriarchalischen Strukturen, haben sie verinnerlicht und geben sie in ihrer Erziehung weiter. Das ist eins unserer ganz großen Probleme. Es ist zum Verzweifeln. Frauenemanzipatorische Zielsetzungen haben vor diesem Hintergrund keinen Ansatzpunkt, auch nicht im Zuge der Perestroika. Im Gegenteil, die Frauen begrüßen in ihrer Mehrheit die Parole Gorbatschows, der sie zurück in die Küche ruft, in die Familie und zu pflegerischen Arbeiten.

Ekaterina schwieg nachdenklich. Ich auch. Dem gab es nichts hinzuzufügen. Der Grad der Befreiung der Frauen spiegelt den Grad der Befreiung einer Gesellschaft, sagte Bebel. Recht hat er.

Auch in der Lage der Frauen der UdSSR spiegelt sich die Deformation der sozialistischen Idee zur Gleichmacherei: Statt mehr Rechte, Schutz und Förderung bekamen sie mehr Pflichten. Der revolutionäre Ausbruchsversuch aus der herrschenden Sexualmoral und gesellschaftlichen Doppelbelastung, der mit Namen wie Kollontai verbunden ist, war nur kurz. Wenige Frauen, die ich bei meinen bisherigen Reisen in die UdSSR traf, hatten ihren Namen überhaupt noch parat, von den Männern ganz zu schweigen. Jetzt wollen die Frauen ihr Anderssein, ihre Weiblichkeit bis hin zum Weibchenkult wieder betonen.

Ekaterina war bei weitem die politischste Person mit den klarsten Vorstellungen von allen, die ich in Leningrad getroffen habe. Aber ob sie Chancen hat, ihre Kritik zu einer organisierten linken Alternative gegenüber der Perestroika zu entwickeln? Die Zeichen stehen nicht günstig. Sie zeigen eher nach rechts.

Kleiner Abschied

Mein letztes Treffen mit Juri: Er hatte noch zwei Freunde mitgebracht. Wir besprachen Modalitäten einer von ihm projektierten politischen Reise in die BRD. Das Interesse am Austausch ist groß.

Was mir bei ihnen aufgefallen sei, wollten Juri und seine Freunde abschließend wissen.

– Schwierig zu sagen, gab ich zu bedenken, aber ich wolle mich natürlich nicht drücken: Erstens: niemand wisse, was Perestroika sei. Wie viele Leute, so viele Meinungen, heiße es. Perestroika sei offenbar eine Begriffshülse, die für jede Art von Veränderung benutzbar sei. Zweitens: Alle sagten, Gorbatschow sei am Ende, aber niemand habe eine Alternative. Selbst die radikalste Systemopposition habe nichts anderes anzubieten als eine konsequentere Version der Politik Gorbatschows, also der Liquidation des staatssozialistischen Zentralismus. Drittens: Die Konservativen nutzten die Krise, um politisch in die Offensive zu gehen. Die Opposition dagegen lasse sich durch die Krise politisch in die Defensive drängen, propagiere sogar den Verzicht auf Politik zugunsten eines langen Marsches durch die Ökonomie. Letzten Endes drohe sich das System auf diese Weise selbst zu reproduzieren, statt grundsätzlich umgewälzt zu werden. Viertens: Es fehle das Gespräch zwischen den einzelnen Strömungen der Opposition, um trotz aller Differenzen eine Front gegen die drohende Rechtsentwicklung aufzubauen. Fünftens: Mir sei aufgefallen, daß nicht nur bei der Bevölkerung allgemein, sondern auch in der Systemopposition ziemliche Illusionen über die westlichen Demokratien, insbesondere den Charakter der Sozialdemokratie bestünden.

Ich berichtete ihnen dann von meinen Gesprächen in Tallin und dem letzten Zusammentreffen mit Ekaterina Podoltsewa. Juri und seine Freunde nickten interessiert, aber die Position der »Demokratischen Union« sei nun einmal nicht politikfähig. Die Massen verstünden das nicht. Den Konservativen liefere solch eine Politik Vorwände zum Eingreifen. Schnell, das heiße Tanks, bekräftigte einer von Juris Begleitern.

Dann ging es um meine Motive. Warum ich diese Untersuchung machte, wollten sie wissen. Das sei natürlich noch schwieriger zu beantworten, versuchte ich zu scherzen. Die Entwicklung in der UdSSR, begann ich, hat auch für uns unabsehbare Folgen. Ein bürgerkriegsähnlicher Zusammenbruch wäre auch für den Westen eine Katastrophe. Eine Destabilisierung der Weltordnung mit unabsehbaren Konsequenzen wäre die Folge. Eine schrittweise Wandlung des Systems bei euch, das sich als historischer Irrtum erwiesen hat, könnte dagegen auch außerhalb der UdSSR demokratische Kräfte freisetzen, die über neue Alternativen zum bisher bestehenden Sozialismus wie auch zum Kapitalismus nachdenken. Wir suchen ja alle nach neuen Alternativen zur bisherigen Industriegesellschaft, sowohl in deren kapitalistischen als auch in ihren bisherigen sozialistischen Varianten, Alternativen, die nicht nur über die Industriegesellschaft selbst, sondern auch ihre historischen Scheinalternativen von Faschismus zum einen und Stalinismus zum andern hinausführen. Durch eine Schilderung der Realität bei euch möchte ich dazu beitragen, das Bewußtsein der Menschen bei uns für diese Aufgabe zu schärfen. Mir ist klar, daß ich damit nur wenige erreiche, aber ich halte es für das Wichtigste, was ich heute tun kann.

Unter solchen Gesprächen waren wir wieder ins Gedränge auf dem Nevski eingetaucht. Ich mußte zur Metro, wo Lena auf mich wartete. Juri übergab mir den Plan für seine BRD-Reise. Ich versprach ihm, mich darum zu kümmern. Aber ich war auch sicher, daß sich viele Vorstellungen darüber, was und wie einfach sich Dinge bei uns realisieren ließen, sich als Illusionen erweisen würden. Wir konnten kein Ende finden. Dann doch: *Paka*, ciao, ciao! Viel Glück für den Winter und für die Wahlen!

Großer Abschied

Mila war Gastgeberin. Georgi war krank. Marek, Sweta, Katja, Natascha, Lena. Zwei Engländer kamen mit Marek, eine Frau und ein Mann. Neutouristen. So wie ich vor sechs Jahren. Nach wie vor ist es so: Jeder Auslandskontakt wird wahrgenommen.

Später kam noch ein Gast, Gerd Weber, Präsident der Freundschaftsgesellschaft und Leiter des UdSSR-Reisebüros des CVJM in Hamburg. Er brachte westdeutsche Zeitungen. Die Mauer war auf! Millionen waren rübergekommen! Erst aus seinen Erzählungen wurde den Versammelten klar, was da in den beiden Teilen Deutschlands passiert war. Toaste auf die historische Stunde! Ich wurde gefragt, ob ich die Wiedervereinigung wolle. Ich sagte, nein. Unverständnis. Ihr seid doch ein Volk!? Ich versuchte, meine Motive zu erklären. Daß die Mauer fiele, bravo! und noch einmal, bravo! Aber ein Großdeutschland wolle ich nicht. Ich sähe keine zwingenden nationalen Vereinigungsgründe. Wofür? Eine europäische Föderation mit gleichberechtigter BRD, DDR, vielleicht noch einer freien Stadt Berlin, meinetwegen auch einem Freistaat Bayern oder Thüringen täte es doch auch!

Meine sowjetischen Freunde, auch die Engländer verstanden mich nicht. Ihr Deutschen! Schließlich vermuteten sie, daß ich auch unter meinen Landsleuten mit meiner Meinung allein stehen könnte.

Zu guter Letzt kam dann noch einmal Kaschpirowski! Ja, der Mann hat Popularität! Am Sonntag abend um 22.00 Uhr, beste Sendezeit. Eine Stunde!

Es wurde spät. Wir mußten auf die Straße, um ein Taxi zu suchen. Einfach anrufen, das läuft nicht. Auch das Feiern ist in der UdSSR komplizierter.

Letzte Notizen in Leningrad

Es ist eine Frage von Leben oder Sterben für die demokratische Bewegung der UdSSR und in der Folge für die anderer Länder, auch der BRD, ob es den verschiedenen Gruppen gelingt, trotz ihrer unterschiedlichen konkreten Interessen und Programme eine gemeinsame Front gegen die drohende Restauration, insbesondere auch eine drohende faschistische Massenbewegung zu mobilisieren. Eine Zuspitzung der jetzigen lokalen Bürgerkriegsszenarien zu einem allgemeinen Brand scheint mir nicht ausgeschlossen.

Andererseits sind auch überraschende Einbrüche in der konservativen Front denkbar. Die Entwicklung scheint mir – nicht nur von außen – unkalkulierbar – und zudem oder gerade deshalb stark von Außeneinwirkungen, sprich USA, NATO, EG, Internationalem Währungsfonds, abhängig.

Das größte Kapital der Konservativen sind die apathischen Massen, die es nicht gelernt haben, sich um ihre eigenen Geschicke zu kümmern und die durch die neuen Freiheiten eher verwirrt als ermutigt sind. Die Schicht der aktiven Perestroika-Freunde ist auf die Intelligenz und die qualifizierte Arbeiterschaft beschränkt – und auch da noch sehr klein, weil viele durch die Perestroika ihre bisherigen Privilegien verlieren könnten, angefangen beim Veteranen der Partei und der Armee bis hin zum verdienten »Helden der Arbeit« und etablierten Künstler. Das System der Privilegien ist im Staat der Gleichheit ein ausgeklügeltes Herrschaftssystem, das bisher bestens zur Stabilität eines an sich nicht lebensfähigen Gesellschaftskörpers beitrug: Alles für die herrschende Klasse bedeutet eben alles für die Privilegierten, alle ökonomischen Vorteile, alle Informationen, alle Rechte. Die übrigen sind im Prinzip Arbeitssklaven und Bettler. Das ist die Realität. Um sie aufzubrechen, müßte die Mehrheit der Bettler aufstehen! Ob sie das tut, ist fraglich. Es ist eher zu befürchten, daß sie sich in der gegebenen Dumpfheit zur restaurativen Politik mißbrauchen läßt. Dies ist nicht mehr und nicht weniger als eine realistische Bilanz.

Flughafen

Am nächsten Morgen, am 21. 11 um 9.00 Uhr, starteten wir, Mila, Sascha, Lena, Marek und ich, in Mareks Auto zum Flughafen. Keine Tränen. Viele Küsse. Was wird sie, was mich, was uns alle erwarten?

Rückkehr

Kulturschock – natürlich. Das kannte ich schon. Darauf war ich vorbereitet. Ich erschrak nicht mehr so tief vor den überquellenden Auslagen, den weiß eingefaßten Straßen. Aber die an den Straßenrändern am Demarkationsübergang Rudow zu Tausenden rechts und links dahinströmenden DDR-Bürger, die von ihrem Einkauf im Westen zurückkehrten, irritierten mich ungeheuer. Sonst war das Gelände immer leer, gespenstisch, ein exemplarischer Unort der deutsch-deutschen, insbesondere der Berliner Teilung. Ein historischer Dammbruch hat stattgefunden, und wir sind die Zeugen des Umbruchs. Aber wir stecken so tief drin, sind so nah am Geschehen, daß niemand über den Rand sieht.

Im Flugzeug wurde ich gefragt: Und wie würden Sie – kurz gesagt – ihre Eindrücke aus den sechs Wochen zusammenfassen? Meine Antwort: Eine unberechenbare Dynamik. Angst! Angst vor einem Bürgerkrieg, genauer, vor der Ausweitung der jetzt schon stattfindenden Kämpfe im Süden der Republik zum Bürgerkrieg. Er hat ja bereits begonnen. Und zugleich Hunger! Hunger nach Freiheit, individueller Entfaltungsmöglichkeit, Selbstbestimmung und Demokratie. Wenn das Land den Zusammenbruch übersteht, dann kann es zu einer neuen demokratischen Kraft auf dem Globus werden, die auch die Grenzen der gegenwärtigen westlichen Demokratien sprengt, weil der Zusammenbruch dieser historischen Alternative zum Kapitalismus die Frage nach einer zukunftsträchtigen neuen Alternative zur heutigen Industriegesellschaft auf die Tagesordnung setzt.

Wenn — das bedeutet: Wenn das Land den Zusammenbruch seines 70jährigen Gesellschaftssystems ohne Bürgerkrieg übersteht! Andererseits kann diese neue demokratische Kraft nur durch diesen Zusammenbruch freigesetzt werden. Den Zusammenbruch kontrolliert zu organisieren ist der eigentliche Inhalt von Perestroika. Dazu gibt es keine erkennbare Alternative, außer die Geschwindigkeit dieses Prozesses entweder zu beschleunigen oder sie zu verlangsamen, mit oder ohne Hilfe des kapitalistischen Auslands. Alle Auseinandersetzungen zwischen Gorbatschow und seiner Opposition lassen sich gegenwärtig auf diesen Punkt reduzieren.

Perestroika – Konsequenzen für uns
Zwanzig Thesen

Der Zusammenbruch des realen Sozialismus, insbesondere der Bankrott der SED, hat die Debatte um eine neue sozialistische Perspektive auf die Tagesordnung gesetzt. In zwanzig Thesen versuche ich einige Bestimmungsstücke zu nennen, die in eine rationale Debatte eingehen müßten.

1. Der Zerfall der ersten historischen Initiative für eine sozialistische Alternative zum Kapitalismus bestimmt zur Zeit die Dynamik der Geschichte durch die von ihm ausgehende Destabilisierung der herrschenden Weltordnung. Gorbatschows Programm der Perestroika ist keine sozialistische Erneuerung, sondern ein Notprogramm zur Liquidierung des realen Sozialismus. Gorbatschows Aufgabe bestand und besteht darin, die historisch unvermeidliche und überreife Liquidation des realen Sozialismus und dessen Überführung in kapitalistische Bahnen so kontrolliert wie möglich und mit geringstmöglichem Einbruch an Stabilität innerhalb der UdSSR und im internationalen Rahmen zu vollziehen. Gorbatschows Kritiker haben ihrerseits keine Alternative, sondern bestenfalls eine Beschleunigung seines Programms anzubieten. Ob und wie lange es Gorbatschow unter dem Druck der wachsenden Widersprüche gelingt, den Übergang kontrolliert zu entwickeln, ist offen. Darin liegt zur Zeit die größte Gefahr für den Weltfrieden: Selbst ein auf das Territorium der UdSSR beschränkter Bürgerkrieg würde bereits Krieg auf einem Sechstel des Globus bedeuten. Seine Auswirkungen, bis hin zum möglichen Zusammenbruch der Zentralmacht dieses Raumes, auf die übrige Welt sind nicht kalkulierbar. Andererseits liegen in der von Gorbatschow angestrebten Dezentralisierung auch Keime zur Überwindung der aus der Systemkonfrontation resultierenden Stagnation und für ein neues Zusammenleben der Völker, wenn es der Völkergemeinschaft gelingt, den von Gorbatschow angestrebten kontrollierten Übergang von der alten zur neuen Ordnung erfolgreich zu unterstützten und krisengewinnlerische Alleingänge einzelner Staaten oder Völker zu unterbinden.

2. Der Zerfall des realsozialistischen Blocks setzt eine Wandlung der Nachkriegsordnung insbesondere in Europa, aber nicht nur dort, auf den Plan. Er beseitigt aber weder die Ursachen noch die Realitäten der deutschen Teilung. Schon die BRD allein hat sich zur Führungsmacht in Europa entwickelt. Ein vereinigtes Deutschland wäre sicher das Aus für das Gleichgewicht eines multistaatlichen Europas der vielen Völker, wie es gegenwärtig von allen Seiten angestrebt wird. Besonders für die Völker Europas, einschließlich die der Sowjetunion, aber auch für die übrige Welt ist die Gefahr eines übermächtigen Deutschlands im Zentrum Europas aus der Erfahrung der beiden Weltkriege und des deutschen Faschismus durchaus sehr lebendig und wird auch entsprechend als Bremse westdeutscher Vereinigungswünsche ins Spiel gebracht. Die herrschende westdeutsche Politik ist sich dessen bewußt und wird dadurch effektiv gebunden, wenn sie sich nicht rundum isolieren will.

3. Das atomare Patt ist von der neuen Entwicklung bisher ebenfalls nicht berührt. Nach wie vor ist selbst ein begrenzter Krieg gegen die Sowjetunion für jeden potentiellen Aggressor mit dem unkalkulierbaren Risiko des atomaren Schlagabtausches verbunden. Mehr noch: In einer UdSSR, die von den imperialistischen Ländern in die Enge getrieben würde, müßte und würde sich nach aller geschichtlichen Logik und angesichts der bedrängten Lage Gorbatschows aus reinem Selbsterhaltungstrieb die militärische Fraktion gegenüber der politischen durchsetzen und zur Politik der Systemkonfrontation unter gewandelten Prämissen zurückkehren. Die Risiken einer solchen Situation sind für die imperialistischen Staaten unkalkulierbar.

4. Nur unter der Annahme einer absolut irrationalen Zuspitzung des globalen politischen Klimas ist eine solche Variante denkbar, daß sich »Falken« in der NATO mit der Meinung durchsetzen könnten, dem bereits strauchelnden Gegner jetzt noch militärisch nachsetzen zu müssen. Sehr viel wahrscheinlicher ist der Versuch, das notwendige Krisenmanagement unter Führung und zum wirtschaftlichen Nutzen der imperialistischen Staaten zu betreiben, das heißt, den strategischen Schwerpunkt von der militärischen auf die der kontrollierten politischen Liquidation des bisherigen sozialistischen Blocks unter Mithilfe Gorbatschows zu verlagern. Das neue NATO-Schlagwort eines »high intensity peace« anstelle des bisherigen »low intensity war« deutet dieses strategische Verständnis an. Die Gefahr für den Weltfrieden liegt zur Zeit weniger in der gezielten Destabilisierung

des bisherigen sozialistischen Blocks durch die imperialistischen Länder, als darin, daß dieses Krisenmanagement auf Grund der inneren Dynamik des Zerfallsprozesses des bisher sozialistischen Lagers nicht gelingt.

5. Die ideologische Destabilisierung reicht weiter als bis zu den Ergebnissen des 2. Weltkriegs, sie reicht bis in die Anfänge des Jahrhunderts zurück. Die historische Initiative des realen Sozialismus, eine Alternative zum Kapitalismus schaffen zu wollen, ist nicht nur durch ihren ökonomischen und politischen, sondern auch durch ihren geistigen Zusammenbruch in den Augen der Völker inzwischen bis auf die geistigen Grundlagen diskreditiert. Jede ernsthafte Auseinandersetzung mit der Entwicklung des realen Sozialismus wird sich nicht nur mit Lenins Umsetzung der Einsichten von Marx und Engels, sondern auch mit den Analysen, Prognosen und dem Menschenbild der Gründer des wissenschaftlichen Sozialismus auseinanderzusetzen haben. In den Ländern des realen Sozialismus hat diese Debatte begonnen. Es gilt, sie aufmerksam zu verfolgen.

6. Aus dem Scheitern des ersten Versuchs einer historischen Alternative zum Kapitalismus folgt das Verlangen der Menschen dieser Länder, die zur Zeit unübersehbaren Vorteile des kapitalistischen Systems und der Lebensweise der westlichen Demokratien für sich in Anspruch zu nehmen. In der Befreiung der persönlichen Initiative vom pädagogischen Dirigismus eines Überstaats durch Wiederzulassung von Privateigentum, Markt und Mehrparteiensystem liegt zur Zeit die historische Dynamik und einzige Chance für die Entwicklung dieser Länder. Das Scheitern des realen Sozialismus ist aber keineswegs der Beweis für die Richtigkeit eines naturwüchsigen Kapitalismus, sondern lediglich für den folgenreichen historischen Irrtum, Konkurrenz und unterschiedliche Klasseninteressen, denen der Kapitalismus der Jahrhundertwende freie Bahn ließ, per Dekret, gar Zwang und pädagogisierender Propagierung eines neuen Menschen abschaffen zu können, statt demokratische Wege für deren sozial gerechtere Austragung zu finden.

7. Der Kapitalismus in seinen höchstentwickelten demokratischen Formen wie in Schweden, wie in der BRD, der heute den Liquidatoren des realen Sozialismus, selbst den sogenannten Linken, als Vorbild dient, ist trotz der hohen Lebensqualität, die er seinen jeweiligen Bürgern bieten kann, auch nicht das Modell der zukünftigen Gesell-

schaft. Der für ihn erhobene Anspruch einer »sozialen Marktwirtschaft« schließt zum einen die realen sozialen Ungleichheiten, Ungerechtigkeiten und materiellen und psychischen Elendsverhältnisse der Menschen bis hin zu repressiven Zwei-Drittel-Gesellschaften in den kapitalistischen Kernländern selbst mit ein. Er war und ist zum zweiten nur auf der Grundlage der brutalen, zum Teil blutigen Ausbeutung der übrigen Weltbevölkerung möglich, einschließlich der sich zuspitzenden ökologischen Zerstörungen des gesamten Globus.

8. Kapitalismus wie realer Sozialismus sind zwei Ausdrücke derselben Wirklichkeit, nämlich der modernen Industriegesellschaft. Die Entwicklung der Industriegesellschaft ist heute an die Grenze zur Zerstörung der Lebensgrundlagen der Menschheit gekommen. Der Zusammenbruch des Versuchs einer ersten historischen Alternative zum Kapitalismus, insbesondere auch das von ihm hinterlassene ökologische Desaster, das jenes des Kapitalismus um vieles übersteigt und aus eigenen Kräften der realsozialistischen Länder mit Sicherheit nicht zu lösen ist, macht die Aufgabe, eine über Kapitalismus und realen Sozialismus hinausweisende Alternative zu entwickeln, jetzt praktisch vor aller Augen zu einer Frage, die auf der historischen Tagesordnung steht.

9. Die Geschwindigkeit des Zusammenbruchs der realsozialistischen Welt, einschließlich der Folgen für die sozialistischen Gruppen und Parteien in den kapitalistischen Ländern und den Länder der »3. Welt«, ist tatsächlich beängstigend. Es ist aber sinnlos, den Führern, noch sinnloser, den Bevölkerungen der realsozialistischen Länder Verrat am Sozialismus und Gefährdung der Nachkriegsstabilität vorzuwerfen, wie das zur Zeit in der Linken der BRD Mode wird, statt zu begreifen, daß diese zum einen die schwere Last einer historischen Trümmerbeseitigung zu tragen haben, bei der man sie nach Kräften dabei unterstützen sollte, daß dies auf demokratischem Wege gelingt, zum zweiten angesichts der krisenhaften Zuspitzung des Zusammenbruchs zunächst überhaupt keine andere Alternative haben, als Hilfe, Rettung und Vorbilder im Westen zu suchen.

10. Wenn die Menschen, die sich als Staatssklaven des Sozialismus erlebt haben, das Recht auf Selbstbestimmung und Demokratie nach westlichem Muster fordern, dann muß mensch das ernst nehmen, auch wenn unsereins die Erfahrung gemacht hat, daß Freiheit im Kapitalismus durch die Gewaltverhältnisse des Geldes begrenzt werden. Wenn die Menschen, die keinen Markt, sondern nur Zuteilung

kennen, in der die Initiative erstickt, jetzt Markt fordern, dann brauchen sie Markt. Den Menschen, die vierzig oder mehr Jahre Erfahrung mit dem realen Sozialismus hinter sich haben, angesichts ihrer Wünsche nach Marktfreiheit und Selbstbestimmung mit erhobenem Zeigefinger Verrat am Sozialismus vorzuwerfen, geht an der Wirklichkeit mit fliegendem roten Fähnchen vorbei: Gerade der als Staatsdoktrin seit vierzig oder siebzig Jahren allgegenwärtige moralinsaure pädagogische Dirigismus ist das, was sie hinter sich lassen wollen und müssen. Sie brauchen keine linken Pastoren aus dem Westen, die der realen Erfahrung mit dem realen Sozialismus Durchhalteparolen für die Erhaltung des Kommunismus entgegenstellen. Das haben sie bereits im Pionierlager, als Komsomolzen und im militärischen »Friedensdienst« aus den Kochgeschirren gelöffelt. Das trieft seit Jahrzehnten aus der Parteipresse auf sie nieder. Sie brauchen die reale Erfahrung des Kapitalismus, um ihn überwinden zu können, so wie die westliche Linke den realen Zusammenbruch des realen Sozialismus braucht, um über Alternativen jenseits von Kapitalismus und realem Sozialismus nachzudenken.

11. Trotz aller bisherigen Kritiken des realen Sozialismus auf der einen und des Kapitalismus auf der anderen Seite gilt offenbar auch in diesem Fall, daß das Kriterium der Wahrheit die Praxis ist. Der tatsächliche Zusammenbruch des realen Sozialismus offenbart mehr und wirkt nachhaltiger als jede noch so geschliffene theoretische Kritik es je vorher vermochte. Das gilt auch für die Linke, die erst jetzt vor den wirklichen Dimensionen der politischen und menschlichen Deformationen erschrickt, zu der die Entwicklung des realen Sozialismus geführt hat. Ebenso werden die Grenzen des Kapitalismus und westlicher Demokratie erst dann erfahrbar, wenn sie sich als Alternative bewähren sollen.

12. Noch sinnloser ist es, den Verlust des bisherigen Weltbildes und den Zusammenbruch der gewohnten ideologischen und politischen Stabilität durch hysterische Flucht in ideologische Notprogramme auszugleichen, indem man jetzt mangels anderer Alternativen den Kampf gegen ein »Viertes Reich« zum Dreh- und Angelpunkt der zukünftigen Politik erklärt und wieder einmal das Gespenst der imperialistischen Kriegsabsichten an die Wand malt, statt gerade angesichts der aufgeputschten Gefühle zu einer rationalen Befassung mit den wirklichen Problemen beizutragen, es mindestens zu versuchen.

13. Tatsache ist, daß im Bereich des bisherigen sozialistischen Blocks starke Sprengkräfte entstehen. Sie reichen von der einseitigen Aufkündigung des RGW, über nationale Sonderwege sowjetischer Republiken, die Ablösung der Einparteienherrschaft der Kommunistischen Parteien bis hin zu scharfen Klassendifferenzierungen der seit Jahrzehnten geleugneten Klassenrealität in den einzelnen Ländern. Im historischen Pendelschlag scheint die staatssozialistische Zwangseinheit in staatliche, nationale, klassenmäßige und gar individualistische Elemente auseinanderzufallen, die sich in der Konfrontation mit den Beharrungskräften von berechtigten Forderungen nach Selbstbestimmung bis hin zu Nationalismus und bewaffneten Kämpfen steigern. Im Gegenzug formiert sich eine auf Stabilität orientierte rechte Massenbewegung, die den Boden für restaurative staatliche Manöver abgeben kann. Diese Entwicklung setzt gefährliche restaurative, chauvinistische und rassistische Kräfte frei.

14. Die imperialistischen Länder verlieren durch den Zusammenbruch ihres Systemfeindes zwar eine wesentliche Grundlage zur Legitimation ihrer Politik, das heißt auch, sie verlieren an ideologischer Einheit, mit der sie untereinander und in ihren eigenen Grenzen gegen den Systemfeind verbunden waren. Das bedeutet auch hier eine Lockerung lang gewachsener Bindungen, auch hier die Gefahr nationaler Sonderwege und politischer Extravaganzen. Entscheidender als das aber ist der Spielraum, den sie durch die ökonomische, politische und geistige Öffnung des bisher verschlossenen Raums zur Zeit gewinnen. Es ist eine Invasion ohne Kanonen. Faschistische, einfach gesprochen, gewaltsame Lösungsversuche zur Bewältigung der neuen Entwicklung sind in den Herrschaftsetagen der bürgerlichen Regierungen angesichts der Tatsache, daß die Länder des realen Sozialismus sich ihnen zur Zeit freiwillig zur Ausbeutung anbieten und mit fliegenden Fahnen zur bürgerlichen Demokratie überwechseln, sowenig in Sicht wie ein von ihnen beabsichtigter Krieg gegen die Länder des realen Sozialismus. Eine solche Politik wäre, um es ganz klar zu sagen, für die imperialistischen Länder zur Zeit absolut kontraproduktiv. Die neuen Spielräume erlauben ihnen im Gegenteil auch noch, ihre seit Jahren entwickelte Befriedungspolitik auf Kosten der Länder des realen Sozialismus weiter zu stabilisieren.

15. In dieser Situation ist es zwar richtig, gegen den Rückfall in nationalistische Sonderwege, gleich wo auf der Welt und insbesondere im eigenen Land, wachsam zu sein. Das ist immer richtig. Aber der tradi-

tionelle Anti-Nationalismus, Anti-Faschismus, Anti-Militarismus, Anti-Imperialismus und als Steigerung die Bildung einer Anti-Wiedervereinigungsfront gegen die Gefahr eines »Vierten Reiches« sind kein Programm, das die gegenwärtige Entwicklung erfaßt. Gerade angesichts der durch den Zusammenbruch der realsozialistischen Länder erweiterten Spielräume der imperialistischen Staaten führt die Beschwörung eines angeblichen nationalistischen und faschistischen Katastrophenkurses der imperialistischen Länder, insbesondere eines drohenden »Vierten Reiches« der Deutschen in die Irre. Sie mag augenblicklichen Massenstimmungen, besonders der Stimmung einer heillos verängstigten und verwirrten Linken entsprechen, aber zur Beschreibung der Wirklichkeit und der Entwicklung einer sozialistischen Alternative taugt sie rein gar nichts!

16. Sinnvoller als diese alten Klischees aufzuwärmen, in denen »Sozialismus« und »Kommunismus« auf einen, noch nicht einmal sachlich, sondern rein moralisch begründeten Antifaschismus reduziert werden, ist es erstens, die Bemühungen um demokratische Lösungen des Wandels in den realsozialistischen Ländern mit allen Kräften zu unterstützten, auch wenn einem deren Orientierung an den westlichen Demokratien nicht paßt, und zweitens die Arbeit für die Entwicklung einer neuen sozialistischen Alternative zu organisieren, die die Erfahrungen aus dem Bankrott der ersten historischen Alternative zum Kapitalismus in sich aufnimmt und über die Grenzen des jetzigen Kapitalismus und seiner verschiedenen zur Zeit entstehenden sozialdemokratisch-sozialistischen Mischformen hinausführt.

17. Sowohl zur Unterstützung der Demokratisierung als auch zur Erarbeitung eines solchen Entwurfs bedarf es aber mehr als moralischer Appelle gegen ein »Viertes Reich« und mehr als der Verurteilung der Konsumgeilheit der aus dem realen Sozialismus entlassenen Menschen. Dazu muß mensch zunächst die Totalität des Scheiterns dieses ersten sozialistischen Versuchs und die daraus folgende historische Dynamik der Dezentralisierung, Pluralisierung und Demokratisierung als realitätsbildende Kraft begreifen, die zum Durchbruch drängt, deren Erfolg aber ungewiß ist. Man muß den Menschen zuhören, welche Erfahrungen sie gemacht haben und auf welche Grenzen sie bei ihrem jetzigen Eintritt in den Kapitalismus stoßen, und ihnen unsere Erfahrung mit der heutigen bürgerlichen Demokratie zur Verfügung stellen, positiv wie negativ. Nicht mehr und nicht weniger.

18. Eine längerfristige Alternative ergibt sich daraus allein noch nicht. Es ergibt sich daraus erst einmal nur der endgültige Beweis, daß weder bisheriger Kapitalismus, noch realer Sozialismus die Utopien von Freiheit, Gleichheit und Menschlichkeit verwirklichen konnten, die am Beginn des Industriezeitalters standen. Diesen Beweis erbracht zu haben, ist die historische Bedeutung des Zusammenbruchs des realen Sozialismus, nachdem der Faschismus der dreißiger Jahre dies für die kapitalistische Welt bereits nachhaltig geleistet hat. Es bleibt also keine andere Wahl, als den eigenen Kopf zu benutzen, um die Grenzen der Industriegesellschaft in ihren kapitalistischen und sozialistischen Varianten zu analysieren. So lassen sich vielleicht Konturen einer zukünftigen sozial gerechteren, demokratischeren und ökologisch bewußteren Gesellschaft und ein Weg zu ihrer Verwirklichung herausarbeiten, die über die bloße Hoffnung vom Zusammenwachsen der Systeme, bei uns konkret BRD und DDR, zu konkreten Bestimmungsstücken einer zukünftigen Gesellschafts- und Völkerordnung hinausführt. Billiger wird es nicht zu haben sein.

19. Einige Ansatzpunkte lassen sich schon erkennen. Nehmen wir die Hauptfragen, die in den Forderungskatalogen der Systemopposition in den bisher sozialistischen Ländern vorgetragen werden!

– Wie soll das Eigentum organisiert werden? Soll es Privateigentum an Produktionsmitteln, soll es Kollektiveigentum, Staatseigentum oder offene Konkurrenz unterschiedlichster Eigentumsformen geben? Sind Beteiligungsmodelle nach schwedischem Vorbild mögliche Lösungswege? Welche Rolle soll und darf der Staat in der Kontrolle des Eigentums und als Regulator sozialer Gerechtigkeit und Sicherheit übernehmen?

– In welchen gesellschaftlichen und staatlichen Formen ist individuelle und politische Selbstbestimmung optimal zu entwickeln? Wo liegen die Möglichkeiten und Grenzen der bisherigen Systeme in Ost und West? Welche neuen Formen sind erstrebenswert? Rätesystem, Parteienpluralismus, Mischformen? Föderale und nationale staatliche Strukturen statt Zentralstaatssystemen? Demokratische Vielvölkerbündnisse statt Block- und Systemkonfrontation?

– Wie können menschenwürdige Lebensbedingungen im Widerspruch zwischen Entwicklung der Produktion und Schonung der menschlichen und materiellen Ressourcen gestaltet werden? Wie kann die Selbstverwertungsspirale des Kapitals einer gesellschaftlichen Kontrolle unterworfen werden, ohne das Interesse der Kapitaleigner an seiner Weiterentwicklung und die persönliche Initiative zu ersticken?

– Wie sollen die Vorstellungen politisch umgesetzt werden? Evolutionär demokratisch? Revolutionär. Was bedeutet das eine, was das andere für die hochentwickelten Industriegesellschaften, gerade auch im Verhältnis zu weniger industrialisierten Teilen der Welt, speziell auch innerhalb der jetzigen der UdSSR?

Ohne die Lösung dieser Fragen wird es keine neuen sozialistischen Perspektiven geben.

20. Zur sogenannten deutschen Frage müssen über die Formulierung von Ängsten hinaus positive politische Standpunkte entwickelt werden, wenn man nicht völlig im politischen Abseits verschwinden möchte:

Erstens: Der Fall der Mauer ist uneingeschränkt zu bejahen und die weitere Demokratisierung mit allen Mitteln zu unterstützen. Das beinhaltet nicht etwa die opportunistische Anpassung an nationale Stimmungen, ist aber die Voraussetzung für jedes ernsthafte Gespräch mit den Menschen hier und dort.

Zweitens: Selbstverständlich hat die DDR-Bevölkerung ein Recht auf nationale und jede sonstige Selbstbestimmung. Wer sollte sie ihnen verweigern – wenn nicht, im historischen Rückgriff, die Alliierten?

Drittens: Die »deutsche Frage« kann nur im Zuge der Herausbildung einer europäischen Föderation gelöst werden, wo sich die beiden deutschen Staaten mit anderen Staaten des deutschen und des nichtdeutschen europäischen Kultur- und Geschichtsraums auf föderal-kooperativer Basis eines demokratischen Staatenbündnisses, statt als staatliche Einheit treffen. Nichts spricht für die staatliche Einheit der beiden deutschen Staaten.

Im Gegenteil: Die Erfahrung der Geschichte, die Notwendigkeit eines Kräftegleichgewichts in Europa, die Entwicklung einer demokratischen Weltordnung sprechen dagegen. Aber mensch braucht keineswegs nur in der Anti-Haltung zu argumentieren: Das Eintreten für eine demokratische europäische Föderation im Zuge einer demokratischen neuen Weltordnung, darin die DDR und die BRD, vielleicht sogar noch eine freie Stadt Berlin, als gleichberechtigte souveräne Staaten, darf man getrost als eigenes positives Programm gegen das Gerede von der Wiedervereinigung von BRD und DDR wie gegen jeden erneuten Versuch einer Zwangsvereinigung Europas von oben stellen.